Vampires,
Burial, and
Death

Paul Barber

ヴァンパイアと屍体

死と埋葬のフォークロア

ポール・バーバー✢著　野村美紀子✢訳

工作舎

ヴァンパイアと屍体——目次

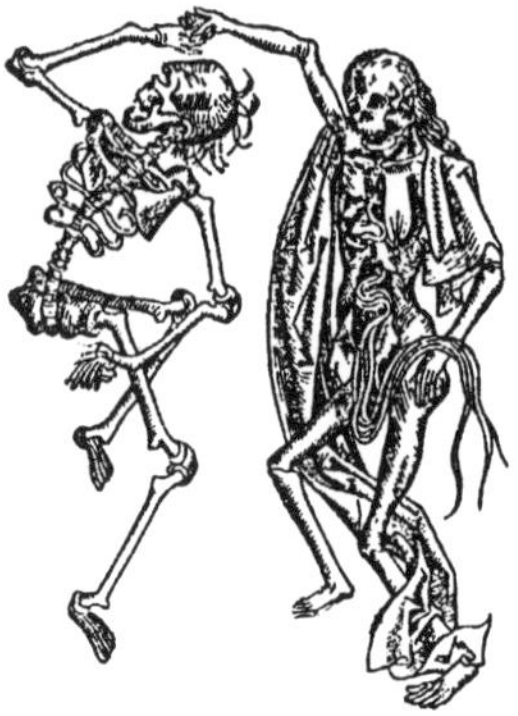

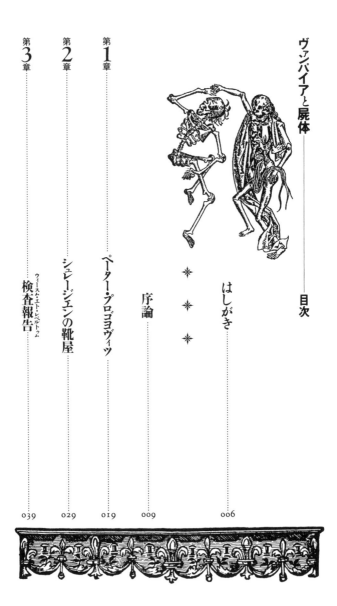

（本文脇の記号のうち、「★」は巻末の原註に、「☆」は各章末の原註に、「訳註」は各章末の訳註に、それぞれ対応しています。）

はしがき

わたしは数年前に、範囲を限定した単独の疑問のつもりで、北ヨーロッパのボグボディとスラヴ人のヴァンピールとのあいだに関係があるか、もしあるならどういう関係か、という問の解明にとりかかったのだが、それきりいくつものはるかに複雑な難問の罠におちてしまった。ボグボディとヴァンピールに共通の現象――杭、岩、体の状態――は埋葬の必要条件と関係があったのだろうか。好ましくない死体から解放されるための一番有効な方法は何か。無文字社会では死はどのように知覚されるか。疑問はしだいに広がっていった。たとえば、われわれの体にどのようにして生命が吹きこまれるかについての昔の人々の考えや、そのような考えと水との関係を研究しなくてはならなくなるだろうなどとは、初めは思いもよらなかったのだ。わたしは吸血鬼から始めて、埋葬の習慣の研究に進み、最後は死そのもの、あるいは神話的連関にとどまっていうなら「死神」本人の考察に到った。いい換えれば本書の書名［原書名は『吸血鬼、埋葬、死――民間伝承と実像』］にわたしの研究が通ってきた道が表現

されているのである。[☆a]

さいわい多くの方がたが時間を犠牲にして助力し援助してくださった。カリフォルニア州サンタバーバラの病理学者ジョン・ブランチャード博士、ロサンゼルス郡監察医局のテレンス・アレン博士、元ロサンゼルス郡監察医長トマス・ノグチ博士は、わたしの質問に並外れて忍耐強く注意深く答えてくださった。マサチューセッツ医科大学のギード・メイノ博士が、わたしの以前の論文を読んで述べてくださったご意見は、本書に採りいれさせていただいた。

多数の民族学者、カリフォルニア大学ロサンゼルス校のマリヤ・ギンブタス、ウェイランド・ハンド、フランシス・タリイ、カリフォルニア大学バークレー校のアラン・ダンデス、インディアナ大学のフェリックス・オイナスの諸氏は惜しまず資料を使わせてくださった。オイナス博士はかぎりなく辛抱強く、わたしの論文を的確にきびしく批判してくださった。オクシデンタル・カレッジのスコット・リトルトン教授にも特別の感謝を捧げたい。数年前に教授はご自身の民俗学の時間中に、わたしがちょっとした着想について講義をする機会を与え、さらにその着想を論文にまとめるよう勧めてくださった。またイェール大学出版局のエドワード・トリップ編集長がきびしく批判的に原稿を読んでくださったこと、担当編集者のラウラ・ドゥーリイさんの忍耐と助力にもお礼を述べたい。さらに、フランス語の翻訳を献身的に直してくださったオクシデンタル・カレッジのアナベル・リー博士にお礼申し上げたい。

多数の図書館が全面的に協力してくださったが、なかでもカリフォルニア大学ロサンゼルス校のリサーチ・ライブラリー、バークレーのドー・リサーチ・ライブラリー、イェールのスターリング・ライブラリーとバイネック・レア・マニュスクリプツ・コレクション、プリンストンのファイアストーン、ハーバードのワイドナーとホートン、オクスフォードのボードリアン、そしてヴィーン国立図書館の、有能で忍耐強い職員の皆さんに感謝したい。

最後に、妻ビーチャンの助力と忍耐への感謝を記したい。何年間も原稿を読み批評してくれたのみならず、法病理学にかんする陰気で気の滅入るような材料をわたしが熱中して読みあげるのに、不平もいわず耳を傾けてくれた。妻は考古学者としても、わたしの研究中またとない貴重な情報源の一つだった。本書の誤りの責めを妻にともに負わせたくはないが、妻なしには書きあげられなかったことはたしかである。

☆a——英米文学のすでにすたれた伝統の一つにしたがって、わたしはこの書名をサー・トーマス・ブラウン（『ある医者の宗教《レリギオ・メディキ》』〔Browne 55〕）から借用した。ただしブラウンが考察したのは、死者の復活の、また別の一面である。

序論

Introduction

本書の最初の数章に目を通したところで、これはヨーロッパの吸血鬼にかんする民間伝承の研究書だった、と判断する読者が当然いるだろう。しかし吸血鬼というのは、世界中どこにもみられるある一つの現象の——格別にドラマティックであるとはいえ——地域的表現形の一つでしかない。わたしが吸血鬼を例として選んだのは、たんに好都合だから、つまりヨーロッパの吸血鬼にかんする民間伝承には資料が多数あるうえ、それらが西洋人の研究者に親しい言語で刊行されているからであるにすぎない。

じつは本書がかかわるのは、工業化以前の文化圏に住む人びとが死と体の分解に関連する過程と現象をどのようにみなすかという問題である。あいにく、この人びとの現象解釈は、われわれの観点からみるなら、たいていはまったくまちがっている。だが、それでもこれらの解釈が興味深いのは、ふつうそれなりに矛盾がなく、すべてのデータを考慮に入れており、すぐには説明がつかないように思われる普遍的風習のいくつかにたいする論理的説明を提供するからである。

　のちに示すとおり、人びとの報告――かれらが死者とじつは死んでいない非死者について語ること――を研究するだけでは不十分なのである。うしろにさがって民間伝承を調査するだけで、そのような伝承を作った人びとの立場に身を置かないなら、ものごとはゆがんでみえるだろう。人びとが見ているものを見なくてはならない。コペルニクスのように、視点を変えればデータの位置関係が変わって、エレガントで単純な図形を描くことに気づくだろう。

　だがとりかかる前に、フィクション産業が作りだしたにせデータを捨ててしまわなくてはならない。フィクションではなく民間伝承の典型的吸血鬼がこんどのハロウィーンに訪ねてくるとするなら、ドアを開けたときそこにいるのは、肉付きのよいスラヴ人であろう。爪が長く無精ひげを生やし、口と左眼をあけている。顔は血色がよくふくれている。くだけた服装――じつのところは経帷子――で、どう見てもだらしない恰好をした農夫である。

　それが吸血鬼だとわからないなら、それはあなたが――今日ではたいていの人はそうだろうが――黒マントの長身で上品な紳士を予想していたからである。だがこのようなものはフィクションの吸血鬼だろう。民間伝承の吸血鬼が起源ではあるが、いまでは似たところはほとんどない。その代表が、今世紀の映画で比類ない成功をおさめているドラキュラ伯爵である。この伯爵は、ブラム・ストーカーの小説『ドラキュラ』に出て来る悪漢だが、スラヴ人ではない。ドラキュラはトランシルヴァニアに住み、多少なりともヴラド・テペスがもとになっている。ヴラド・テペスというのはルーマニア史に登場する実在の人物だが、伯爵ではなく公爵で、治めていたのもトランシルヴァニアではなくワラキアだし、土地の民衆から吸血鬼とみなされたこともない。[a]

ストーカーの人物の起源がまぎらわしいといっても、その点は民間伝承も同じようなもので、「吸血鬼」にもいろいろな種類がある。議論をスラヴ人の亡霊中の特定のタイプ——実際にヴァンピール、ウピールその他、語源的に同等の名でよばれているもの——に限ればよいのだろうが、ヨーロッパには、同種の存在だが文化圏ごとにそれぞれまったく別の名でよばれているものがいろいろある。そして一般にヨーロッパの学者は、頑固な定義適合感覚によって（あるいは嘆かわしい分類感覚によって）これらも、また遠く離れた文化——たとえば中国[1]、インドネシア、フィリピン——の非死者たちのことも、同じく「吸血鬼」と称してきたのである。世界中どこにでも、どうやら多様なさまざまの文化圏に、このような者たち、時ならず早逝して、死者にとどまることを拒むばかりか、戻ってきて友人、隣人に死をもたらす死者たちが存在する。のちに示すとおり、かれらには驚くほどヨーロッパの吸血鬼に似たところがあるのだが、その理由はあきらかにすることができない。

吸血鬼という語をかなり不精確に使うこの傾向が以下の議論のなかであきらかになってくるだろう。

「吸血鬼／亡霊」という類を論じるさいに、さまざまな種を表わす語の完全性をそこなわずにすますことはきわめてむずかしい。「亡霊」を一つの部類として論じるなら、どんな語を用いても、その部類に属する大部分のものには厳密には適合しないだろう。したがって原則的には、「非死者」については類を表わす「亡霊」という語で語ることにし、その変化過程を論じるさいには吸血鬼化（vampirism ← vampire）という語を用いることにする（revenant からの亡霊化 revenantism という造語はむりであろうから）。最後に、尊敬すべき学問的伝統にしたがってスラヴ人の亡霊をヴァンピールとよぶことにする。その多くはまったく別の名をもっているのだから、この解決策もやはり妥協でしかないのだが。☆訳註1

　吸血鬼には、文化による区別に加えて、吸血鬼の話が語られる形式にもとづく区別もある。たとえばヨーロッパの伝統では吸血鬼はときどきおとぎ話に現れるが、ここでは吸血鬼は、おとぎ話にふつう要求される条件に従うので、本書の主題である吸血鬼とはいくぶん違う特徴を示すのである。わたしは、吸血鬼をもっともよく知っている人びと、すなわちヨーロッパの墓地で死体を掘り出し、これは吸血鬼であると宣告して、さまざまな手段を用いて「殺した」人びとが記述している吸血鬼に主として注目しよう。たまたま、このような吸血鬼についての目撃者の話を部外者が筆記したものが多数ある。これらの報告を念入りに読んで、その結論を、法病理学にかんして現在知られていることと比較してみるなら、死体が命を得て地域住民のあいだに大混乱を起こしたなどということを、なぜ人びとが信じたかがわかるだろう。吸血鬼伝説の大部分は、死と体の分解にかかわって説明がつかないと思われたできごとを説明するために精緻にこしらえあげた民間の仮説であることがわかってくる。このことを理解するために、次の手順を踏もう。

1. 吸血鬼および亡霊と考えられた者の体を掘り出したことを語る詳しい報告を考察する。
2. かれらの外観、そうなった原因、および防ぎかたと殺しかたについて語られることを考察する。
3. この情報を、死と体の分解という事象について現在知られていることと比較し、その一方で、これらの事象が、遺体処理の慣行全般およびとくに吸血鬼や亡霊と想定される者と結びつけられた遺体処理に与えた影響を考えてみる。

こうするうちに、われわれが考察しているのは地域的現象ではなく、どんな無文字文化にも当然生じてくる問題であることに気づくだろう。生理学、病理学、免疫学の適切な素養のない人びとが、病気や死をどのように説明すればよいのだろう。共通の成行きは、本文でやがてみるが、死を死者のせいにすることである。どのようにしてその害悪をなしとげるかの手掛かりを求めて、死者がしばしば仔細に観察される。文献は、ヨーロッパでも他のどこでも、この点では驚くほど一致して、死者がわわれわれに死をもたらすのだろう、と告げている。これを妨げるためには、かれらが正しく憩えるようによこたわらせ、宥め、そしてすべての方策がむだであったなら、もう一度殺さなくてはならない。吸血鬼の体に杭をうちこむことは、右の手続きの象徴にひとしいものになっているが、実際は、死者からの脅威を終らせる多数の方法の一つにすぎない。

最後に注意しておかねばならないのは、吸血鬼の種類が多いうえに、吸血鬼にかんする本の種類も多いことである。そのなかには、豊かで活発な想像力と信じる勇気と意志とをもつ人びとが書いたものがある（これらは「オカルト」と表示した棚に並んでいる）。このような書物はフィクションと民間伝承をきちんと区別しないことがよくある。したがって、民間伝承にかんして、まったく事実とことなることがたくさん書かれている。そのために、フィクションの吸血鬼と民間伝承の吸血鬼とを何度もくり返し区別する必要をわたしは感じたのである。☆b たとえば前者は犠牲者の首から血を吸うが、後者は――血を吸うようなことがあるならだが――犠牲者の胸部、心臓の近くを襲うのであって、例外はきわめてまれである（第六章を見よ）。フィクションの吸血鬼は背が高くやせていて顔は蒼白いが、民間伝承の吸血鬼は肉付きがよく顔は赤らんでいるか、あるいはどす黒い（第五章を見よ）。両者が社会で出会うことはまずないだろう。フィクションの吸血鬼はがいして貴族の家柄で城に住んでいるのに、民間伝承の吸血鬼は農民の子孫で、（少なくとも日中は）埋められた墓のなかにいるからである。

のちに見るとおり、フィクションの吸血鬼と民間伝承の吸血鬼は多くの点で混同されている。データのなかを慎重に進まねばならない。誤った情報と半面の真理の地雷原のようなものだ。そのため、本書の前半では吸血鬼／亡霊の民間伝承を正確に詳しく報告するよう努めよう。過去のもっともよく確証されている吸血鬼の詳細な考察から始めよう。最初の例は、ペーター・プロゴヨヴィッというセルビアの農民である。死後、何人かの村の住民の死がかれのせいにされるめぐり合わせになった。

☆a——ハリイ・センとグリゴール・ナンドリスがドラキュラ像を完全に、しかも明快に説明している（参考文献を見よ）。ストーカーが作中人物のモデルに使ったのが、ルーマニア史に登場するさまざまなヴラドのうちのだれか一人だけなのかどうかは、はっきりしない。

☆b——わたしは便宜的に簡単な平叙文（「吸血鬼は人間の血を吸う」）を使うが、これはそのつど「と人びとは信じている」とつけ加える煩わしさを避けたのである。こんなことをことわるのは余分なことだとおもうのだが、省くわけにはゆかないことを経験から学んだのである。こういうことを記すのは、わたしが吸血鬼についての本を書いているからには、その存在を信じているはずだと——理解しがたい推論だが——考える人が非常に多いからにほかならない。吸血鬼というような物が存在する可能性を認める人は多いらしい。わたしの知っているある研究者の調査では、「吸血鬼が実在するかもしれないと思いますか？」という質問に、回答者の約27％が「イエス」と答えている。（ロサンゼルス市、カリフォルニア州立大学の民俗学者ノーリン・ドレサー氏からの私信）

☆訳註1——著者はこう書いているが、以下の叙述で実際は vampire（吸血鬼）という語を revenant（亡霊＝帰ってくる者）と同等にも使っている。本訳書では著者がここで書いているところに従って、vampire の訳語を類概念としては「吸血鬼」、スラヴ人の資料中では「ヴァンピール」、なかでもロシア人の場合は「ウピール」と区別した。

第1章

ペーター・プロゴヨヴィッツ

Peter Plogojowitz

一七〇〇年代初期のヨーロッパの人びとは吸血鬼という話題に非常に興味をもっていた。そもそも吸血鬼（vampire）という語が英語に入ったのが、『オックスフォード英語辞典』によれば一七三四年、吸血鬼にかんする書物がとりわけドイツで数多く書かれていた時期である。

いまふり返ってみるなら、その熱中の大きな理由の一つはあきらかにパサロヴィッツの講和（一七一八年）と、その結果セルビアとワラキアの一部がオーストリアに割譲されたことだったとおもわれる。この年から一七三九年までその地にとどまった占領軍が、墓から死者の体を掘り出してそれを殺すという、その地方独特の慣習に注目して報告書の綴じ込みを作りはじめた。[★1] 外国の文筆家がそのような発掘に参加しはじめた。つまりこの吸血鬼熱は、マスコミが作りあげた事件のごく初期のものだった。このなかでヨーロッパの教養人は、最近始まったのではないがこれまでは有能な広報宣伝係に恵まれなかった慣行の数かずを知るにいたった。ペーター・プロゴヨヴィツ［ペタル・ブラゴイェヴィチという表記もある」の話（一七二五年）が、一八世紀の官庁ドイツ語特有のややこしい文体で語られてはいるが、この事情をよく示している。この話はたいてい翻訳ではなく、自由に書き換えてわかりやすく伝えられている。型にはまったへりくだった表現が、そのまま英語になおすと、いやらしい追従であるかのようなまちがった印象を与えるからかもしれない。（ドイツ語は、形式主義的な性格のために、そのような感じはまったく与えないのである。）しかしわたしは以下に翻訳を示す。わかりやすくいい換えようとすると、話の重要な細部が省略されがちだからである。のちにみるとおり、吸血鬼についてどういうことが言われていたかを正確に知ることが大切なのだ。ではこれがペーター・プロゴヨヴィッツの話である。

ペーター・プロゴヨヴィッツという名の臣民が一〇週間前に死亡し——ラーム郡キシロファ村に住んでいた——レッツィア地方の風習どおりに埋葬されたのちに、同じキシロファ村でそれから一週間以内に老若合わせて九人が病気にかかってから二四時間後に死亡したことがあきらかになった。その者たちは臨終の床でまだ命のあるうちに、睡眠中に一〇週間前に死亡した前記プロゴヨヴィッツが訪れてかれらの体の上に腹這ってのどを締めた、だから自分はきっと死ぬだろう、とまわりに集った者たちに告げた。他の臣民らは非常に嘆き、また、死亡したペーター・プロゴヨヴィッツの妻が、夫が現れてかれらのオパンキとよぶ靴を求めた、と語ったのちにキシロファ村を去り他の村に移っ

たという事実によって、そのような［信念］をさらに強めさえしたのである。そしてそのような者ら（村人はヴァンピールとよぶ）にはさまざまな印がみられる——すなわち死体が腐敗せず、皮膚が再生し、毛髪、ひげ、爪が伸びる——はずなのであるから、臣民らは全員一致して、ペーター・プロゴヨヴィッツの墓を開いて、前記の諸印がその身に実際にみつかるかどうかをみることに決めた。そのためにかれらはわたしの許に来て、こうした次第を語ってわたしおよびその地方の教区司祭が検分に立合うことを願った。そしてわたしが初め承知せず、称賛すべき行政官庁にまずうやうやしくへりくだって報告し、この件にかんする高貴な見解を聴くべきであると告げたにもかかわらず、かれらはそれに従おうとせず、むしろ気短かに次のように答えたのである。すなわち、わたしは欲するようにしてよい、しかしわたしがその検分と、風習にしたがって死体を処理するかれらの合法的権利とに同意しないなら、かれらはその住居と故郷を去らねばならなくなるだろう、ベルグラードから慈悲深い決定が届くまでに村全体が——トルコ支配時代にすでに例があったと考えられているように——悪霊によって滅されてしまうかもしれないのであり、かれらはそれを坐して待つつもりはないからであると。わたしは、このような民衆がすでに自分らで決めたことを、宥めてもおどしてもやめさせることができなかったので、グラディスク教区司祭を伴ってキシロファ村に赴き、ちょうど掘り出したところのペーター・プロゴヨヴィッツの死体を検分して、真実そのままに記すのだが、まず第一に、ふつうならあるはずの死者特有の臭気をまったく感じず、その体は、鼻がいくぶん低くなった以外は完全に生きているもののようであることを発見した。毛髪とひげは——爪さえ、古いのはぬけ落ちて——伸びていた。古い皮膚はいくらか白っぽくなってむけ、その下に新しいつややかな皮膚ができていた。顔、両手、両足、胴体全体は、生前にもこれ以上完全ではありえなかっただろうとおもわれるようであった。その口中に多少の鮮血を見て、わたしは驚愕を禁じえなかった。それは、村民の一致していうところにしたがうなら、この男が殺した人びとから吸ったものである。要するに、このような（前述したところの）者らがもっているといわれる目印はすべてあったのである。司祭とわたしがこの光景を見終ってしまうと、その間に悲嘆にくれるというよりはいよいよ激昂していった臣民らは、全員で驚くべき速さで杭の先を——それで死者の体を突き刺すために——尖らせ、それを死者の心臓にあてた。そして突き刺すと、大量の鮮血が両耳と口からも流れ出たばかりか、さらに他の狂暴な徴候（おそれ多いので記述は省略する）も現れた。最後にかれらは通常の慣行にしたがって前述の体を燃やして灰にした。わたしはこの事件を称賛すべき行政官庁に報告し、同時にもしこの件で過誤が犯されたのであるなら、それがわたしではなく、恐怖に分別を失った暴徒に帰されることを恭順につつしんで願うものである。

グラディスク郡帝国司祭代理★2

ありがたいことにわれわれは
軽信の徒ではない。このできごとに
科学の投じる光はその原因をあきらかに
することはできないと認める。しかし
裁判と正直な人びとが真実であると
証言したことを信じないわけには
ゆかない。

――カルメ師　一七四六年

プロゴヨヴィッツの名は吸血鬼にかんする書物には必ず出てくる。この事例がきわめて首尾一貫しており、吸血鬼化の典型的なモティーフをほぼ全部――それに若干の誤った考えをも――示しているからである。これらについてはのちに詳しく論じるので、ここでは次のことだけを述べておく。

1．プロゴヨヴィッツの住んでいた村はふつうハンガリーと記されている（一七四五年刊行のツェドラー『ウニヴェルザール・レクシコン』によれば「ニーダーウンガルン＝低地ハンガリー」）が、これは当時の政情混乱のせいで、実際はキシロファはセルビアに属していた[★3]。

2．この場合のように流行病として発生するのが吸血鬼化の特徴である。最初に死んだ人間であるプロゴヨヴィツに、それに続いた死の責任がある、というのが定形的な考えかたである。このことのあとで《ポスト・ホーク》、したがって《エルゴー》、このことのせいで《プロプテル・ホーク》。

3．吸血鬼化すると、しだいに衰えて徐々に死んでゆくかもしれない（とりわけフィクションのなかでは）。だが民間伝承は、犠牲者の死が突然で思いがけないものとみなされた、としばしば告げている。たとえばプロゴヨヴィツの「犠牲者」は病気にかかってからたった一日で死んだ。

4．歩行型の――たとえばユーゴスラヴィアの――吸血鬼の場合は、夜、犠牲者の前に現れて首を締めるか血を吸うのが代表的な例である。いずれにせよしばしば犠牲者は死ぬ前に息が詰まる感じを訴える。

5．体は「完全に生きているもののよう」といわれているが、変化がないのではない。鼻はいくらか低くなり、毛髪、ひげ、爪は伸びている。古い皮膚の下に新しい皮膚ができている。この筆者は、自分の目で見たことと聞いたことを明確に区別していない。おもうに、プロゴヨヴィツの髪とひげが伸びたのかどうか、自分ではわからなかっただろう。ちなみに、プロゴヨヴィツが埋葬されてからの日数については、いろいろな説がある。ホルストは、一〇週間ではなく、三週間とする話を引用して

いる。[★4]

6．死体に悪臭がないというのは、つねに決まっているわけではない。それどころか一八世紀フランスの聖職者カルメ師は、「かれら〔吸血鬼〕は、地中から掘り出されたとき、体は赤く、四肢はしなやかに屈伸し、ウジもつかず腐敗してもいなかったが、悪臭はすさまじかった」[★5]と観察を記している。また、フランスの植物学者ド・トゥルンフォールは、ギリシアで亡霊と想定された者を観察したが（本書第四章を見よ）、悪臭の描写がきわめて具体的でなまなましいので、その著書ののちの版は、フランス語版も英訳本も、亡霊を論じている箇所からその部分を完全に抹消してしまったほどである。ついでながら吸血鬼の悪臭は、吸血鬼化と伝染病を結びつける環の一つである。ヨーロッパの民間伝承では吸血鬼が流行病の「原因である」（映画でさえ、吸血鬼の性質には伝染性があるとされている）。

ところで腐臭は一般に病気と関連づけられ、それも病気の原因と考えられた。[★6]死体はいやな臭いがするのだから、いやな臭いは病気と死の原因であるにちがいない、と推理したからかもしれない。においの良い（あるいはにおいの強い）物質が使われるようになったのは、主要にはこのような悪臭を消すためであった。「芳香は大切である。悪疫の有害な臭気を追い払うからである。悪疫が流行しそうになると、人びとは急いでビャクシンやトネリコのような芳香性の軟木を燃した。オーク、松、ローズマリー、アロエ、琥珀、ジャコウもかおりの良い物だった[★7]」。これは一四世紀の人びとが信じていた

ことを記した文であるが、このような考え方は長年にわたって世間の通念であった。[a]
7．先の記述から、この資料を信用してよいとするなら、プロゴヨヴィッは掘り出されたとき、実際に口中に鮮血が発見されたのであるから、現行犯で逮捕されたにひとしいことはあきらかである。そのうえ――この種の話の特徴であるが――当人の血も、当然予想されるように凝固してはいず、生きている人間の血のようだった。
8．吸血鬼の体に杭を打つことは、映画でおなじみだが、南スラヴ地方ではヴァンピールを退治する一番ふつうの方法であるらしい。杭を打たれた吸血鬼の体からはたいてい大量の血が流れたと報告されている。吸血鬼の体を燃やすことも、とりわけ杭を打ってもその行動がやまなかった場合の定石的処置である。この種の方法についてはのちに第一六章でもっと詳しく論じる。
　プロゴヨヴィッはその死に抗議したとは報告されていないが、吸血鬼のうちには、杭で突き刺されたときに叫んだりうめいたりしたといわれる者もある。たとえば第三章でとりあげるアルノード・パオレがそうだった。
9．「狂暴な徴候」[b]という表現は、死体が勃起すると信じられたことの仄めかしであると一般に解されている。民間伝承の吸血鬼は性的な存在であり、その性的関係は強迫的である――ユーゴスラヴィアでは、ヴァンピールは、血を吸わない場合は、残した妻にたえずつきまとってへとへとにさせる、

その結果妻も、他の犠牲者と同じようにやつれ衰えて死んでゆくことが多い、といわれるほどだ。★8

プロゴヨヴィッについては語られていないことで、吸血鬼の特徴であることもいくつかある。吸血鬼になった者には、生前気むずかしくて争いを好んだ人びとが多い（たとえば第四章で述べるド・トゥルンフォールの報告を見よ）。こういう人びとが死んで、そのあたりの土地になにか面倒なことが起こると、その人が関係しているのだろうという疑惑が生じた。このようなことは、ペーター・プロゴヨヴィッについては一切報告されていない。この男は、ヴァンピールに襲われたと考えられる症状をその村で最初に示し、それを他の人びとに感染させたことによって民間伝承の歴史に名を残すことになった、というだけのようだ。しかもそうしたことはすべて、当人の死後起こったのである。

☆a――たとえばニューオーリンズで一九世紀に黄熱病が流行したとき、空気を浄化するために街角で夜の間中大量のタールを燃した（Duffy, 74）。パリにかんする類似の報告については Ariès, 482 を見よ。

☆b――わたしがさがしたところでは、検視官たちの意見は、このような「勃起」は実際は生殖器が腐敗によって膨張するものだ、ということである（Svensson, 411）。この現象は、ヴィーデマン（Wiedemann [1917], 29）が書いているように、死者を一般にとくに感覚的存在とみなすという通念の形成に一役買ったかもしれない。シュピッツ（Spitz, 349）がこの問題の生理学的側面を詳しく論じている。

第2章

シュレージエンの靴屋

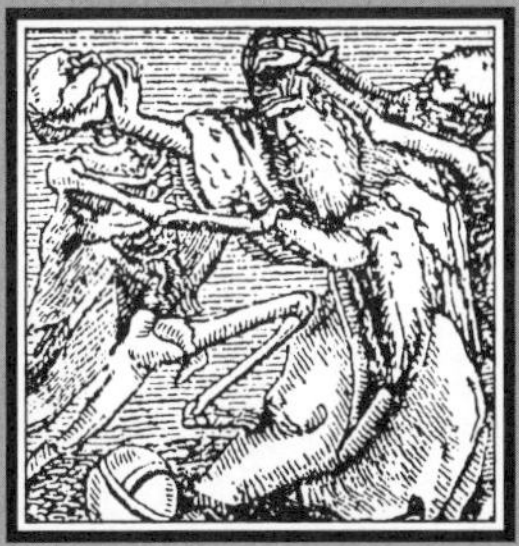

The Shoemaker of Silesia

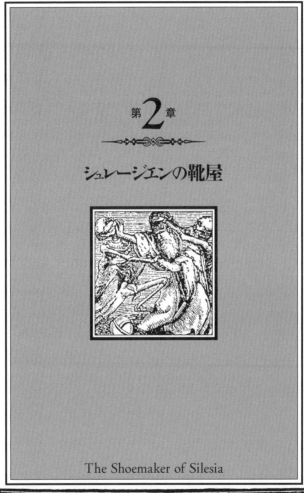

ペーター・プロゴヨヴィッが死ぬ前にもすでに、遺体発掘の事細かな報告は、スラヴ地方に限らずいくつもあった。しかも、亡霊にかんする民間伝承というのでなく、ただ発掘のみに注目するなら、スラヴの話に非常によく似たものが多い。ヴァンピールと北ドイツ地方のナハツェーラー（Nachzehrer, **nach**［あとで］と **zehren**［消耗させる。餌食にする］から造った語。死後他人にとり憑いて殺す者）とは墓の中では同じものであるようだ。

次の話を読めばそのことがよくわかる。この者は文中ではたんに幽霊（Gespenst）と記されている。グレッセが採集したプロイセンの民間伝承の一つである。★1

ブレスラウ［シュレージエン地方の都市］の靴屋

一五九一年九月二〇日金曜日の早朝、ブレスラウ市の裕福な靴屋が自宅の裏庭でみずからのどを切った――理由はだれにもわからなかった。ナイフでのどの血管を切ったので、この傷がもとで死んだ。妻がこれを発見して姉妹に告げた。女たちはこの突然の不幸を嘆き悲しみにくれたが、それでも、不面目なことと考えて、できるかぎり隠しておこうとした。妻は、夫の死因を問われるたびに卒中だと答えた。さらに入口のドアに鍵をかけて、だれにも真相を見てとられないようにした。近所の人びとや知人が悔やみに来ても、姉妹たちはそれを許さず、死者の妻は、みなさんの好意と親切をありがたく思っているが、死者のために手助けしてもらうことはないし、生まれて初めての不幸に遭って客人を迎える気持になれない、だから、もしよかったら後日来てもらいたい、と説明した。それから女たちは教父のところに使いをやって、埋葬の式と墓地と弔鐘を鳴らすことを頼んだ。死者は金持ちだと思われていたので、何の面倒もなかった。しかし、一切を秘密にしておき、殺害「自殺」のことがだれにも知れずにすむように、女たちは一人の老女を雇って、出血した遺体を洗って、だれにもみえないように傷口にしっかり繃帯を巻かせた。老女の仕事がすむと、女たちも手伝って遺体を棺におさめた。死者の妻は、産後まもなかった――まだ一〇日しか経っていなかった――ので、司祭に来てもらって、この苦悩の時に慰めを得ようとした。そこで司祭は実際にやってきて、寡婦になった女を慰めた。しかし辞去しようとすると姉妹たちが、せめて遺体を一度見てほしいと頼んだ――司祭は事情を何も知らなかった。司祭はいわれたとおりにして、裏になにかあるかもしれないなどとは少しも疑わなかった。遺体は、だれかが注意深く見たとしても何も気づかないぐらい念入りにシーツに包みこまれていたうえ、ぐるぐるくるみ込み巻きつけてあっても疑われないように高い台の上に安置してあったからである。それから三日目――日曜日だった――に、信心深い有名人らしい盛大な葬儀が行なわれ、死者が徳高い汚れのない一生を送った立派なキリスト教徒であったかのように、大勢が参列し、たくさんの弔辞が読まれた。

死者の親戚の者たちは、慎重にことを処理したのだから、殺害の秘密は保たれるだろうと思ったのだが、それでも、あの男は自殺したので、卒中で死んだのではないという噂が生まれた。はじめ人びとは信じようとしなかったが、それにもかかわらず噂はどんどん広まった。ついに市議会は、死者と関係のあった者を訊問して、見たこと、聴いたこと、またそれぞれの気づいたことをありのままに白状するよう要求しなくてはならないと考えるにいたった。呼び出された者たちが言い逃れようとして、答えることが一致しなかったからかもしれないが、まもなくかれらは、事態が思いどおりに進んでいないことに気づいた。そこでとうとう、死者はころんで尖った岩にぶつかって傷を負ったのだと認めた。また、その服に靴屋の道具であるきりが着いているのをみつけたが、それでだれかがけがをするといけないから、とって捨てたとも言った。市議会は、証言が次つぎに出てくるので、どうしたらよかろうかと協議した。このことも世間に知られずにはすまなかった。寡婦の友だちのなかには、相手がもっと強力な証拠を発見しないかぎりは、夫の遺体を掘り出したり、不名誉な場所に移したり、魔法使いや自殺者とみなしたりすることを、どんなことがあっても許してはいけないといってきかせる者もいた。そのうちに幽霊がときどき現れるようになった。それは例の靴屋の生前の姿そのままで、昼も夜も出現した。幽霊はその姿で多くの人をおどかしたり、音をたてて眠っている人をおこしたり、体にのしかかったり、その他いろいろに人を苦しめたので、朝になるとどこにいっても幽霊の話でもちきりだった。しかし幽霊がたびたび現れるにつれて、親戚の者たちはますます騒ぎをいやがるようになった。かれらは裁判長のところにいって、人びとの根拠のない噂が信用され、尊敬されてしかるべき人物が墓のなかで侮辱されている、この件を皇帝に訴えるのが自分の義務であるとおもう、といった。ところが実際にとりざたが禁じられると、状態はますます悪くなった、日が沈むやいなや現れて、だれも逃れることはできないのだから、幽霊がいるのではないかとだれもがたえず周囲を見まわすようになったからである。一番ひどく悩まされたのは、きびしい労働を了えて休もうとしている人びとだった。ときにはベッドの所にやってきて、ときには実際にベッドに横になって、首を締めようとした。あまり強く締めたので、のどに指の跡が残った——人びとが見て驚いた——ほどである。それで、例の卒中［靴屋がそれで死んだと申し立てられた］の判断がついた。このようにして、もともとこわがっていた人びとがますますこわがるようになって、もう自分の家にじっとしていないで、安全な場所をさがして出て行くようになった。たいていそのような人びとは、寝室では安全でないので居間にいて、他の人が大勢集っていれば恐怖を追い払えた。それでも、あかりをつけて起きていても、とにかく幽霊はやってきた。幽霊は全員にみえることもあれば、たえずつきまとわれている何人かにしかみえないこともあった。

騒ぎが日ましに大きくなり、全市民が幽霊を見たというようになったので、市議会は、幽霊が出ないようにするためになにかの処置を取らなくてはならないと決めた。遺体が埋葬された一五九一年九月二二日から七か月後の一五九二年四月一八日に、市の主だった人びとの手で墓が開かれた。立会ったのは、全市会議員、宿屋の主人、その他役人たちだった。開いた墓の中で遺体は五体満足なままで、腐敗による傷みはまったくなく、太鼓のようにふくらんではいたが、どこにも変化はなく、手足もしっかりついていた。四肢は——驚いたことに——他の死者のように硬直していず、簡単に動かすことができた。足の皮膚はむけていたが、前よりずっときれいで丈夫な新しい皮膚ができていた。たいていの魔法使いは人目につかない所に印があって、なかなか気づかれないのだが、この男も足の親指にバラの花のようなあざがあった。その意味はだれにもわからなかった。体が包まれていた布地にはいやな臭いがあったが、その他には悪臭は認められなかった。のどの傷口は大きく開いて赤く、少しも変わっていなかった。その遺体は四月四日から二四日まで棺台に載せて見張りをつけておいた。ただし日中は戸外に出し、晩になると建物のなかに入れた。だれでも近寄って見ることができたので、毎日多数の市民や近隣の人びとがやってきた。だが発掘も無益だった。幽霊は、この処置で姿を見せなくなるとあてにしたにもかかわらず、あいかわらず現れていよいよ市民の不安を高めた。遺体を絞首台の下に置いてみたが、これもむだだった。幽霊は、とても書き表せないほど猛烈に荒れ狂ったからである。

　しかし幽霊があまりにもすさまじく猛威をふるって、多数の市民にも親しかった友人たちにも大変な迷惑をかけるようになったので、寡婦が市議会に行って、どんなことでも認めるから、自分のもとの夫を厳重に処分してよいといった。しかし四月二四日から五月七日までの短期間にその体はどんどん肥え太り、以前その男がどんなだったかを憶えている人ならだれでも気づくほどだった。市議会はその七日に絞首刑執行人を呼んで、別の墓に移してあった遺体をもってこさせて、頭を切り落とし、両手両足を切断した。それから背中を切り開いて心臓をとり出したが、それは屠殺したばかりの仔牛の心臓のように新鮮にみえた。全部を一つにして、薪七クラフター[☆a]と大量のピッチを積みあげた山の上で焼いた。そしてだれかがその灰や骨を集めて魔法に使うためにとっておくようなことが起こるかもしれないので、見張りを置いてだれ一人近づかせなかった。翌朝、薪の山が燃えつきたので、灰を袋に詰めて川に投げこんだ。そののちは神のお力で、幽霊がやって来ることはなく二度と姿は見られなかった。

この話にはとても信じられないところが多いことはたしかだが、のちに見るように、細部の多くは――とくに死体の描写では――正確に記述されているので、できごと全体がひどく誤解されてはいるが、これは実際にあったことに基づく話であると考えざるをえない。たとえば膨らんだ体と「新しい皮膚」（病理学者が「スキンスリッページ（表皮剥離）」と呼んでいる現象）は、体の分解に関連して起こる正常な事象であって、発掘が実際に行なわれたことの、信じるに足る証拠になる。概してこの種の報告はデータは正確だが、解釈がまちがっていることがわかってくるだろう。この靴屋の話は、定型的なことをいろいろ伝えている。

1．亡霊は自殺者、他殺者、溺死者として死ぬ――じつのところ、ほとんどありとあらゆる形で、期待されるよりいくらか早く生涯を終らされる、すなわち「時ならず死ぬ」のである。もちろん、この靴屋の亡霊がどのような死にかたをしたかはわかってない――殺されたのかもしれない。だがあきらかに、その死は通常のものではなかった。そしてそれゆえ、その社会に生じた不安の原因かもしれないと考えられたのである。

2．このような死にかたをした死者の遺体は「尊敬されるべき」者の遺体とはことなる扱いを受ける——別の場所に葬られ、しばしばことなる形の葬儀が行なわれる。遺族にとっては大変不名誉なことなので、遺体がそのように扱われることを妨げるための典型的な行動に訴える。たとえばクラッパーが、オーバーシュレージエンの話を記録している。一人の女性が、母親の遺体を掘り出して、正しい向きになおし、その他厄除けのためにしてある処置をとり除くことを要求し（許され）たという。★2

3．発掘された体は予想とはちがっている（膨張している、死体硬直がない、足の親指にあざがある、腐臭がない）。

4．体は次つぎにさまざまな仕方で「殺される」——手足を切断する、皮膚を剝ぐ、焼却する、それから川に投じる。どんなことでも残らずやってみる。火勢を強めるために燃焼促進剤（ピッチ）が使われる。このような体は燃えることをいやがるからである。

5．亡霊を最終的に死者の国に帰らせて終るのが、この種の話の定型である。ついでだが、亡霊はある意味では死体から独立している——墓に残っている死体については何も言われない——が、また別の意味では死体に従属しているようである。亡霊を殺すには、正しい仕方で体を殺しさえすればよいのだからである。「正しい仕方」が大事である。ときにはいくつかの方法を試み試行錯誤ののちにようやく正しい方法が選ばれることになるからである。靴屋の例では、どれが利き目をあらわすか待ってみるという面倒を省いて、すべての方法を一度に行なったらしい。

この報告はずいぶん詳しいのだが、それでも、次にとりあげる「検査報告《ウイースム・エト・レペルトウム》」ほど、生理学的異常事と、信じざるをえない証言とをあわせ示して驚かせはしない。これは、セルビアのヴァンピールが多数住んでいた墓地の発掘と死体解剖を指揮した医師が書いた報告書である。

☆a——昔の尺度、薪一クラフターは約三立方メートルである。

第3章

検査報告《ヴィースム・エト・レペルトゥム》

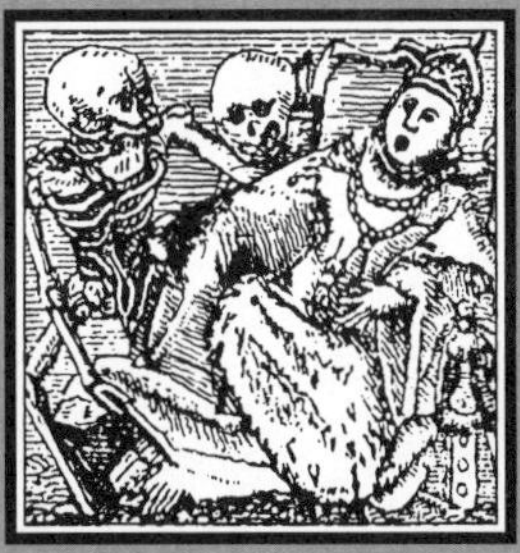

Visum et Repertum

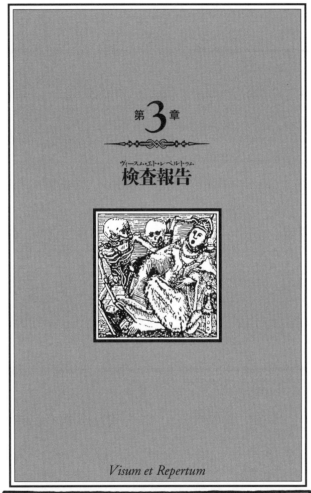

吸血鬼化のもっとも注目すべき例は、アルノード・パオレという名と結びつけられる事件かもしれない。この男は一八世紀の初めに干草車から落ちて歴史に名を残すことになったのである。パオレはセルビア生まれでもとは兵士だったが、ヴァンピールが次つぎに出現して、ついに当局の注意を惹き、「ウィースム・エト・レペルトゥム（見られたことと発見されたこと）」という題の検査報告書が書かれるにいたった事件の最初のヴァンピールである。あいにくパオレ自身は綿密な研究の対象にはならなかった。調査官たちが現地にやってきたのは、かれが掘り出され、杭を打たれ、焼かれてから七年後だからである。

この報告書自体も奇妙な文書である。文学的にみて傑作ともいえないし、吸血鬼について英語で書かれた本に全文が掲載されることもめったにない。これは翻訳がむずかしいせいかもしれない。言葉遣いは大仰で、著者は文法の並列法の問題を無視している。版本が数種類あるのだが、著者の名の綴りがそれぞれ違う。なかで一番革新的なのは（Clickstenger）カルメの英訳に使われているものである（参考文献を見よ）。以下の翻訳には一七三二年にニュルンベルクで刊行され、シュトルムとフェルカーによるすぐれたアンソロジー『吸血鬼または人間の血を吸う者たちについて』に再録されたテクストを使った。わたしの関心はよい文章ということより正確さにあるので、文体についての弁明はしない。

検査報告《ウイースム・エト・レペルトウム》

メドヴェギアの村でいわゆるヴァンピールが人間の血を吸って何人かの人を殺したという報告があったのちに、わたしは、地方最高司令部の命令によって、その事件を徹底的に調査するために、そのために選ばれた数名の将校および二人の軍医とともに現地に派遣されて、スタラート地区傭兵中隊長、バリアクタル［文字どおり訳せば「旗手」］のゴルシツ・ハドナク、それに村の傭兵の最年長者を集めて本調査を実施し、事情を尋ねてつぎのとおり聴きとった。すなわちこの者たちは異口同音に、五年ほど前にアルノード・パオレという地方傭兵が干草車から落ちて骨を折った、と語った。この男は生前、トルコの支配下にあったセルビアのゴサワの近くでヴァンピールにとりつかれたことがあって、そのヴァンピールの墓の土をとって食べ、その血を体に塗ることによって、苦痛から解放された、としばしば話していた。このアルノード・パオレの死後二、三〇日たって、当のこの男に苦しめられていると訴える者が現われ、実際に四人が殺された。この害悪を終らせるために、人びとはアルノード・パオレを死後四〇日目に墓から掘り出した——これは、以前同じような事件にいくつかめぐりあわせたことのある、前記ハドナクの忠告によるものであった。そして人びとの見たところではアルノード・パオレは全身どこもそこなわれず、腐敗していず、眼、鼻、口、耳から鮮血が流れ出て、死体の肌着、死体を包んだシーツ、棺はすっかり血まみれだった。また手足の古い爪と皮膚ははがれ落ちて、新しい爪が生え、皮膚が再生していた。このようなことからこの男が本物のヴァンピールであることがわかったので、人びとはその風習にしたがって心臓に杭を突き刺した。するとうめき声がきこえ、死体から大量の血が流れ出た。その日のうちに体を焼いて灰にし、墓に埋めた。事情聴取をした者たちはさらに、ヴァンピールにとりつかれ殺された人はすべてヴァンピールになってしまうといっている。したがってかれらは、前記の四人をも同じように墓から掘り出した。またかれらはつけ加えて、アルノード・パオレは人間だけではなく家畜も襲って、その血を吸った、ともいっている。村人はそのような家畜の肉を食用にしたのだから、そしてここ三か月間に一七人の老若の人びとが死に、そのなかには、以前から病気だったのではなくて、発病後二日あるいはたかだか三日のうちに死んだ者がまじっているのだから、当地にふたたびヴァンピールが存在しているとおもわれる。加うるに同じく傭兵のヨウィザの報告するところによれば、一五日前のこと、息子の嫁のスタナッカという者が、寝たときは元気で健康だったのに、真夜中におそろしい悲鳴をあげて目をさまし、おびえてふるえながら、すでに九週間前に死亡している、ある傭兵の息子でミロエという男にのどを締められたと訴えた。そのあとでひどく胸が痛み、それから刻々と悪化して三日目についに死亡した。これをきいてわれわれは、その日の午後、前述の、村で最年長の傭兵とともに墓地に赴き、疑わしい墓を全部開いて中の死体を検査した。そしてすべての遺体を解剖した結果、次のことが発見された。

1．スタナという名の二〇歳の女性は二か月〔ホルストは三か月としている〕前に産後三日目に死んだ。死ぬ前に本人が、ヴァンピールの血を体に塗ったと話した。したがってこの女性とその子――生まれた直後に死に、埋葬の仕方が疎漏だったので、半身は犬に食われていた――はともにヴァンピールになるにちがいない。女の体はどこもそこなわれず腐敗していなかった。体を切り開いたところ、胸腔に血管外の大量の鮮血がみられた。動脈、静脈、心室には、ふつうと違って凝固した血液が詰まっていず、内臓全体すなわち肺、肝臓、胃、脾臓、腸は健康な人間の体内にあるように生きいきしていた。しかし子宮は大きくなって外側へ膨張していた。胎盤と悪露がそのまま残ってすっかり腐敗していたからである。両手両足の皮膚および爪ははがれ落ち、一方完全に新しい爪とできたばかりの生きいきした皮膚が認められた。

2. ミリザという女性（ちなみに六〇歳）は三か月病床にあって死に、九〇数日前に埋葬された。胸に大量の血液が発見された。その他内臓は、前記の例と同じく健康な状態にあった。この女の解剖中、まわりに立っていた傭兵たちは、その体の肉づきがよくどこにも傷みのないことに大いに驚き、口をそろえて、この女を若いころからよく知っていたが、生涯やせてしなびていたといい、このように驚くほど肉づきがよくなったのは墓に入ってからであることを強調した。かれらはまた、今回のヴァンピール事件の発端はこの女だ、以前のヴァンピール騒ぎのときにヴァンピールに殺された羊の肉をこの女は食べたからだ、ともいった。

3. 生後八日で死に、埋葬後九〇日の子どもが一人、同じように吸血鬼化した状態にあった。

4. ある傭兵の一六歳の男の子で、病気にかかって三日で死に、埋葬後九週間たった者を掘り出したところ、他のヴァンピールと同様だった。[☆a]

5. 同じく傭兵の男児で一七歳のヨアヒムも三日寝ついて死んだ。八週間と四日地中にあったが、解剖してみると同様の状態であった。

6. 病気になってから一〇日で死に、埋葬後六週間のルーシャという女性の体内には、胸ばかりでなく胃の底部にも多量の鮮血があった。この女の子どもで五週間前に生後一八日で死亡した者の体内も同じだった。

7．二か月前に死亡した一〇歳の女児も前述と同じ状態で、どこもそこなわれず腐敗せず、胸におびただしい量の鮮血があった。

8．例のハドナクの妻と子も発掘された。妻は七週間前、子ども――生後八週間――は二一日前に死亡していた。地面と墓は、近くに埋葬されているヴァンピールのものと変わらないが、母子ともに完全に腐敗していた。

9．地方傭兵隊伍長ラーデは二一歳で、三か月病床にあったのちに死亡し、埋葬後五週間たっていたが、完全に腐敗していた。

10．地方バリアクタルの妻子で五週間前に死亡していた者も、完全に腐敗していた。

11．六〇歳で死亡し、死後六週間になる傭兵スタンヘは、他の者同様、胸と胃に大量の血液が認められた。全身が、既述の吸血鬼化状態であった。

12．傭兵ミロエ、二五歳、埋葬後六週間、やはり既述の吸血鬼化した状態が認められた。

13．傭兵の妻スタノイカ〔マヽ〕は二〇歳で、三日病床にあって死亡し、一八日前に埋葬された。解剖したところ、顔色はまっかで生きているような血色だった。前述のとおり、傭兵の子ミロエに夜中に首を締められたのである。耳の下の右側に指の長さの充血した青あざがあった。☆b 墓から体をとり出したとき、鼻から多量の鮮血が流れ出た。解剖によって、すでにたびたび述べた例と同様に、胸腔のみならず心室に正常なにおいの鮮血がみつかった。内臓はすべて健全な状態にあった。全身の表皮および手足の生えたばかりの爪は、完全に生きているもののようだった。検査ののち、ヴァンピールたちの頭はその地方のジプシーの手で切り落とされ、体とともに焼かれ、灰はモラヴァ川に投じられた。しかし腐敗していた体はそれぞれの墓にもどされた。以上、わたしに与えられた助手である軍医と連名で証明する。上記のとおり起こった《アクトゥム・ウト・スプラー》。

(署名)☆c B・フュルステンブシュ歩兵連隊軍医ヨハネス・フルヒンガー《〔ママ〕》

(署名) モラル連隊軍医H・ジーゲル

(署名) B・フュルステンブシュ歩兵連隊軍医ヨーハン・フリードリヒ・バウムガルテン

末尾署名者はこれをもってフュルステンブシュ連隊軍医が——署名をつらねている両軍医とともに——吸血鬼にかんして述べていることはすべて完全に真実であり、われわれの立会いのもとに行なわれ、観察され、検査されたものであることを証明する。われわれの自筆署名がそのことを確認する。ベルグラード、一七三二年一月二十六日。

(署名) アレクサンドリアン連隊中佐ビュテナー。

(署名) アレクサンドリアン連隊将校H・フォン・リンデンフェルス。

ここには、「吸血鬼化」の事例の代表的なモティーフが多数みられる。

1. 地域住民の生活を崩壊させかけていることがあきらかな事態を処理するために当局が介入する。

2. 二つの例（アルノード・パオレとスタナ）で、吸血鬼から逃れる手段として吸血鬼の血を使ったといわれている。両例とも対策は失敗したらしい。

3. （死んだ）アルノード・パオレがこわがらせる、と住民は訴えている。

4. 発掘は死後四〇日目に行なわれる。スラヴの伝統では、この時点でパオレの体に変化のないはずはなかった。

5. パオレの体は腐敗していず、血液は新鮮で、髪と爪は死後も伸び続けていた。

6. パオレの体は杭を打たれてから焼却された。死体がうめき出血したことに注目せよ。また――残念ながら――フリュキンガーがこのことを観察していないことにも注目せよ。パオレの発掘は、フリュキンガーの現地調査の五年前だった。

7. 吸血鬼の犠牲者はかれら自身、吸血鬼になるにちがいない。

8. 吸血鬼は家畜も襲う。その家畜の肉を食べた者も吸血鬼になるにちがいない。

9. スタナの子どもは埋葬が疎漏だったので犬に掘り出された。このできごとから、この時代と場所からも予想されるだろうが、少なくとも子どもは棺に入っていなかったと考えられる。遺体は白布にくるまれて埋葬されたとおもわれる。棺はこの種のできごとを防ぐことを目的とする、と、ある監察医からわたしは教えられたことがある。

10．一つの例（ミリザ）では、吸血鬼は無変化ではなく、生前はやせていたのに肉づきがよくなったと記されている。ここで、まったくことなるばかりか、矛盾しさえする二つの条件が吸血鬼化を示すものと信じられていることを強調しなくてはならない。

11．腐敗していない体は異常であることを実証するために、付近に埋葬されていた他の遺体はしかるべく腐敗していたことが記録されている。

12．スタノイカという名の女性は「顔色はまっかで生きているような血色」である。

これらのことはすべて、吸血鬼化の歴史にみられる定型的観察である。しかし、フリュキンガーは地域住民ではなく軍医なのであるから、かれが実見した異常事を取りだしてみることも有益であろう。そうすると、アルノード・パオレは考慮からはずさねばならない。パオレのうめき声は有名だが伝聞である。フリュキンガーは、かれが吸血鬼を解剖したさいに類似のことが起こったと述べてはいない。以下に示すのは、フリュキンガーが観察した異常な現象の一覧である。

1．期間は一八日から三か月までさまざまであるが、その間地下に埋められていた死体が腐敗していない、あるいは外見にほんのわずかの変化しか生じていない。
2. その死体の内部に鮮血ないし凝固していない血液がある。
3. 二つの体に新しい皮膚と爪ができていた。
4. 「吸血鬼」の体と類似の条件に置かれながら、完全に腐敗していた体がある。その四体は吸血鬼化した体と似ていた。違うのはそのうちの一体（第9項のラーデ）が比較的長い病気ののちに死んだことで、吸血鬼のほうは例外が一つ（ミリザだが、彼女も墓のなかで少し変化し、肉づきがよくなった）あるほかは短時日の病気で死んでいる。ここから病気の期間と、吸血鬼と非吸血鬼との区別とになにか関係があるかもしれないとおもわれるので、腐敗した四体中の他の三体が病気にかかってから何日後に死亡したかをフリュキンガーが記述していないのは残念である。じつは、グレスターとラントゥルによれば「見たところ健康で急死した人の体は、急性または慢性の、とりわけ伝染性の病気で死んだ人の体より腐敗が遅い」[★1]のである。これが、腐敗していない体があった理由の一つかもしれない（もう一つの理由は、報告の日付から考えられる。つまり発掘が行なわれたのは冬だった）。
5. 体の一つ（第13項のスタノイカ）は典型的な吸血鬼の特徴とされる、明白に赤い顔をしていた。
6. 吸血鬼の一人（スタノイカ）は耳の下にあざがあった。フリュキンガーはこれを、「首を締められたこと」の証拠と考えているらしいが、魔女や吸血鬼の皮膚にそのような目印をさがすのは習慣的な

行為だったのだから、いずれにせよなにか気味悪いことが進行していると信じさせるものであっただろう。[☆d]

右の一覧から、フリュキンガー自身はきわめてふしぎなことが起こっていると信じていたかもしれないが、吸血鬼にかんして民間伝承でいわれていることはほとんど確認されていないことがみてとれるだろう。実際のところ、フリュキンガーが報告している観察にもとづいて吸血鬼を定義してみるなら、次のようなものができるだろう。「吸血鬼とは、あらゆる点からみて死んでいるにもかかわらず、予期に反して腐敗せず、血液は凝固せず、体格と皮膚の色に変化を示すことのある体である」。そればかりか、次の章でみるとおり、報告者の一人は亡霊の解剖を見ていて、それはじつはただの死体だったという結論を述べているのである。

☆a――マケンセン版の「検査報告」は、一七五一年発行の本からテクストをとって、この少年の名をミロエとしている(P.20)。夜中にスタナッカを苦しめたのはこの少年で、12のミロエではないようである。

☆b――つまりこの青あざは首を締められた証拠と考えられている。

☆c――L.S. (Locus sigilli)

☆d――吸血鬼と魔女は必ずしもつねに別種のものとみなされていたのではない(本書第一五章を見よ)。グレッセ(Grässe 2:199)

は、死後人びとを苦しめていた魔女の発掘と「殺害」にかんする古い記述を引用している。すなわちその体は吸血鬼と同じように扱われるのである。またブルクハルト（Burkhart 237）は、魔女から身を守るために、吸血鬼にたいして行なわれるのと同じ厄除けが用いられることを指摘している。

第4章

ド・トゥルンフォールのヴリュコラカス

De Tournefort's *Vrykolakas*

一八世紀初頭にフランスの植物学者ピトン・ド・トゥルンフォールは、ミュコノス島でギリシアのヴリュコラカスの解剖を実見する機会を得た。

われわれは、埋葬されたのちに戻ってくると信じられている死体の一つがこの島にひき起こした、かなり変わったじつに悲劇的な情景を見た。わたしがこれから話す男はミュコノス島の農夫で当然ながら陰気で争いを好む性質だった――このような事件にかんして注意しておくべき状況の一つである。この男は畑で殺害されたのだが、犯人も、その事情も、だれにもわからなかった。町の礼拝堂に埋葬されてから二日後、この男が夜、大股に歩いているのを見た、またあちこちの家に入りこんで家具や上等のランプをひっくり返し、人びとに背後から抱きつき、その他無数の悪さをしたという噂が広まった。初めは人びとは笑うだけだったが、もっとも名望のある人びとが苦情を言いはじめるにおよんで事態は深刻化した。司祭たちさえその事実を認めたのだが、かれらにはたしかにそうするべき理由があったにちがいない。ミサを捧げてもみたが、農夫は態度を変えず、いたずらを続けた。町の指導者、聖職者、修道僧が何度も協議して、埋葬後九日たつまで――なにか知らないが、昔からの形式に従って――待つことが必要だろうと決めた。

一〇日目に、遺体が埋葬されている礼拝堂で、その体に隠れていると考えられるデーモンをおい出すためにミサが捧げられた。ミサののちに遺体が掘り出されて、心臓を切り取る作業が始められた。ひどい年よりでおそろしく不手際な町の肉屋が、まず、胸ではなく腹を切り開いた。肉屋は長いあいだ腹のなかをさがしまわったが、求める物をみつけられなかったので、ついにだれかが、横隔膜を切らなくてはだめだと教えた。心臓がとり出されて、まわりに集った者たち全員が感嘆した。しかし体の悪臭がすさまじいので香をたかねばならなかった。ところが香の煙と死体の臭気がまじり合って、悪臭はますますひどくなり、気の毒な人びとの心をたかぶらせはじめた。人びとはこの光景に衝撃を受けて幻覚に夢中になり、体から濃い煙がたち昇っているなどといい出したので、われわれは、あれは香だとはいいかねた。礼拝堂のなかでも前の広場でも人びとは「ヴリュコラカス」とばかり叫び続けた。これは、このように亡霊と考えられる者を指す語である。騒ぐ声がまるで吠えるように街路に広がっていった。この名は礼拝堂の天井を揺るがすために発明されたかとおもわれた。見物人の幾人かが、この不幸な男の血はまっかだと主張し、肉屋は、体はまだ温かいと断言した。ここからかれらは、この死者には、完全には死んでいない――あるいは、悪魔によって生き返らされた、というほうがいいだろう。なぜならヴリュコラカスについて人びとのもっている観念はまさにこういうものだからである――という重大な欠陥がある、という結論を導き出した。かれらのこの名の叫びかたには、われわれを驚かすようなところがあった。そこに一群の者たちがやってきて、死体を埋葬するために畑から教会に運んでいったとき、硬直していなかったのをはっきり見た、したがってこれは本物のヴリュコラカスだ、と声高に主張した。その言葉が何度もくり返された。

もしわれわれがそこにいなかったなら、死体には悪臭がなかったとかれらは主張したにちがいない。それほど、気の毒な人びとはこの事件によって正気を失い、死者の帰還を信じていたのである。われわれはできるかぎりこと細かに観察するために死体の近くに陣取っていたので、ものすごい悪臭に死ぬかとおもった。死者をどうおもうかと問われたので、十分に死んでいるとおもうと答えた。しかしわれわれは、ひどい衝撃を受けたかれらの想像力をいやしてやりたかった――少なくともこれ以上刺激したくはなかった――ので、肉屋が腐敗しかけている腹のなかをさがしまわったとき多少のぬくみを感じてもふしぎはない、また煙が出たのは、こやしをかきまぜたときに煙が出るのと同じで、変わったことではない、そして血が赤いということについては、肉屋の手をみれば、それはいやなにおいのする汚物であることはあきらかだ、といってきかせた。

われわれが理を説いたにもかかわらず、かれらは、海岸に行って死者の心臓を焼くことに決めた。死者は心臓を摘出されてもおとなしくなるどころか、かつてない騒ぎを起こしていた。夜になると人を打つ、戸ばかりか屋根さえ壊して侵入する、窓を割る、衣服をひき裂く、水差しやびんを空にする、という非難があった。非常に水を飲みたがる死者だった。われわれが宿泊していた領事の家以外はどこの家でもびんを空にしたとおもう。しかし、この島の状態ほど憐むべきものを、かつてわたしは見たことがなかった。だれもかれも気が転倒してしまい、途方にくれている点では智者といわれる人びとも同じだった。これは完全に脳の病気で、狂気や激怒の発作に劣らず危険なものだ。一家そろって町の中心から遠い所にある家を捨て、わらぶとんを運んできて町の広場で夜を明かす人びとが現れた。だれもがなにか新しい侮辱を受けたと訴え、日が落ちるころにはきこえるのはうめき声だけになった。もっとも賢い人びとは田舎にひっこんでしまった。

町中がすっかり先入観にこりかたまっているので、われわれは何もいわないことにした。へたなことをいえば、愚者ではすまず、神を信じない者とみなされただろう。一つの町の全住民を正気に戻すことなど、どうすればできるだろう。われわれが事件の真相に懐疑的だと判断した者たちがわれわれのところにやってきて、疑い深いことを非難し、ヴリュコラカスというような物の存在を——イエズス会宣教師リシャール神父の『信仰の楯』からの権威ある引用句によって——証明してみせるといった。神父はローマカトリックなのだから、その言葉を信じなくてはいけない、とかれらは詰めよった[☆訳註1]。かれらの理屈を否定してみてもどうしようもなかっただろう。かれらは毎朝、この夜行性生物が行なった新しいいたずらの数かずを信心深く唱えて大騒ぎをした。この者はついにもっとも忌まわしい罪を犯したと非難されるようにさえなった。

公共の幸福をもっとも熱心に求める市民たちは、先に行なった儀式の核心部に欠陥があったと考えた。かれらにいわせると、ミサは、この不幸な男の心臓をとり出してしまったあとで捧げなくてはいけなかったのである。このように用心すれば、悪魔は必ずや不意を襲われて、二度と戻ってこなかったはずだ、とかれらは主張した。ところがミサから始めたので、悪魔には逃げ出す時間が十分あり、あとで好きなときに戻ってくることができたのだ、という。

このような理屈にもかかわらず、かれらの困難な状態は最初の日と変わらなかった。かれらは夜となく昼となく集って討論し、三日三晩行列を続けさせた。司祭に断食をさせ、また手に聖水散布器をもって家々のあいだを走りまわって聖水をふりかけ、家の戸を聖水で洗わせた。かれらは哀れなヴリュコラカスの口に聖水を満たしさえしたのである。

われわれが町の行政官たちに、キリスト教国ならこのような状況のときには必ず夜警を置いて、町に何が起こるか見張るだろう、と何度もいったので、とうとうかれらもそうして、この混乱状態にかかわりがあったにちがいない放浪者を何人か逮捕した。しかしどうやらこの者たちは首謀者ではなかったのか、それとも早く釈放しすぎたのだろう、二日後にはまた、獄中の禁酒を埋め合わせようと、不用心にも夜留守にした人びとの家のワインの水差しを空にしはじめた。そこで住民はまたしてもお祈りに頼らざるをえなくなった。

ある日、かれらはその死体——だれが思いついた気紛れか、日に三度も四度も掘り出していた——を埋めた墓にむき出しの剣を何度か知らないがむやみに刺したあとでなにかの祈りを唱えていた。そのとき、たまたまミュコノスにやってきたあるアルバニア人が、専門家のような口ぶりで、このような場合にキリスト教徒の剣を使うのはおそろしくばかげているといいだした。わからないのですか、気の毒な、悟りの遅い人びとよ、といった。この剣のつばと柄が十字架の形を作って、悪魔がこの死体から出られないようにしているのですよ。なぜ、これでなくトルコのサーベルを使わないのです[☆a]。このこざかしい男の意見は役にたたなかった。ヴリュコラカスがおとなしくなるようすはみえなかった。だれもかれもこんなにうろたえたことはないという。どの聖人の名を呼び助けを請えばよいのかわからなかった。だが、まるでたがいに言うべきことを教えあいでもしたかのように声をそろえて、すでにもう待ちすぎた——ヴリュコラカスをすっかり焼いてしまわなくてはならない——と村中が叫びはじめた。それからかれらは悪魔に、できるものなら戻ってきて命乞いをしてみろと挑戦した。島から住民がいなくなるよりは、そのような極端な手段に頼るほうがましだった。実際のところ、シュラかティノスにひっこむつもりで荷造りを始めている一家がすでにあちこちにみられた。そこでかれらは、行政官の命令でヴリュコラカスを聖ゲオルギオス島の突端に運んでいった。そこにはすでに火葬用の薪の大きい山が作られていた。薪はよく乾いてはいたが、それだけではかれらが望むほど速く燃えないかもしれないのでタールも用意してあった。不幸な死体の残っていた部分は薪の上に積まれて短時間で燃え尽きた（一七〇一年一月一日だった）。デロスから戻るときに火がみえた。これこそ真の歓喜の火とよんでよかった。こののちヴリュコラカスにたいする苦情はきかれなくなったからである。こんどこそたしかに悪魔をつかまえたことがわかってかれらは喜び、悪魔をばかにした歌をいくつか作った。

多島海全域の人びとは、死体が悪魔によって生き返らされるのは、正教を信じるギリシア人だけだと信じている。サントリニ島の住民はこの種の狼人間をひどくおそれる。ミュコノス島民は、幻覚が消えたあとも、こんどはトルコ人とティノスの主教から訴えられることを同じようにこわがっていた。死体を焼いたとき、聖ゲオルギオス島には司祭は一人も来なかった。主教の許可を得ずに死者の体を掘り出して焼いていたことにたいして、主教から金銭を要求されることをおそれたからである。トルコ人にかんしては、たしかにかれらはその後初めてやってきたときこの哀れな悪魔の血にたいする支払いをミュコノスの町に強要した。あの男はあらゆる形で祖国の憎悪と恐怖の的になったのである。そののちは——いうまでもないことだが、今日のギリシア人はかつての偉大なギリシア人ではなく、かれらのあいだにあるのは無知と迷信だけなのである。

こんども、このような事例に典型的なことをみてみよう。

1. 亡霊は生前、性質のよくない、争いを好む人間だった。
2. 殺害された。
3. 死後、非常に迷惑な存在になる。先に見た南スラヴのヴァンピールとちがって、ド・トゥルンフォールのヴリュコラカスは人の血を吸わないし、人を殺しさえしないことに注目せよ。ヴリュコラカスにかんする現代のある論文は、あるインフォーマント（資料提供者）の言葉として、血を飲むヴリュコラカスのことは聞いたことがない、と書いている。★1 吸血鬼と亡霊の夜の行動にかんしては、スラヴでも、明白な行動様式を見てとることはむずかしいといわざるをえない。吸血鬼と亡霊は、人間を苦しめるという職業を選びはしても、そこで専門医ではなく、むしろ一般医のように行動するようである。たとえばエルウッド・トリグはジプシーの吸血鬼を論じて、その活動を次のように要約している。

自分の敵とみなす者のところに一番しばしば現れて、かれらの血を吸い、体の一部を食べ、その他暴力を加えることによって、あるいはたんに死ぬほどこわがらせることによって、殺そうとするだろう。

それ以外では、体を打ったり財産を破損したりして生者に肉体的、物質的害を加えることが知られている。また大きい音をたて、火をつけ、幌馬車をひっくり返し、皿を割り、家畜の息を詰まらせて殺したりして、一家の者の生活を乱すことが知られている。★2

4．埋葬後九日たつまでヴリュコラカスの処置を待つという決定は、古代からの先入観に基いている。九はじつのところ基準になる数字で、聖書で四〇という数字に与えられているのと同じ重要性をもっている（聖書では四〇は、大洪水やイエスが荒野にとどまった日数など、さまざまなできごとの期間を示している）。

5．ミサが、吸血鬼を滅ぼすための必要条件ではあるが十分条件ではないと考えられていることはあきらかである。吸血鬼を始末するには宗教儀式自体で十分だったといわれている例もあるが、[★3]吸血鬼と亡霊のさまざまな葬りかたは、キリスト教の影響を受けたことははっきりしているが、起源はあきらかにキリスト教以前である。民間伝承では、吸血鬼を殺そうとするときにしばしば宗教的権威が関与することになっているが、こういうことは、ヨーロッパでも正教会が支配的な地域のほうでよくあっただろう。正教会はキリスト教以前の信仰を少なくともカトリック教会のように頑固には、撲滅しようとしなかったからである。

6．ヴリュコラカスの心臓は摘出される。この問題にかんする民衆の考えかたは、(1)頭、または(2)心臓がなければ吸血鬼といえども活動することはむずかしい、というのである。しかし明言されることはめったにないのだが、吸血鬼と亡霊にはヒトデのように多少の再生能力があることははっきりしている。北ヨーロッパではナハツェーラーの首を切り落とす——しばしば墓掘り男のシャベルで——ことが多かったが、それから頭を体の後に埋めて、両者のあいだに汚物で壁を作って、もう一度合体できないようにしたのである。このような首切りの例は今世紀に入っても報告されている。[★4]心臓もときとして焼かれた。一九世紀にニューイングランドに事例がある。[★5]あるいは所有者にとって使いものにならないようにしようとしてワインにいれて煮ることもあった。[★6]

7．死体が臭うので香を焚く。ド・トゥルンフォールは、香は死体の悪臭をごまかすためだと考えているようだが、のちに第一三章で論じるが、死体の臭いは有害と信じられ、したがって類似の物《シミリア・》は類似の物によって治療される《シミリブス・クーラントゥル》という理念にしたがって、同じように強い臭いで対抗したと考えるべき証拠がある。

8. 亡霊の血液は新鮮だといわれる（ただしド・トゥルンフォールはこれに異議を唱えていることに注意せよ）。

9. ド・トゥルンフォールによれば、ヴリュコラカスは悪魔によって生き返らされたと人びとは信じている。これは注目にあたいする。この問題については一般的な見解がいくつかあるが、これもその一つである。このほかときには、その体に住んでいた霊魂自体が、ふつうはある一定期間、体の外に出てさまよい歩いたのちに、体を生き返らせるといわれる。また、のちにみるが、しばしば人間はなにかの局限された形態で（たとえば夢のなかに、あるいは影として）死後も生き続けるという見解もある。

10. 体は死体硬直の徴候を示さず、さわれば温かい。ド・トゥルンフォールもフリュキンガーも、どれくらい温かかったかを告げることはできなかった。温度計は発明されていたが[★7]、体温を測るために使われるようになったのは一八世紀後半以降だからである。ついでだが、死体硬直がなかったのは、ド・トゥルンフォールのインフォーマントたちは気味悪がったかもしれないが、正常な現象である。死体が発見されたのは一日か二日たってからだったかもしれないからである。

11. 亡霊にかんしてはよくあることだが、ド・トゥルンフォールが述べているヴリュコラカスは心臓摘出だけでは行動を妨げられず、行動を終らせるには何度も突き刺したうえ焼却しなくてはならなかった。焼却する場所——島——の選択も、死者を戻ってこさせない方法の一つである。霊は水を渡れないからである。

12．ド・トゥルンフォールが亡霊について「狼人間」(loups-garous)[☆b] といっていることは注目にあたいする。両者のあいだに関係があることは確証されているので、狼と死体——このヴリュコラカスが実際に死者だったなら（それは明白だとおもわれるが）——との生態学的関連を問いたい気持が起こるだろう。この問題は第一〇章で考察しよう。

アルバニア人のエピソードからわかるように、民間伝承の伝統は解決を求めてたがいに干渉しあうことがあるだろう。霊が鋭い鉄製品をきらうことはだれでも知っているが、このアルバニア人は、そこで使っていた特定の剣が、つばのデザインによって一種の十字架を形造っているという意見を述べる。ここから（もしこの主張の正しいことが証明されたなら）、亡霊を殺すにはトルコの剣しか使ってはいけない、という新しい公式が生まれるかもしれない。このような命題は、その論理的根拠が失われてしまうと、われわれの目には、途方にくれるほど意味不明で、したがって収集する価値あるものと映るだろう。この観点からみるなら、民間伝承を「わたし［民俗学者］が共有しない一般的信念」と定義するのは理にかなうこととおもわれよう。民俗学者が共有してしまえば、これらはまったく別の、「周知の事実」というようなもののカテゴリーに移されることになるだろう。ところがときには民間伝承は、たんに事実なのだが、とうてい本当とはおもえず信じられないということもある。たとえばヨーロッパとアメリカの伝統では、猫は死体から遠ざけておかないと死体を襲う、と一般に信じられている。[★8]わたしが意見を尋ねた監察医たちによれば、そういうことはときおり観察されているそうだ――なんといっても猫は肉食動物なのである。しかし民俗学者は、この事実を信じていたなら、収集はしなかっただろう。「周知の事実」を収集することは民俗学者の仕事ではないからである。

だが右の分析は適切ではない。なぜなら、一度驚くべき事件が起こって語り伝えられると、その事件は独立の生命力を獲得して、いつまでも、しかもつねに語り手の「友だちの友だち」の身に最近起こったことであるかのように、語り継がれるからである。その過程で物語は、真実らしさを与える標準的な（つねに同じではないが）モティーフを一組獲得する。つまり、猫が事実ときどき死体を損傷するとしても、そう語る人びとはたいていそれを直接経験してはいず、実際には起こっていないできごとの話をしているのかもしれないのである。

「検査報告」でしたように、ド・トゥルンフォールがヴリュコラカスと出会って、どんな超自然性を実際に見たかと問うてみるなら、われわれの探究の助けになることはほとんどないという結論に達さざるをえない。かれの意見では、血液は新鮮ではなく、煙は死体ではなく香から昇ったのであり、報告された被害の責任は亡霊ではなく人間にあった。構造的にみるなら、ド・トゥルンフォールの報告は第二章の報告に酷似している。ことなるのは、かれは——第二章の語り手と違って——気味の悪いことが起こっているとは信じていないことだけである。

われわれは相当血なまぐさい亡霊（プロゴヨヴィッ）から出発して、穏やかに眠っている亡霊たちでいっぱいの墓地を通って、最後に、もし観察者を信用してよいなら、亡霊ではなく、たんに亡霊のふりをしている死体にすぎないものにたどりついた。この地点で、衆目のみるところ歴史上もっともよく証明されている吸血鬼と亡霊であるものをいくつか見てきたのであることを考えてみるなら、残念ながらわれわれは信じやすさにつけこまれたのだという気がするだろう。吸血鬼は、近づけば近づくほど、いよいよ姿を現したがらないようである。

しかしさて、襲われて頭を切り落とされ、心臓をえぐり出され、たき火で焼かれても抗議もしないのでは、吸血鬼というのはほんとうに情ないものなのだから、この問題はこれで打ち切ってもよいとしても、次の問に答えるという問題がまだ残っているだろう。ヨーロッパ人はそもそもどのようにして吸血鬼の存在を信じるにいたったのか。この問に答えるために、まず、かれらが実際に信じていたのは何であるかをこまかく考察してみたい。

☆a――民間伝承は、現地できくより書物に記されているもののほうが筋が通っている。インフォーマントに適切な資料検索システムが欠けている――自分の記憶に頼るしかない――うえ、しばしばごく少数の資料から推論せざるをえないからである。ミュコノス島民は長年亡霊に対処していなかったのかもしれない。そうであるなら、かれらが、取るべき手続きについておよその概念しかもっていなかったことの説明がつくだろう。この種の手続きは論争の的になるのがふつうである。

☆b――この単語は bug-bears（化け物）と訳してもよかったかもしれない。これは bug とも bear とも関係がなく、bogeyman（妖怪）というときの bogey という語と関係のある奇妙な語で、霊、幽霊、お化けなど、あるいはたんに無用の恐怖をひき起こす物を意味する。bear が入っているのは、この単語が動物の名であると同時に褐色という色を意味したからかもしれない。

☆訳註1――ともにキリスト教であるが、フランス人ド・トゥルンフォールはローマカトリック教会、ミュコノス島民はギリシア正教会に属すからである。

第5章

亡霊はどのようにして生まれるか

How Revenants Come into Existence

われわれのインフォーマントの見解によれば、亡霊を生みだす要因は大きく次の種類に分類される。(1)素質、(2)運命、(3)できごと、すなわち人びとにたいしてなされること、人びとのすること、人びとの身に起こること、(4)できごとにならないこと、すなわちなされずに終ること。

素質

われわれはすでに、気むずかしくて扱いにくい人間だということのみによって亡霊の身分を得たようにおもわれる例を一つ——ド・トゥルンフォールのヴリュコラカス——みてきた。これはまったくよくあることで、変わり者で評判のよくない人や大罪人は死者のなかから戻ってくることが多いのである。東ヨーロッパでアルコール依存症の人びとが一番亡霊になりやすいとみなされるのも、この一般法則から自然に出てくる結論でしかないだろう。レーヴェンシュティムはロシアの、生前アルコール依存症だったというだけの理由で墓から掘り出された人びとのことを書いている。「一八八九年にサラトフ地方のイェリスハンキ村の農民たちが、アルコール中毒症で死亡して教会の共同墓地に葬られた男の墓をあばき、その遺体をもよりの川になげこんだ」[★1]。

もっと世界中どこにいってもいわれるのは自殺者である。自殺者が教会墓地に埋葬されない理由の一部は、かれらには、死者のなかから戻ってくる、あるいは一番身近な人や親しい人を墓に引いてゆく、潜在的な力があるからである。関係当局が住民の意志を妨げて、死者の遺体を通常の場所に適切な仕方で葬ることを要求しようとするような場合に、この禁忌の力がみてとれる。

ロシツで一七七一年に一人の織工が貧窮のあまり首をくくった。裁判所は、この男を教会墓地に埋葬するよう命じた。しかし村はこの命令に反抗し続けたので、ハインリヒ三十世は強力な分遣隊を派遣した。死者はその権威と保護のもとにロシツの教会墓地に埋葬されねばならなかった。類似の事件が同年にローベンでも起こった。ここでは完全な暴動になって、軍隊が出動しなくては平和を回復できなかった[★2]。

魔法使いは亡霊になる傾向があるという報告も数多くある。ルーマニアでは、魔法使いは死体を亡霊にすることができるといわれる。[★3]

一般的に、亡霊になる可能性のある人びとのリストには、そのリストを作る人びとはことなることによって主として目立つ人びとが含まれることになりがちである。たとえばブルクハルトは、素質による亡霊の種類として次のものをあげている。「不信仰者（別の信仰をもつ人びともここに含まれる！）、悪人、魔法使い、魔女、狼人間。ブルガリアではさらに、強盗、追剝、放火犯人、売春婦、客をだましたり裏切ったりする酒場の女、その他卑劣な人間が加わる」。[★4]

運命

しばしば人は当人の欠点によるのではなしに、たとえば教会暦が神聖な期間と定めている時期に宿されるとか、私生児の親から生まれた私生児であるというようなときに、亡霊になる。[★5] 実際、ルーマニアには、七番目の子として生まれるというだけで、亡霊になりがちだという報告があるぐらいである。[★6]

亡霊になりそうな人はしばしば誕生時に、ふつうはなにかの異常、なにかの欠陥によって、たとえば（オーバーシュレージエンのポーランド人とカシューブ人のあいだでは）子どもが生まれたとき歯が生えていたというようなときに、それと知られる。[7] 同様に、生まれたときに乳首が一つ多い（ルーマニア）[8]、鼻の軟骨がない、下唇が裂けている（ロシア）[9]、あるいは、体の前面または背面が毛皮のようになっていたり、脊柱が尾のように延びていてとりわけ毛が生えている（ルーマニア）[10] というような、けものに似た特徴のある子どもも、あやしい。（最後の例は実際に起こることがあるとマケンジーが書いている。）[11] またヴィルヘルム・ヘルツは、亡霊は心臓を二つもって生まれてきて、一方は人類の滅亡に捧げられているという信仰のことを述べている。ブルクハルトも同じことを述べて、この信仰がもっとも一般的なのはウクライナであり、同じことが魔女にもいわれる、また二つあるのは心臓ではなく魂だといわれることもある、とつけ加えている。[12] ヤウォルスキイによれば、このような吸血鬼は自分自身と話をしていることによってわかるという。[13] ルーマニアのストリゴイとよばれる者も心臓が二つあるといわれることがある。二つ目の心臓は、その者を生かしておく仕組みを与えると信じられている。この心臓を突き刺す（死体が戻ってくるのを妨げるために）と、血液が空中に高く噴出するだろう。[14]

子どもが生まれたときに赤い大網膜すなわち羊膜を頭にかぶっていると、ヨーロッパの多くの部分でこれは、その子が死者のなかから戻ってくる運命にあることの証拠だろうとみなされる。[15] 正常な大網膜は透明か灰白色の膜だが、出血があると赤味をおびる。カシューブ人にとっては大網膜自体に、吸血鬼の血と同じように厄除けの性質があるので、これを乾燥させて保存しておき、一定期間ののちに粉末にしてその子の食事に混ぜてやらなくてはならない。子どもがそれを食べてしまえば、吸血鬼化するおそれはなくなるのである。[★16] カナダのカシューブ人は、大網膜は燃やしてもよいという。[★17]

アドリアン・クレメネは、大網膜をかぶった子どもがどのようにして生まれるかについての、次のような神話的説明を記録している。「このような子どもは、デーモンの唾液のまじった不潔な水を飲んだ女、あるいは頭に何も被らずに夜外に出てデーモンに会い、デーモンが被っているのと同じ赤い帽子を被せられた女に生まれてくる。デーモンの帽子が、生まれてくる子どもの頭に大網膜を被らせるのである[★18]」。

ちなみに、大網膜は文献によく言及されているが、赤い色の記述はたまにしかない。吸血鬼化の原因は赤い色とかかわりがあるにちがいないとわたしが考えたのは、じつは、事実そうである証拠をみつけるより先だった。吸血鬼が生まれる機構には、一種の内的論理がある。大網膜にはそれだけでは、吸血鬼の起源を示す他の印との関係を思わせるものは何もなかったのだが、それが赤ければ、ぴったり合うのである。血にかかわることは吸血鬼ないし亡霊の主要な特徴の一つであり、血は赤いのだから、奇妙なかけ離れた類比によって、赤い色のものはなんでも吸血鬼化する素質をもつ傾向がある、ということになる。一九世紀にはカシューブ人は、赤あざは、その子が死者のなかから戻ってくる運命にあり、死ねば死体の顔が赤くなることを示す、とおもっていた。[19] これは不吉な徴候とみなされた。「前［一八］世紀の中ごろ、西プロイセンの羊毛紡績業をしている家の家族が一人死んだ。するとすぐあとを追って親戚の者が多数、死ぬような特別の理由は何もないのに突然死んだ。最初に死んだ人の顔から赤味が消えなかったことを思いだしたように人びとはおもい、その男が亡霊（吸血鬼）だという推量がひろまった[20]」。

わたしは、死体の顔にアルコールにひたした布を被せて生色を保たせることを勧める話を東プロイセンで発見した。「そうすれば死者の顔はまるで生きているように活きいきしている。その頰は埋葬時にも――まさにそうあるべきように――赤い[21]」。だが一般的には、頰が赤いのは、吸血鬼になる可能性を証明するものとみなされる。そのうえ赤毛で眼の青い人はストリゴイになる可能性があると（ルーマニアでは）考えられる。[22]

要するに、亡霊は血なまぐさく、血は赤いのである。したがって赤いということは、吸血鬼になりやすいということだ。のちにみるとおり、腐敗しかけている死体が赤味をおびるのは、ごくふつうである。[a] 赤＝血＝生命という観念もやはり、クレメネとハーゼが報告しているような、ときとして血液を、霊魂を運搬する物とみなす考え方によって支えられるのであろう。[23]

たいていの吸血鬼小説は、吸血鬼になるなりかたをあいかわらず一つしか示していない、つまり吸血鬼に咬まれた人が吸血鬼になるのである。だいたい決まって、吸血鬼は犠牲となる女性の上空に大げさな影となってかぶさり、やがてそののどに咬みついて血を吸う。民間伝承では、吸血鬼や亡霊が血を――多くの者は吸わないが――吸うとするなら、犠牲者の胸のどこかに牙をたてるのである。カシューブ人の吸血鬼は左胸部を選ぶという報告がある。[★24] ロシアではウピールは心臓のあたりに小さい傷痕を残す。[★25] ダンツィヒ（現在はグダニスク）では乳首を咬むのである。[★26] マンハルトは、クライン（ワラキアの一地方）の吸血鬼は血を吸いもし、そうすることによって新しい吸血鬼を生みだしもする、と報告している。[★27] クレメネはさらに（やはりルーマニアで）、頚部を咬むことはなく、通例は心臓の位置だ、つまり心臓の血を求めるのだ、と述べている。ごく稀には両眼のあいだを咬まれることもある。[★28] だがたしかに、民間伝承でもフィクションでも、吸血鬼に咬まれた犠牲者がやはり吸血鬼になる傾向はある。

吸血鬼と鏡との関係も、フィクションと民間伝承とではまったく違うようだ。フィクションでは、吸血鬼は、姿が映らないことをだれかに見てとられることを恐れて、鏡を避けようとする。民間伝承ではこの伝統的な観念を仄めかしたものをわたしは二つしか知らない。[29]しかもどちらもその観念の起源について何も語っていない。少なくとも一般的な観念ではないにちがいない。

しかし死にかんする民間伝承では鏡は重要である。ブルガリアでは死体のあるへやでは鏡に覆いをするか、鏡を裏返して壁に向けるほうがよいといわれる。死体の顔が映ると、もう一人死者が出るからである。[30]バルチュはメクレンブルクの葬儀の習俗を説明して、鏡に覆いをしなくてはいけない、もし死体が「鏡に映って二つになると、死者がその家のだれかを連れてゆくからである」と述べている。[31]鏡を割ることは共通して不運の印と考えられる。ブルームはあるギリシアのインフォーマントの言葉を引用しているが、これは、「[鏡が]鏡の持ち主の魂を所有することがある、その場合、鏡が割れれば持ち主が死ぬからだ[32]」という。同じインフォーマントによれば、ギリシア北部では、人の魂をとってしまうこの力がカメラにあると信じられている。

スラヴ地方の広い範囲からも中国からも報告されている、[33]非常によく知られた観念の一つに、動物が跳び越した死体は亡霊になるかもしれない、というものがある。通例その動物というのは犬か猫だが、どうやら命あるものなら——人間でも——なんでも、体を跳び越す、あるいはまたぐことによって、その体を吸血鬼にすることがあるらしい。たとえばルーマニアのアロムネ人は、黒いメンドリにこの力があるという。[34]猫を外へほうり出し、戸と窓を締めて、死体を跳び越す習性のあるものにきびしく警告すれば危険は避けられるかのようにおもわれる。ところが、この観念がとくに広まっているスラヴ人のあいだでは、魂が外へ逃げられるように戸と窓を開けておくことが必要とされるのである。

ルーマニアでは、コウモリが死体の上を飛び越えて吸血鬼を作る、という報告がある。[★35] このことは、きわめて珍しいという理由からだけでも取りあげる価値がある。コウモリは吸血鬼小説では非常に重要なのに、民間伝承では一般に特別な意味をもたないからである。ブルームは次の話を引用している。「わたしは祖母から、何でも、とりわけ動物、鳥、虫、ろうそく〔燃えている――つまり命を与えられている――ということだろうか〕のような物は何でも、死体の上を飛び越させたり、跳び越させたりしてはいけない、また手にもってその上を通り越させてもいけないと教えられた。死体がヴォルカラカス（ヴリコラクス）[☆訳註1] になるからだ」[★36]。まったくのところ、ラルストンが、ロシアではステップからの風が死体の上を吹き過ぎても、吸血鬼化が起こるかもしれないと考えられる、と報告しているぐらいである。[★37]

死体が亡霊になるなり方のさらにあまり知られていないものをクレメネが二つ述べている。死者に夢遊病の兄弟がある場合と、生前に影を盗まれた場合である。[★38] 影を盗むということは、建設現場で起こる。犠牲者の影を壁に映しとって、その頭部に釘を打ちこんで固定するのである。この慣行の目的は、建物を丈夫にすることである（ルーマニアは地震が多い）。これは古代の人柱、同じ目的のために人を壁に塗りこめた習慣の名残りであろう。[☆b]

ロシアでは自殺者、他殺者、溺死者、それに卒中による死者さえ、とくに危険とされ、この人びとの体は他の人々とはことなる処置を受けるのが通例だった。ハーゼは一五〇六年のものだという次のような話を引用している。

われわれは、溺死したり殺されて投げ捨てられた人びとの体をうやうやしく埋葬したりせず、原野にひきずっていって、その場所を杭で囲う。また——まったく不道徳で罰あたりなことだが——春になってから冷たい風が吹いて植えつけたり種を蒔いたりしておいた作物が育たないことがあると、われわれは万物の基礎を築いた創造主に祈ることをやめ……最近溺死したか殺害されたかして埋葬された人のことをきいて……罪がありそうな人の体を掘り出して、どこか人里離れた所に埋葬せずにほうり出す……われわれは大変おろかなので、この男を埋葬したせいで寒くなったと思いこむからだ。[★39]

このような死体は、母なる大地がいやがる——ときには吐き出しさえする——から地面に埋めることができなかった。しかしお上が異議を申し立てるので埋めずに放置することもできなかった。ロシア人はこのディレンマを解決するために、地面を掘って屋根をつけた、納骨堂のような物のなかにこのような死体を集めて、ぶじに春になるのを待ち、そのあとでかれらのために適切な葬儀を行なった。[★40]しかし死者が天候に影響を与えると信じられたのはロシアだけではない。カイカノヴィチはスラヴォニアの女予言者の話を報告しているが、この女は異教とキリスト教の信仰を奇妙に融合させて、墓地に行って神に雨乞いをしたのである。[★41]

ペーター・プロゴヨヴィッの例でみたように、流行病で最初に死んだことのみによって吸血鬼になることがある。すると流行病は、この男の加害行為の結果と解釈される。このように書くと、この解釈はきわめて奇怪に感じられるが、じつはそうではないのである。結局は、この最初の人物が、他の人びとに病気をうつしたのであるかぎりにおいて、その後の死亡事件に、ある意味で責任があるのだ。原則として、あるいは少なくともわれわれが先祖より豊富な知識をもっている場面においては、われわれは先祖と同じ恐怖に捉えられはしない。今日、心臓発作が病人からうつるとはだれもおもわない。しかし同じように情報の欠けている場面では（このごろのエイズの経験がおもいだされる）、われわれもロシアの農民と同じ隔離方策を取るようである。

死者と接触した物を破壊したり捨てたりするという、ヨーロッパ各地に広く行なわれる慣行の理由の一つは、感染の意識であろう。ヴァカレルスキによれば、死者の体を洗うために使った容器はその場で打ち壊される。くしの歯を何本か折って、せっけんや水とともに人里離れたところに隠すか、近くにそういう川があれば川に投げ込む。地方によっては、「死者が彼岸で入浴し髪を梳くことができるように」、くしとせっけんを死体と並べて墓に納める。湯を沸かしたやかんを逆さにする。容器を打ち壊したり逆さにしたりするのは、死者が戻ってくるのを妨げるためである。なぜなら死者は、やはりもう一度体を洗おうとおもうかもしれないからである。あるいは人びとは端的に、生者が死者と同じ物を使うのはよくない、そうするとすぐに死者のあとを追うことになるからだ、という。[★42]

右の最後の文は、その死が伝染病によるものであるとすれば、きわめて現実的な可能性を述べている。死体の頭があった所に重い物または先の尖った物を置く、あるいはそこに釘を打つ、また死体の足のあった所に燃えている石灰を撒くことによって、死の影響力を封じこめ、または破壊しようとするという、ブルガリア人のあいだにもみられる慣行にも、類似の意識がはたらいているとおもわれる。[★43]

このような——病気の最初の犠牲者が吸血鬼であるという——信仰の威力は、レーヴェンシュティムが伝える、一九世紀のロシアの、ある若い女性の死体発掘の話に見てとれる。

一八四八年八月一七日にヴェリコ＝シュコヴィッ教会の司祭が地方判事に、農民たちが司祭の意に反して、農家の娘ユスティナ・ユシコフの墓をあばいて棺から死体をとり出して、「野蛮な行為」をした、かれらの目的は、コレラの流行を終らせることであった、と報告した。この件で調査が始まると、農民たちはすべてそのとおりであることを認め、次のように語った。ユシコフはコレラで最初に死んだ。ところが八月に入って流行病が猛威を振いはじめたときに、住民の一人である軍医のリュブツォフが農民たちに、自堕落な娘がみごもったまま死んだのが病気の原因だと断言した。コレラを追い払うためには、墓をあばいて、生まれなかった子どもがどうなっているか、ユシコフが口を開けているかどうか、見なくてはならない。もし口を開けていたら、その中に杭を打ちこまなくてはならない。はじめ農民たちは軍医のいうことに耳を貸さなかったが、コレラの流行がますますひどくなるにおよんで、提案された方法に頼ることに決めた。かれらは墓をあばき死体をとり出して、腹を切り開いた。だが胎児がみつからなかったので、棺のなかをさがして、赤児の体をみつけた。それからユシコフを墓にもどしたが、口を開けていたので、その前にトネリコの杭を打ちこんだ。農民たちはすべてを終え、墓に土をかぶせて、コレラが片づいたことを期待して帰宅した。[★44]

二、三の細かい点を除けば、この話は完全に標準形である。ただしたいていの話より少し残酷なところがある。吸血鬼は圧倒的に男性が多いのだが、共通の例外は、分娩時に死亡した母親である。この話の農家の娘もそうだったようだ。スラヴ人のあいだでは、口を開いている死体はきっとヴァンピールだという信仰が広く報告されている。『戦争と平和』でボルコンスキ老が死ぬと口を結ばせて縛るのは、この可能性を避けるためかもしれない。同じようにギリシア人も死体の両手両足を縛り、口を結ばせて縛るという報告がある。ただしひもはのちにほどく。そうしないと死体が腐敗しないと信じられるからである。[45] 死体を切り開くことは、すでにド・トゥルンフォールとフリュキンガーの吸血鬼でみたとおり、珍しいことではない。杭を打つのも変わったことではないが、口のなかというのは、たいていはスラヴの話のようである。[46] 最後に、墓に戻すことは、切り開かれ杭を打たれて、これを最後に本当に殺されたはずの体の処理の仕方が多数あるうちの一つにすぎない。このような体は焼却されることもあれば、人の近寄らない所に投げ捨てられることもあり、また——たとえばロシアからの報告が多いのだが——川でも湖でも、もよりの水中に投じられることもある。この話のように再度墓に埋めることは、他の諸国からの報告は相当数あるが、ロシアでは稀なようである。大地は現在の、あるいは潜在的な亡霊が、少なくとも地中にいることには堪えられないと信じられるからである。

ギリシアでは司祭ののろいだけで、死体をヴリュコラカスつまりののろわれる者にするに十分だと考えられた。ローソンもブルームもこのようなのろわれる者の例をいろいろあげている。[47] ルーマニアからのある報告は、傷口が開いたまま包帯をせずにおくと、その死体は亡霊になるという。[48]またクレメネは、やはりルーマニアで、墓地で夜わが身を傷つけて、墓を血でよごすと、その墓のなかの死体が亡霊になる、と述べている。[49]ユーゴスラヴィアのコソヴォ地方では、死体が埋葬される前に膨れることが、吸血鬼化の条件だといわれる。[50]

埋葬の慣行の歴史にみられる証拠を検討してみれば、亡霊信仰のほうがキリスト教より古いことが明白になる。しかしキリスト教が亡霊にかんする伝承をふやし、亡霊を生じさせる条件になるような慣行の数を増やし加えたことは事実である。たとえばルーマニアでは、イスラムに改宗したキリスト教徒は亡霊になる、重罪を犯した身でミサを捧げる司祭、洗礼式のときに代父母が使徒信条を唱える途中でつかえた子どもも同様であるという報告がある。[51]

この最後の項目が示すように、赤ん坊でさえ、他者の行為ないし行為しそこないによって吸血鬼になる運命を定められるかもしれないのである。一般には、洗礼を受けずに死ぬ子、あるいは一度離乳したあとでまた乳を飲みだす子（北ドイツでドッペルザウガー［二度飲む者］という）について、同じ運命が報告されている。[52]

なされないことによって死体を亡霊にするかもしれないことの大多数は、当然ながら、葬儀と埋葬の慣行である。これらはまったく多種多様であるから、厄除けの章で多くを論じはするが、概観することはほとんど不可能である。

概して、死体にだれもついていないことは危険だとみなされる。ブルームのあるインフォーマントが実際にもギリシアの亡霊を「一人で死んで、世話してくれる人のいなかった死者」と定義しているぐらいだ。[★53] リーが引用しているインフォーマントは「伝染病で死んで、だれも近寄ろうとせず、司祭もなく何もなしに埋められると、その人びとはヴリュコラカスになる」という。[★54] 亡霊にたいする恐怖が完全に不合理なわけではないことがここからもわかる。しばしば人びとは、こんにちわれわれがしているような精密な限界を定めないまま、伝染病をこわがったのである。

ブルクハルトは、ブルガリアで人が亡霊になる条件として前述したものと似たことがらをいくつかあげて、「ヴゥルコラクスは傭兵、強盗、追剝、放火犯人ら、荒地に保護を求めて反社会的な暮しをし、そこで死んで埋葬されずに腐敗したり野生動物に食われたりする者から生じる。この条件を――注目すべきことに――『吸血鬼』という語が強調するわけではない」[★55] という。

このような意見はきわめて一般的である、たとえばヴゥカノヴィチは、ジプシーのあいだでは、

「だれも見ていないときに死んだ人」は吸血鬼になる、フィンランド人のあいだでは死体は放置されるだけで、戻ってきて生者に害をなすようになるといわれる、と述べている。[★56] オルデンブルクでは一九世紀にも、十分深く埋めないというだけでも体は亡霊になるかもしれないと信じられていた。[★57] デメテルはハンガリーの亡霊は戦場に現れると書いているが、これもやはりじつは葬儀ないし埋葬の儀礼の欠如ということだと考えてよいだろう。戦時には、伝染病流行時と同じように、死体が定められたとおりにではなくおろそかに扱われがちだからである。[★58]

吸血鬼化の原因にはその他次のようなものがある。ヴェンド人のあいだでは、残った子どもがよく世話されていなかったり母親を必要としていると、死んだ母親が戻ってくるだろう、良心に疚しいところを残して死ぬ人、懺悔をせず、終油の秘跡を受けずに死ぬ人も同じであろうといわれる。[★59] 北ドイツでは、埋葬時に衣服から名前を除去しておかないと、死んだ人はナハツェーラーになるだろう。[★60] またルーマニアでは死体の両脚をまっすぐ伸ばして縛っておく習慣だとクレメネが書いている。体を棺に入れるとき、切断したなわを体の近くに置かなくてはいけない。そうしないと（なわは強力な護符であるから）体はストリゴイになる。[★61]

ここで、重複に注意する必要がある。他殺者、自殺者、伝染病死者らは一般にとくに吸血鬼になりやすいと考えられているが、他の二つの重要な条件も満たしているのである。すなわち突然死ぬこと

（たとえば卒中による死者のように）と多くの場合適切な埋葬の儀礼を与えられないことである。殺人犯はときには犯罪を隠すために犠牲者を埋めるだろう。しかしていねいな仕事はめったにしないだろう。シャベルを手にしているところを見咎められたりすれば、この上なく強力な状況証拠とみなされるだろうという可能性を考えるにちがいないからである。自殺者は自分の体を埋葬することはできないし、戦時や悪疫流行時には多数の体が大急ぎで、しばしば共同の墓穴に埋められたり、まったく埋められずに放置されたりする。

したがって、埋葬の欠如はそれだけでも、他殺者と自殺者が亡霊になる十分な理由なのだが、かれらの亡霊化を説明する、もう一つよくあげられる事情は、割当てられた寿命を十分生き尽くさなかったということである。★62 エルンスト・バルゲールは、ガイラー・フォン・カイザースベルクという中世の説教師の言葉を解釈して、七〇年の生涯が約束されているのだから（詩篇九〇篇）、それより早く殺された人は、自然に死ぬはずの時がくるまで亡霊としてうろつくだろう、と考えられていたのだ、という興味深い意見をのべている。★63 しかしあとでみるとおり、ここには別の要因もいろいろ関係しているようである。だがさしあたりは、何が亡霊を出現させるかを確定したのだから、こんどはもう一つの観点からみて、典型的な亡霊はどのようにみえるかを問おう。この問にたいする答は、恐怖映画の常連客を驚かすにちがいない。

☆a――ロサンゼルス監察医局でこのような死体をみせてもらったことがある。

☆b――一九七九年の大地震のあとまもなく、わたしは妻とともに大学教員である二人の考古学者の案内でヤーシを見てまわった。そのとき見た、再建された翼部の新しい壁画は、この伝統のまた別の形態を描いていた。すなわち建築家は自分の妻を人柱にすることを余儀なくされたのである。絶望している建築家と、建物のなかに透けてみえる妻の姿が描かれていた。

☆訳註1―― vorkalakas (vrikolax). インフォーマントの地域的、個人的な発音の相違と記録者のローマ字化の相違から表記にばらつきが出てくるのは民俗学、文化人類学のつねである。後出vurkolaks (p.85) も同じ。著者は vrykolakas (複数 -es) を使っている。第三章にも表記の不統一がある。

第6章

吸血鬼の外観

The Appearance of the Vampire

民間伝承とフィクションのさまざまな吸血鬼のうちでもっとも記述しやすいのは諷刺漫画の吸血鬼かもしれない。作者の目的が、たとえば古風な服を着てもの想いに耽る背の高い男ではなくて、血を吸う怪物であることがだれにもただちにわかるような物を、できるかぎりてっとり早く効率よく作り出すことだからである。吸血鬼であることを示す目印を二つしか使ってはいけないといわれたなら、諷刺漫画家は黒いマントと長い犬歯を求めるだろうとおもう。この二つがあれば、画家はどんな人物でも吸血鬼に似た物に仕立てあげることができるだろう。

この事実の奇妙なところは、マントも犬歯も吸血鬼の民間伝承にはみられないことである。ここでもフィクションは民間伝承とはほとんど関係がない。

諷刺漫画の吸血鬼は通常やせぎみで、爪は長く、ときには鉤のように曲っていて、棺のなかに横になっている時以外は、うずくまっている影のようにみえる。棺のなかでは——これも、民間伝承の吸血鬼がふつう俯せなのとは違って――かれらは仰臥した姿に描かれる。ときには黒いマントのフードにふさのような物がついていて、その形はコウモリの翼をおもわせる。
映画の吸血鬼もふつうは背が高くやせていて、顔色は蒼白く、通例細面で二本の非常に目立つ犬歯が生えている。ただしこの犬歯というのは、外見上のつねに同じ特徴ではない。たしかに隠すことはできないが、一番目立つのは満月の時だけである。このような吸血鬼では口角に血が一滴ついていることが多い。

棺はすみずみまで念入りに
あらためられたが、造ったときの
とおり、壊れてはいなかった。棺を
開いた。するとたしかに死者の
多くは口と鼻から泡だち
臭い黒褐色の膿漿を出して
いた。ある者は多く
ある者は少なく。そしてここから

どういう歓喜が生まれたものか、
人びとは叫んだ。「吸血鬼だ。
これは吸血鬼だ」……
……しかしこの、かなり長い
病気ののちに死に、しばらくの間
埋められていた〔死〕者の覆いを
取ると、その下の皮膚は
赤くはなく薄い黄色だった。
胸を押すと、口から血が
流れ出たが、他の者たち〔前節の〕
よりはずっと少なかった。
すっかり腐敗してはいなかった。
かれらは吸血鬼ではないだろうと
周りの者に問うたが、答えたがらなかった。
――一八世紀ワラキアの話★1

他の者の骨を積みあげた上に
そっくり完全な死体が横になって
いた。並外れて背が高く、衣服は
つけていなかった。時か湿気が
朽ちさせてしまった。皮膚は
張りつめて硬く蒼黒く、どこもかしこも
膨らんで、体に平らな所はなく
いっぱい詰めた袋のように丸かった。
顔を隠す毛は黒くちぢれ、
頭には毛がなかった。
体の他の部分がすっかり
すべすべなのと同じ。腕は、
体が膨れていたせいで
十字架の腕のように左右に

伸びていた。手はひらき、
まぶたは閉じ、口はぱくりとあき、
歯は白かった。
――一七世紀ギリシアの話[★2]

民間伝承の吸血鬼は右の二つの引用から見てとれるように、映画の吸血鬼とは大違いである。皮膚の色は、死体に予想されるように蒼白くはない。顔は一般に桜色、健康色、あるいは浅黒いと記され、血を飲む習性のせいだとされるだろう。「四肢は柔軟で、体に損傷はなく、膨れて、鮮血が流れ出すことがある、顔は血を飲むので赤く……両眼はひらいている」[★3]とブルクハルトは述べている。

亡霊の顔は赤味があると述べる話が多いが、むしろどす黒いとするものもある。ユーゴスラヴィアのコソヴォ・メトヒヤ地方[★4]の例をあげるなら、ジプシーは、吸血鬼になる体は埋葬の前に黒くなると信じている、という報告がある。[☆a]『グレティルのサガ』[☆訳註1]では亡霊のグラムは「体色は青黒く、膨れあがって雄牛ほどの大きさ」[★5]といわれている。ギリシアの村人が死者の遺体を掘りおこして、黄褐色ならその人は良い生活をしたのであり、黒ければ生前の生活が邪悪だったと信じているというのも、同じ観念の表れであろう。[★6]

ド・トゥルンフォールのヴリュコラカスとブレスラウの靴屋ですでにみたとおり、死体硬直がないことは吸血鬼化の強力な証拠とみなされる。眼や口が開いていること、唇または鼻に、ときには眼と耳にさえ、血液が付着していることも同様である。[★7] 大酒飲みがアルコールのせいで毛細血管が拡張してしばしば赤ら顔になることが、吸血鬼にたとえられるのだろう。「セルビア人は顔の赤い大酒飲みのことをいうのに『吸血鬼のように血赤色』をしている、という。またセルビア人とスロヴァキア人はともに大酒飲みのことをヴルコドラクという」[★8]。

血液が凝固していないことは、吸血鬼の血を吸う習慣の推定証拠とみなされる。これがフリュキンガーが述べているミリザの場合のように、フィクションの吸血鬼とは違って肉づきがよくなったり膨らんだりする傾向（先述のグラムの記述に注意せよ）と合わせて観察されれば、とりわけ説得力のある証拠になる。[★9] たとえばリチャード・アンドレーはギリシアのヴリュコラカスについて「体が墓のなかで腐敗せず、膨張して、皮膚が太鼓の皮のように張りつめてゆくのは、吸血鬼のまちがいない印である」[★10] と述べている。あるセルビアからの移民は吸血鬼を「掘り出してみれば体が血で膨らんで、腐敗していないだろう」[★11] と述べている。ノルベルト・ライターは南スラヴの観念を引用して、吸血鬼とは「骨のない、血を詰めた袋であって、悪魔がある特別な体から皮を剝ぎとり膨らまして作る」[★12] という。

ここから、亡霊の体には二つの特徴が目立つことがわかる。大量の血液の存在（実際、破裂しそうなほど鮮血が詰まっている）と膨張した体である。たしかにシュレージエンの靴屋は、最初の埋葬と二度目の埋葬のあいだに胴回りが太くなったと報告されている。「体はずっと肉づきがよくなっていた」。吸血鬼の体ではなく顔が膨張することもときにはある。カシューブ人の吸血鬼について、あるカナダのインフォーマントは「膨らんだ血赤色の顔★13」と述べている。

北ヨーロッパのナハツェーラーにはスラヴのヴァンピールと共通の特性が多いが、自分の手足を噛む習性のせいで、ナハツェーラーの手足はむしろぼろぼろになっているだろう。しばしば棺または墓穴が「血の海」と表現される。これは血液にたいする過度の食欲の結果こぼれたものとみなされる。プロイセンでは「そのような死体を一年後に掘り出したところ、顔は非常に赤いが、体はたいていずたずたに裂けて血の海に浮かんでいた、とかれらは主張している★14」。

とりわけ唇に血がついていることは、吸血鬼を伝染病と関連づける状況の一つだろうということに注目してよいだろう。肺ペストの犠牲者は口から血を吐く★15。目にみえる血液と思いがけない突然の死が組合わせられて、この病気は吸血鬼になったこととの結果だと人びとに信じさせたかもしれない。外から見た人は、その血液が当人の肺から出たものだとはわからず、生者から血を吸っていたことの証拠とみなすのである。

血液は、亡霊のもっとも明白な特徴だが、唯一の異常な特徴だとはいえない。死後、髪と爪が伸びていたり、爪がまったくなかったりすることがある。[16] プロゴヨヴィッやフリュキンガーの吸血鬼やシュレージエンの靴屋のように、しばしば皮膚がむけて、新しい健康な皮膚ができている。またしばしば左眼または両眼が開いてじっとみつめているといわれる。ルーマニアでは、後者の事態が、死体がストリゴイになりかけていることを生者に警告しようとしている証拠だという報告がある。[17] すでにみたように、亡霊の口は開いていることが多い。吸血鬼または亡霊が墓のなかにいるところをみると、しばしば上体を起こしていたり、少なくとも、埋葬時とはことなる姿勢をとっている。[18]

さらに風変りな報告の一つとして、亡霊の外観ではなく、亡霊の肝臓の外観について、白色だというものがある。スラヴの吸血鬼だけでなく、ドイツのナハツェーラー、魔女、次つぎに夫に死なれた女性についても同じ報告がある。[19] 英語で肝臓の白い（white-livered または lily-livered）といえば臆病なという意味で、これは、臆病者の肝臓は胆汁ないし黄胆汁が足りないせいで、正常な肝臓より色が薄い、という昔信じられた説による。[20] 興味深いことに、このような肝臓の白いといわれる人びとは、「吸血鬼」の一部の身に起こったことをこれまでにみてきたが、ときどき解剖されることのあった人びととかなりよく一致するのである。何世紀にもわたって多数の吸血鬼と魔女が解剖されたことを考えてみるなら、あきらかに史料には人間の肝臓の色について多少の知識が記されているはずだろう。だが肝臓が白くなることはありえない、それは明白だ、とわたしはおもったので、この件はそれ以上考えてみなかった。ところがある日、生理学者と生物学者が同席したおりに、肝臓の色が白くなる原因をなにか考えられるか、尋ねてみたところ、生理学者が、肝硬変になると血管が詰まって血液の循環が妨げられるので、肝臓の色が薄くなることを指摘した。[☆b] たしかに、肝臓細胞の変質の初期段階、「脂肪変性」とよばれる期間に肝臓は色が変わるのである。これは、ガチョウに強制的に餌を食べさせフォアグラつまり「脂肪肝」のパテを作らせるための条件である。生物学者がさらに、肝臓を真水に漬ければ、水の方が赤血球より塩分の含有量が少ないので、水がどんどん入りこんで赤血球を破裂させてしまうから、肝臓は白くなるだろうといった。生物学者はまた、開腹すれば、肝臓はその位置と大きさによって目立ちやすい内臓の一つであるし、もし肝硬変で肝臓が肥大していればなおさらだと指摘した。

　どちらの解釈にも問題はありそうだ。肝硬変による解釈は、アルコール中毒による死者は吸血鬼になるという民間信仰によって支持されるが、実際は肝臓は白よりは黄色に変わるのである。この相違を許容するためには、⑴白、というのがインフォーマントにとってはわれわれにとってより意味の広い語であること、あるいは、⑵口承されるうちに微妙な差が失われたこと、のどちらかを仮定しなくてはならないだろう。

もう一方の解釈は、亡霊になるおそれのある体を湖とか川に投げこむという東スラヴの風習にうまく合致する。しかしなんとかして肝臓を水に接触させねばならないだろう。そのためには、水に投じる前に死体の肝臓の近くを切り開く必要があるだろう。だが、亡霊の手足を切断する話なら、最初の処置としてでも、初めに行なった他の処置では効果が得られなくてのちに追加して行なうものでも限りなくあるが、このような処置を暗示するような行動様式を読んだことはない。

最後に、これらの説明の一方だけが正しいと主張する理由はまったくない。両方とも正しいかもしれない。吸血鬼にかんする伝承の多くと同じように、白い肝臓の問題も、真に検討すべきものは、われわれ自身のものの観方、あるいはわれわれ自身の情報ないし想像力の限界であろうと考えさせるのである。このような例のもっと驚くべき——そしてはるかに決定的な——ものをのちに見ることにしよう。

モンタギュー・サマーズは吸血鬼の外観を記述して「唇は著しく厚く赤く、そこから、長く鋭く、かみそりの刃のようで、象牙のように白い歯が突きでている」★21と書いている。学者がフィクションのモードにスウィッチを切換えたようだ。民間伝承には吸血鬼の唇についての記述がほとんどないばかりか、その歯について言われていることはいよいよ少ない。

フィクションでは吸血鬼の歯は不可欠の特徴であり、これによって他の怪物から区別されるのだが、民間伝承では歯が特別に重要なわけではない。吸血鬼になって歯が伸びたという記述がほんのたまにあるが[★22]、血を吸うのに歯を使いさえしない吸血鬼もある。たとえばゼレーニンの報告によれば、ロシアのウピールは舌先が尖っていて、それを使って犠牲者の皮膚に穴をあけると信じられている[★23]。吸血鬼の歯についてなにかいわれるとするなら、それはだいたい、生まれたとき歯の生えていた子は吸血鬼になる運命だ、ということである。

吸血鬼の外観についてのフィクションと民間伝承とのこのような相違にもかかわらず、注目すべき一致点が一つある。墓のなかで発見されたときは、どちらも一種の催眠状態で、じっと横たわって運命を待っていることである。この状態では、少なくとも攻撃しないかぎりは、危険はない。しかしここでも両者の相違はあきらかである。フィクションの吸血鬼は昼の光のあるあいだは仰向けで眠っているが、民間伝承では、死者が吸血鬼になりそうだと考えられたときは俯せに埋葬された。その理由は次章で説明しよう。

吸血鬼が俯せに横たわっているのが、そのように埋葬されたからなのか、自分でそれを選ぶのかをはっきり示していない報告もある。しかしあるワラキアの吸血鬼についてはこういわれている。「吸血鬼はその体を掘り出さなくては退治することはできない。吸血鬼の体は、顔を下にした逆向きの寝かたと膨らんだ形でそれとわかるから、その額に釘を打つか、心臓に木の杭を打つか、あるいはまた体を燃してしまうのである」。[★24] ここからは、吸血鬼は厄除けのために俯せに埋葬されたのではなく、実際はむしろ俯せであることによって吸血鬼であると知れるのだということがわかる。

フィクションと民間伝承の吸血鬼の相違の理由を説明することはむずかしくなさそうだ。つまり前者は、もっぱら不吉でおそろしそうな雰囲気を作り出すために考案されているからである。そのような雰囲気をもたないとおもわれる特性、民間伝承の吸血鬼がまるまるとふとっていたり、頬が桜色だというようなことは、ブラム・ストーカーもその一人だとおもわれるが、民間伝承に詳しい著者でもふつうは捨ててしまう。

演劇的必要性と民間伝承の事実とが背馳しないところでは、当然予想されるとおり、フィクション作家は事実から離れないことが多い。フィクションの吸血鬼も杭を打たれればたいてい悲鳴をあげるし、死ぬときは口から血が流れるだろう。またフィクションの吸血鬼は死ぬとき驚くべき速度で年をとって、瞬時にミイラ化した死体になる、あるいは消滅してしまいさえする――生者にとっては運のよい状況だ。そうでなければ体を始末しなくてはならないだろう。民間伝承では、再度の死ののちに体がおのずから崩壊することはなく、のちに論じるようなさまざまな方法で処分しなくてはならない。

しかしまず、死体を吸血鬼にしない予防法を調べなくてはならない。予防にまさる治療はないのだからである。

☆a——ミズリー州からの報告（一九〇〇年代初め）に「ソーダと冷水を混ぜた液体を死体の上に置き、一時間ごとにとりかえて、埋葬前に皮膚がどす黒く変わらないようにする。これを行なうのは防腐処置を施さないときである」（UCLA民俗学百科コレクション）とある。オハイオ州からの報告もある。「夏はこの方法で変色を防ぐことができるのは三日までである。顔は青っぽく、または黒っぽくなってゆく」（Puckett [1981], 2:1222）

☆b——トマス・ノグチ博士も、肝臓の色の変化を説明するものとして肝硬変をあげた。次に述べる脂肪変性についての情報も博士から得た。

☆訳註1——サガは一二、三世紀に成立したアイスランドの散文物語。総数百数十篇あり、内容は歴史、伝説など多様。「グレティルのサガ」は不運な勇者グレティルの放浪と死を描く。

第7章

厄除け一

Apotropaics I

厄除けすなわち悪を遠ざける方法はさまざまである。死体の手足の切断、身体的拘束、各種埋葬儀礼、さらには霊界をだますためのごまかしなどがある。たとえばポーランドのブコウノで採録された話をみよう。

農夫の妻が亡霊に出会って、そのことを村中で話したが、村人は信じようとしなかった。亡霊が実際に村に入ってきたと多くの人びとが信じるにいたって、ようやくかれらは司祭に話した。それで司祭は亡霊を墓から掘り出させ、自分の名を書いた紙切れを亡霊の舌の下に入れさせ、俯せに寝かせておいて体の後端にシャベルで打撃を加えさせた。それ以来亡霊は二度と村に現われなかった。[★1]

厳密にいうならこの話は、現実に出現してしまった亡霊の処理の仕方を示すのであって、死者が亡霊に変わるのを妨げる方法ではない。しかしのちにみるように、この二組の方法はかなり重なりあっている。死体が亡霊になることを妨げるためには、俯せにして埋葬するだろう。しかし亡霊を平和に眠らせるためにも、俯せにして埋葬するだろう。

　死体とともに物を埋める習慣はごく広く行なわれている。そのような物には通常、(1)どうしてか死体を満足させ、そうすることによって死者のなかから戻ろうとする欲求を除去する、(2)戻る力を失わせる、(3)死体に干渉しようとする悪霊の力を宥め、あるいは妨げることが期待される。あとの二つの目的はときどき混同されたり新しい解釈を与えられたりする。古代ギリシアのオボロス――死体の口に入れてやった小額硬貨（一ドラクマの六分の一）は第一の目的に役だつと考えられた。これで死者はステュクスの川の渡し舟の代金をカローンに払うことができるだろう。この意見は「ただ一時的なもので、たぶんこの習慣の地域的な誤った解釈だった。硬貨その他使われた物は実際は、悪霊が死体に入る（あるいはひょっとして霊魂がまた戻る）ことを妨げるための護符であった」[★2]というローソンの主張には信憑性がある。現代でも類似の風習がヴリュコラカス信仰に関連して観察されたという。たとえばキオスではろうまたは木綿で作った十字架を遺骸の唇にのせた。また葬いの礼拝中に司祭が遺体の唇に「イエス・キリストは勝つ」という言葉を記した陶片をのせた。

　陶片の使用は西プロイセンのカシューブ人についても報告されている。ここでは、なにか噛む物があれば親戚の死を招くことがないので、陶片を口に入れるといわれた。[★3]硬貨も使われたし、またしばしば口に汚物を詰めたり、口を閉じさせてから芝土の塊や歌集をかって開かないようにし、噛めないようにした。一九世紀末にポメラニアで歌集の使用に与えられた新しい解釈をオットー・クノープが報告している。すなわちツェツェノヴでは死者が歌えるように歌集を与えたという。[★4]

通例遺体は、噛んでも死をひき起こさないような物（経帷子や自分の手足を噛むと人が死ぬので）を与えられるか、さもなければそもそも噛むことができないように口を閉じてつっかいぼうをされた。しかしペルコウスキが引用しているあるカナダのカシューブ人インフォーマントは、この二つの伝統を結び合わせたらしく、「れんがを［遺体の］あごの下において、それで歯が折れるようにする」[★5]といった。口を結ばせて縛ること――非常に古い慣行で、古代アテナイの花びんに描かれている[★6]――によっても同じ効果は得られるが、文化圏によっては埋葬前に結び目をほどいたり切断したりしなくてはいけないところもあった。

食物を与えれば、生者を襲って食欲を満たす必要がないと死体はおもうだろう、という仮定がよくみられる。ルーマニアのバナトでは、埋葬後二、三日たったら死者の親戚の者がワインとパンを墓にもってゆくという報告がある。ワインは墓に注ぎ、[☆a]パンは死者の供養のために通行人に与えられる。このような食物があれば、ストリゴイは人間の血と肉を必要としないだろう、と人びとは信じている。[★7]

もちろん死者に食物を与える習慣は世界中に、歴史上つねにある。死体が落着きを失わないように、あるいはもっと単純に、死者の国は生者の国と似ているので、死者も食べなくてはならないと考えられるから、である。

ルーマニアでは吸血鬼化を妨げるために遺骸にろうそく、硬貨、タオルを与えたという報告がある。[8] ポメラニアでは死者が天国への道を照らせるように灯火を与えた。[9] ブルガリアからも同じ報告がある。「ろうそくに火を点して、病人の枕もとに置くか手にもたせる。多くの地方で、これを怠ることは不名誉または罪とみなされる。霊魂は暗い道を旅して行くのだから、迷わないようにあかりが必要だと人びとは信じるからである」。[10]

その他の物も墓に埋めるために準備される。東セルビアではサンザシで作った小さい杭を十字架といっしょに墓に入れて、なきがらが吸血鬼になることを妨げる。[11] ルーマニアからの近年の報告によれば、なきがらの鼻孔、耳、目に香を詰める。[12] ブルガリアではキビとにんにくが同じように使われていた。[13]

死体の孔に物を詰めることは世界中で行なわれる。たとえば中国ではしばしば全身の孔に玉《ギョク》製品を、それもときとして管状の物を詰めた。[14] オーストラリアでは柔かい植物繊維が同様に使われたし、[15] バルカン地方のジプシーのなかには、死者の口に羊毛を詰めるものがあるといわれる。[16] わたしが以前見た

ペルーのミイラ（ヴィーンの美術史博物館《クンストヒストーリシエス・ムゼーウム》）も口と鼻孔に羊毛を詰めてあった。[★17]

このような慣行はきわめて徐々にしか変わらないようだ。シュネーヴァイスが、葬儀ほど古い慣行と信仰が断固として保存されている場はない、と言いきっているぐらいだ。[★18] 人間が一番習慣を変えやすいのは移住するときだが、カナダのカシューブ人が亡霊に対処する方法は、北ヨーロッパからカナダに移ってもほとんど変わっていないことをペルコウスキが示した。「唯一注目すべき革新は、埋葬時にロザリオにつけた十字架像に替えてポプラの十字架を使うようになったことで、その他はすべて以前の習慣を踏襲している」。[★19] バイトルによれば、[★20] カシューブ人地区に住むドイツ人は、同じ用途に使う十字架をトネリコで作るのだが、これは北方では一般に吸血鬼に刺す杭を作る木である。

さまざまな粒状物質を、亡霊を妨げるために墓に入れたり墓地への道に撒いたりする。キビ、海の砂、カラシの種、[★21] オートムギ、[★22] 麻の種、[★23] ニンジンの種、[★24] ヒナゲシの種[★25] などが使われる。

ヒナゲシの種が選ばれるのは、麻酔効果が想定されるからだろう。死者を歩かせず、「眠」らせるだろう。[★26] 実際はヒナゲシの種には麻酔効果のある物質はほとんど含まれていないのだが、蹄鉄や手榴弾の場合と同じで類比がはたらくから、近いだけでよいのである。二つの物が同じようなはたらきをもつと考えるためには、二つに共通の性質があれば十分である。また死と睡眠の類比も広く知れわたっており、**cemetery** 墓地という語の（「眠らせる」という意味のギリシア語の単語からの）派生にも、二つの概念の神話における近縁関係にも、みてとることができる。ヘシオドスによれば、睡眠と死は兄弟で、夜の子どもである。

ヒナゲシの種を死者が（一年に一粒ずつ）食べる、とはっきり述べている話をわたしは一つしか知らない。[★27]ふつういわれるのは、亡霊の抑えがたい衝動を利用するということで、一度に一粒ずつ、それもしばしば一年にたった一粒、集めずにはいられないのである。この作業に注意をすっかり引きつけられて、他の仕事は投げ出さざるをえなくなる。

北ドイツの亡霊は結び目をほどくことに同じように心を奪われる。しばしば網やストッキングをなきがらとともに埋める。かれらに――一年に結び目一個の割合で――長年気持を完全に集中しなくてはならない仕事を与えるためである。[★28]反対に北ドイツのカシューブ人は、網を遺体とともに埋めたがらないといわれる。結び目をほどくのは大変な労苦と感じられたからである。[★29]またギリシア人も棺のなかに結び目を入れておこうとはおもわないであろう。結ばれた物は死体が「ほどける」ことを妨げる（すなわちまたもや類比によって腐敗を妨げる）だろうからである。

吸血鬼や亡霊になる可能性のある死者が地上に現れることを妨げるためには、先に引用した話のように俯せに埋めるのが一般的である。ライターによれば、その目的は、死者を地中へ向かって進ませることである。[★30]わたしがみつけたこの慣行の別の解釈（シュレージエン）によれば、推定上の亡霊にみつめられると命にかかわるので、その体を俯せにして、死亡時に体の始末をしなくてはならない人びとを保護するのだという。[★31]この種の俯せの埋葬はごく古いもので（たとえばケルト人にあったことが証明されている）、[★32]民間伝承によくみられる「左回り」の現象、つまり霊界に接近する物はなんでも逆向きにする習慣の一例であろう。

ときには死体が自分で向きを変えることがあるとも信じられている。死者は、気に入らないことがあると「墓のなかで向きを変える」と民間でいわれるとおりである。現代の死者は過去より忙しく動くらしく、死体が墓のなかで「くるくる回る」といわれることがある。たんに向きを変えるだけでなく、死者のあいだから戻ってくる準備をしているのだという本来の考えかたは消えてしまったようだ。

網やさまざまな粒状物質のほかにも、吸血鬼化を妨げるための副葬品はある。しばしば使われるのは刃の鋭い物で、ルーマニアとハンガリーでもっともしばしばいわれるのは鎌である。シュレルスはトランシルヴァニアの風習を説明して、鎌または錫の皿が遺体の膨張を妨げるためと称して胃の上に置かれ、通常ともに埋められると述べている。[★33]デメテルはハンガリーについて類似の報告をしたあとで、この慣行は遺体の膨張を妨げるためと説明されているが、真の目的は、遺体が亡霊になることを妨げることだとつけ加えている。[★34]ブルガリアについてのある現代の報告は、司祭がなきがらの中央部にイコンをのせるという。これは、教会が民衆の習慣の機先を制して、それに宗教的性格を与えたものと考えられる。[35] クレメネは、ルーマニアでは埋葬前に家のなかに遺体のみを残して外出するときは、遺体の上に鎌をのせておく、と述べている。[36]

鎌の刃の意義が亡霊を横たわらせておくことにあることが、ときには明白である。たとえばライターがあげているユーゴスラヴィアの風習は、死体の首のまわりに鎌の刃があたるように置く。もし墓から起きあがろうとすれば、自分の頭を切り落とすことになるだろう。[37] 同じように、ペルコウスキが引用しているルーマニアのインフォーマントはこう語る。「未婚のまま死んだ人はストリゴイになる危険が大きいので、予防策を取らねばならない。死体の心臓に鎌を突き刺して、自分と親戚の者の身を守らなくてはいけない。そうしないとストリゴイは親戚を墓にひきよせる[38]」。

鎌についての全く別の解釈もときにはある。ヴァカレルスキの報告によれば、ブルガリアとマケドニアの一部では、鎌は女性とともに埋めて、死後も草刈りができるようにするのだという。[39] バルカン地方でも「女性の仕事には終りがない」らしい。

鎌を遺体とともに埋葬することも古くからある習慣で、バラッサとオルチュタイによれば遅くとも九世紀にはあったという。[40]（鎌そのものは新石器時代の初めにすでにあった。）ここから興味深い仮説が導かれる。ハンガリーとルーマニアでは、死体を「歩」かせないために鎌をともに埋めることが広く行なわれたことをわれわれは知っている。それなら、この風習の結果として、このような道具とともに死体ないし死体の残滓が発見されるはずだろう。少なくとも死神が白布をまとって小鎌ないし大鎌をもつ骸骨の姿に描かれるのはこのせいだということは、ありうるだろう。たとえばトランシルヴァニアに住むザクセン人の「死神は……たいてい、大鎌か小鎌をもつ蒼ざめた骸骨として描かれる」[★41]。またハーゼは東スラヴ人のあいだに多数の死の表象を発見したが、そのなかに次のようなものがある。「死神は……左手にたいまつ、右手に大鎌をもつ老女、白い長衣をまとって小鎌と熊手をもつ老女、歯をむき出した、鼻のない骸骨、の姿で現れる」[★42]。もしこれらが、部分的には墓からの独特な発掘物にもとづく死神の表象であるとするなら、たいまつも小鎌や大鎌も、骸骨も長衣（経帷子？）もふしぎではない。[☆b]

ふつう死神はその大鎌ないし小鎌で人間を「なぎ倒す」といわれる。これは、鎌が骸骨といっしょに墓から発見されたときにはそのはたらきがまったくわからなかっただろうから、その機能を新しく解釈したものと考えられるだろう。この種の新解釈はよく行なわれるもので、ローベルト・アイゼルが一八七一年にとりわけ魅力的な解釈を記録している。これはザクセン地方からの報告で、昔は「ちょうど刈入れをしていた時にペストに襲われた死者を手に鎌をもったまま埋葬した。そのようないわゆる歯鎌（鋸歯のついた鎌）をもった死体が最近ザイファースドルフの教会墓地で発見された」[★43]という。ここから、伝統の消滅があきらかにわかる――この地方では鎌を遺体とともに埋めることはもうないのである。そこで市民たちは、墓地を掘り起こしたときに、死者が鎌とともに埋葬されたのは、かれらが（はなはだ突然に）死んだときそれを手にもっていたからであるにすぎないと推測するのである。アイゼルは同じ現象のもう一つ別の解釈も報告している。「一七二五年にゲシッの教会墓地の先に幾列も並んだ墓が発見された。その一列からは鋸の形の歯鎌が、別の列からは車輪の釘が発見された。[☆c]この二つの物は、幕が開かれたときに、どちらの死者がどういう社会に属す者であったかがわかるように、納められていたのである[★44]」。もちろん、これらの物――どちらも鋭い――は、たしかに二つの社会の事実上の区別を示してはいただろうが、死者を歩かせないために墓に入れたと考えるほうが当っているだろう。

エドワード・ウェスターマークも、モロッコの、刃の鋭い、または先の尖った物の同じような使用例を報告している。「多くの地方（フェズ、タンギール、アンドユラ、ブニアロシュ）で死体の腹部に短剣など鉄鋼または鉄製品をのせる。アイト・サデン族は同じ目的で鋤先を用いる。これは腹部の膨張を妨げるためだといわれるが、シタンまたはユヌンを近づけないためだともいう（フェズ、アンドユラ、ブニアロシュ）。アマヌズ族はへその上に土の塊をのせて膨張を妨げる[★45]」。ウェスターマークは重い物、剣、ナイフが死者の腹の上にのせられるのであることの証拠を――アラブ地方からも――示している[★46]。

古代スラヴ人の、火葬後の骨つぼを埋めた墓から切れるまたは尖った物――鉄のナイフ、細い針、突き錐――がみつかっている。ハーゼはこれらの効用を死者の帰還を妨げることだと考える。同じくハーゼによれば、つぼを逆さに埋めたことにも、遺体を俯せに埋葬するのと同じ効用があった。[★47]

ここでわたしは、切れる物、尖った物を遺骸の上にのせる以外の慣行も、公然の目的は膨張の防止だといってみたいのである。たとえばレムケは、東プロイセンで一九世紀の終りごろに行なわれていた、遺体をのせる板の下に冷水を入れたボールを置き、体の上には錫のスプーンをたくさんのせる習慣を述べている。[★48]

鎌以外にも刃やとげのある物が、死体の歩行防止のために用いられる。しばしばイバラをそのために墓に入れる。たとえばクレメネが引用しているルーマニアからの報告は、遺体の頭と両足をイバラの枝で縛る、あるいは頭に針を刺してから棺のなかに一種のイバラを入れるという。後者の場合、そのあとで頭に、クリスマスに殺したブタの脂肪を塗ってもよい。[★49] ウィスロキは一九世紀末のハンガリーの類似の習慣を報告して、イバラか鋸の刃のかけらを遺体とともに墓に入れる、そうすると経帷子の布がひっかかって、遺体は墓から戻ってくることができないだろう、と述べている。[★50]

スラヴ人はイバラの使い方がいくらか違うようだ。かれらは、遺体が血を吸えないように、その舌の下にイバラをさしこむ。[★51] そのようなイバラが――釘や小刀も――頭蓋骨のなかに入っているのが中世の墓地からみつかっている。[★52] グレンツは、その位置から推測して、たぶん上から舌をつき通したもので、舌を固定して噛めなくするためだったかもしれないと述べている。

遺体が戻ってくることを妨げるためにはイバラのほかにも尖った物が使える。ルーマニア人は針をへそ、あるいは心臓に刺す。あるいはまたまっかに焼いた金串や先を尖らせた杭を心臓につき刺す[53]。セルボクロアティアでも同じように遺体は傷をつけられるが、シュネーヴァイスによればこの効用は、遺体を膨らまして吸血鬼にしようとする悪魔の計画を妨げることである。つまり傷口から空気がもれるようにしておくのである[54]。

ルーマニアは、「自動吸血鬼突き刺し装置」とでもいうような物の発祥の地でもある。これは先を尖らした杭を一本または数本、墓にさしこんだ物で、死体が起きあがろうとすれば孔をあけられ「殺」されるのである。クレメネはこの習慣の変種を引用している。それによれば、埋葬の三日後に死者の親戚が墓に長い紡錘を九本もってゆき[d]、地面にさしこむ。これも、ストリゴイが墓から逃げ出そうとすれば突き刺されるだろうという計算である[e]。セルビアについてはクラウスが一九世紀の終りごろに類似の報告をしている。墓の上に燃えやすい物をかぶせて点火してから「古い小刀五本またはサンザシのとげ四本を墓に」さしこむ。「小刀は胸、とげ二本は両足、二本は両手の位置にささる。死者が吸血鬼になって墓からよじのぼって出ようとすれば、小刀ととげでみずから刺し貫くであろう[55]」。

だがときにはその目的は、杭を体の上方の位置において、吸血鬼が墓を出ようとすればみずから刺し貫くようにするだけでなく、実際に体に杭を突き刺すことであるらしい。トリッグはこう述べている。「かつて」〔ジプシーには〕トネリコ、サンザシ、ビャクシンなどの木で作った棒を、怪しい墓に打ちこむ習慣があった。場合によってはまず墓にけものの皮か布をかぶせて、それからその上から、死体の胃か頭を貫くように、杭を打ちこむ。その体が吸血鬼であった証拠は、のちにその墓を覆って、中に血液の詰まった大きい泡ができてくることであった」[★56]。墓に覆いをかぶせるのは、吸血鬼の体に覆いをするのと同じで、杭を打ちこんだときに殺害者に吸血鬼の血がかからないようにするのである。これについては第九章で述べる。

類似の風習の名残りを示すとおもわれる、今世紀初頭のハンガリーの話をわたしは発見した。セクラ地方のある村で、長さ一メートルの棒が墓の、二本は頭の位置、二本は足の位置に刺してある墓地がみつかった。この棒は棺を墓地に運んでくるために使ったもので、語り手の想像では、その棒は「槍」という意味の単語から派生した語でよばれるところから考えて、たぶん以前死者の槍だったのである。もちろん、もしそのとおりだとしても、これらが、ルーマニアで墓に打ちこまれる杭の役割をはたすように使われたと考えることはできるだろう[★57]。しかしこのような棒の効用が何であるにせよ、地域住民がかつて亡霊の存在を信じていたことはあきらかである。ウリスロキが引用している話によ

れば、この地方の住民はかつて、死者の帰還防止のために、棺を墓穴に入れたあとで墓に銃を撃ちこんだというのである。☆f

フィンランド人は遺体の膝を合わせて縛った★58が、このような身体的拘束によって遺体が戻ってこないようにすることもよく行なわれた。死者をじゅうたんで包むという、一九世紀にブルガリアで行なわれていた風習――この国の南部と西部のいくつかの村で実証されている――は、亡霊にたいする恐怖から説明されるかもしれない。★59これも古くからの習慣であるらしい。ハーゼは一〇一五年の年代記からロシアの例を一つ引用している。★60

ルーマニアでは、体をまっすぐにさせておくために遺体の足を縛るが、そのなわはあとで切って、体の近くで処分しなくてはならない。もしそのなわが盗まれて黒魔術に利用されると、死体がストリゴイになるだろう。★61しかし遺体を縛ることは、体を墓のなかに閉じこめておくためには有効な方法であっても、墓のなかに結び目があると死者が来世に移行する妨げになる、という一般的信仰に抵触しがちである。そのために、トランシルヴァニアのザクセン人は、遺体の手足を縛ってあったひもも、口を結ばせてあった布切れも、埋葬する前にはほどいた。★62

しばしば体を魚網でくるんだり、覆ったりすることがあった。それはときには身体的拘束の意味があった（ブルガリアの場合がそうだったようだ）。[63]ジプシーの一種族が、家の戸の上に魚網をかけておけば吸血鬼を締め出すことができると信じていた、という報告がある。「吸血鬼は家に入る前に結び目を全部かぞえなくてはならない[64]」。

この問題については諸説あるが、ヨーロッパと地中海地方で十分例証のある、身体を縮めた姿勢による埋葬も、死者のなかから戻ってこられないように体を縛りあげてあったということで説明できるかもしれないという意見もあることを、ここで述べてもよいだろう。[65]たしかに、しばしばこのような埋葬が行なわれたことには疑いはない。なわは腐朽して存在した証拠は残っていないが、体のほうは、縛られていたとすれば一番説明のつきやすい不自然な姿勢で墓から掘り出されている。ヴィーンの自然史博物館でこのような骸骨を見たことがあるが、それを発掘した人びとは、縛られていたものと推定したのである。北ヨーロッパの湿地も、われわれのために縛られていた遺体を多数残しておいてくれた。ここでは湿地帯の水の化学成分のおかげで遺体となわがともに保存されてきたのである。[66]

他の死者とはことなる扱いかた、たとえばことなる葬儀や厄除けの副葬品その他に加えて、さらに他の墓から離れたところに埋めることによっても、推定上の亡霊は隔離されるだろう。隔離法が公式に取られることもあった。たとえば教会は自殺者の埋葬に関与することを拒否したが、これはつまり、自殺者は神聖な地面以外の所に埋められねばならないということだった。[67]その結果、通常、自殺者は十字路、あるいは人間の居住地から離れたところに埋められることになった。後者から、結局、危険な死者は境界線の近くに――すなわち他人の土地に侵入しないかぎりで自分の居場所からできるだけ遠くに――埋める風習が生まれた。[68]境界線と十字路は、夜には近づいてはいけない場所になった。そして両者が結びついたところから、境界を示す石を動かす亡霊という、さらに妙な種類の亡霊が生まれたようだ。[69]

亡霊と吸血鬼にかんする伝承の多くは、別の方法を考えてみると、意味がわかってくる。遺体を水中に投じるという広く行なわれる風習もその一つである。もし遺体が危険なのであれば、速く、しかも戻ってこないことが確実な方法で始末したいだろう。地中深く埋めることは、第二の目標にはかなうが、第一の目標には合致しないし、表土の層が薄かったり岩がちだったりすれば、そもそも不可能である（ヴェルナー・ガイガーがオーデンヴァルトの埋葬習慣の研究でこの問題を論じている）。[70]しかし水になら、体は一瞬で沈む。いまも昔も死体を隠したい人、それも急いで隠したい人がしばしば錘をつけ湖に捨てたり、運ばれてゆくように川に投げこんだりするのは、たぶんそのためである。たしかに、危険な死者は一般にこのように処理された。[71]のちの章で、このような死体処理から生じる問題とその代表的な解決法を、民間伝承と考古学の両方からみて論じよう。

多数の文化が、死体の復活に関与するさまざまな霊力を策略にかけてだます方法をいろいろと作りあげてきた。そのような霊力は、墓地の危険の源であるが、またしばしばきわめて単純な手段によってその作用を妨げることができる。次の章ではそのような手段のいくつかをみよう。

☆a――ダンフォース（Danforth, 42）は、現代ギリシアの埋葬で遺体にワインをかけることを報告している。これが新しい思いつきではないことをホメロス（火葬用の薪の山や神々への供物の火はきまってワインで消される）の読者が証言してくれるであろう。

☆b――アーウィン・パノフスキ（Erwin Panofsky, 77）はこのモティーフを黙示録一四章一四～一七節に由来するとしている。

☆c―― **Radekoppen.** ある一八世紀の話（Grässe, 2：222を見よ）はこの語を **Radnagel** と説明している。文字どおり訳せば「車輪の釘」である。グリムによれば **Nagel** という語は **Achsnagel** すなわち輪止めピンの意味でも使えるという。わたしの推測では **Radekoppe** とは車輪を造るときに使う鉄製品で、副葬品として用いられるからには先端が尖っていたのだろう。

☆d――この九という数――インドヨーロッパ文化圏で基準になる数の一つ――が昔の名残りとして興味を引く。九といわれることから、この伝統がきわめて古くから続いてきたものだと考えられる。ホメロスの読者は、なにごとも九を単位として起こることをよく知っている。アカイア軍はトロイアを九年間包囲するし、パトロクロスの体には九年物の軟膏が塗られる。この数はアイスランドの神話でも同じように使われ、オーディンは宇宙樹イグドラジルに九日間吊るされたのである。

☆e―― **Cremene**, 90.ヨーロッパの紡錘の形はさまざまで、先の尖った物もある。いばら姫は紡錘（もちろん魔法の）に刺される。

☆f―― **Wlislocki**, 134.フィクションでは、吸血鬼は銃でも殺せるが、弾丸が銀製でなくてはいけない。民間伝承では、銀の弾丸でなくても吸血鬼と亡霊を殺すか、おどして追い払うことができる。あるセルビア人移民の話では、十字架を刻んである銀貨を四個に割って、散弾銃の弾丸を作るさいに混ぜれば、その弾丸でも吸血鬼を殺せる（カリフォルニア大学バークレー校、民俗学文書館）。

第8章

厄除け二

Apotropaics II

吸血鬼は一般にその状態を他者にうつすということを考えれば、吸血鬼がたった一人でも地域の人びとの追求を逃れれば、幾何級数的にその数がふえるかもしれないことは明白である。短期間のうちに正常な人間より吸血鬼のほうが多くなるかもしれない。

これが、伝染病の流行を説明するために人びとの信じたことである。もっとももときには、最初の吸血鬼をみつけ出して滅ぼすだけでよい、犠牲者をすべて始末する必要はないとも考えられた。[☆a] なぜそうなるのか、その仕組は説明されたことがない。だがまた、吸血鬼が世界征服を企てて吸血鬼の新兵を募って軍団を編成するという映画のような筋書きを暗示するものに出会ったことも、わたしはない。民間伝承の吸血鬼の多くは一人狼だ。自分と同じような者を作りはしても、かれらを支配しようともせず、かれらを手に入れて喜ぶということさえないのだ。それどころか吸血鬼であるということは、当人にとってすら堪えがたいことだ。吸血鬼のなかには――たとえばギリシアの亡霊――のろわれたことによってその状態になった者があるという事実からも、それは考えられる。セルビア語に ocajnik という語があって、これは元来は「腐敗していない体」という意味だったが、「不幸な、慰めのない人」というだけの意味に変わってきた。[★1] 吸血鬼が住むのは、救済がやってくることのない中間の世界である。すでにみたとおり、吸血鬼の行為は強制されるものである。「したい」のではなく「せずにはいられない」のだ、と人びとはいう。ふしぎなことに選択の可能性というものがない。セルボクロアティアの吸血鬼なら土曜日には墓のなかにいなくてはならない。市民たちがそのことを知っていて、その居場所をかんづけばサンザシの木で作った杭をもってさがしに来るとしても、そうするしかない。

亡霊の状態がのろわれたものだということは、インフォーマントが「吸血鬼を殺すこと」と「吸血鬼に平安を与えること」を同一視しがちなことによってあきらかである。この傾向はきわめて強いので、低地ドイツのメクレンブルクで採録された話に「自殺者が平安を得ることがないように、その柩に杭を打ちこむ」[★2] (Dormit en sülstmürder kein Rooh hett, stött men mit'n Pal up sin Sark.) とあるのだが、これは印刷のまちがいではないかとおもうのだ。このままだとすると、この文は例外的で、他の証拠によって支持されない——そればかりか、死者の平安を乱すことは、その結果かれらがわれわれの平和を乱すことになるのなら、無意味である。だが kein (否定語) を sein (その人の) と読み替えれば (「自殺者がその平安を得るように……」となる）、この文も、吸血鬼を殺すことと、吸血鬼に――その結果、吸血鬼殺害者に――平和を許すこととを同一視する多数の報告の一つになる。

吸血鬼の性質が限定され、融通がきかず、強制を逃れられないせいで、ふつうはその数がむやみにふえはしないのである。すでにみたとおり、吸血鬼が生まれるのは、きわめて些細な手抜かりによってである。なにもかもまちがいなく行なわれれば、吸血鬼が生まれることはないだろう。また吸血鬼の習性は一定不変なのであるから、裏をかくのは容易であろう。

このことがもっともあきらかに認められるのは、吸血鬼をもとの家庭に戻らせないようにするための、よく知られた方法である。亡霊は家を出たときと同じようにして戻らなくてはならないのだから、家に入れなくするには、敷居を高くあげて、その下を通して遺体を外に出す、壁に窓ないし孔をあけて、そこを通して運び出す、足から先に運び出す、というような単純な方法でよい。あるいは棺が通ったあとに水を流して一種の障壁を作ってもよい。水では、あとに物質的な物が残らないようだが、死者の帰還を妨げるには十分なのである。[★3]

しかも霊界は、きわめてみえすいた方法によってでも簡単にだまされる。ドレクスラーによれば、シュレージエンの人びとは、死者は残してきた体の一部（たとえば解剖されたとすれば）を取りに戻ってくると信じていた。目当ての物を返してやれないなら、他の墓地から人間の骨をもってきて、それを墓に埋めてやらねばならないという。[4] ルーマニアのヴランチェア地方では、死者のことを悲しみ嘆いてはいけないといわれる。逆に踊ったり歌ったりして、近くに悪霊がいるなら、人びとは葬式ではなく祭をしているとおもわせるようにしなくてはいけない。「ときどき、それもとりわけ橋を渡るときに、とくに力の強い二人の男が死者の体を支えて、ダンスをするのである」。[5]

右のものは、このような話のなかでももっとも芝居がかった例だが、他の話もやはり、あまり悲しみすぎるのはよくないというようである。東プロイセンでは、あまり泣きすぎると、死者が平安を得られないと人びとは信じていた。[6] ブルガリアでは、人が死にそうなときに泣いたり騒いだりしないように勧められる。「泣かれると魂がひき裂かれて病人は苦しむ、といわれる」。[7]

しかし、よくあることだが、同じ現象について反対の解釈が語られもする。ルーマニアには、葬儀には泣き男をたくさん雇わなくてはならない、そうすれば死者は自分が十分愛されていたのだと感じて、戻って生者に害をなそうとはおもわない、という話がある。[8]

死者を保護して平和に来世へ移行させる儀礼は、葬儀で終るのではない。しばしば、とくにバルカン地方では二次葬が行なわれる。ローリング・ダンフォースがギリシアの埋葬習慣の研究で、その手続きを次のように分析している。

世界中の多数の社会において、死亡とは一つの状態（生）から別の状態（死）への、ゆっくり進行する移行過程である、このような社会では、死の直後に行なわれる埋葬は一時的な仮のものであり、葬儀とは、きわめて複雑な長い移行期の開始の印でしかない。この期間は、人は完全に生きているのでも完全に死んでいるのでもない。この期間に体は腐敗して、肉はすべて朽ち、骨だけが残る。移行期終了の印が二次葬儀、つまり二次的処理を行なう儀礼で、このときは、死者の遺骨をあつめて儀礼を行ない、新しい墓に移し、そこに永久に保存するのである。[★9]

バルカン地方ではこのような発掘はふつう葬儀の数年後に（ギリシアではふつう三年後に）行なわれる。重要なのは、掘りおこしたとき遺体の腐敗が完了していることである。移行期の長さを決めるものは、実際には腐敗に要する時間であるようだ。すでにみたように、亡霊は腐敗しない。ルーマニアでは、埋葬後七週間たったら、腐敗を助けるために水差四四杯の水を遺体に捧げるといわれる。[★10] 腐敗には水分が必要なのだから（水分がないところでは体はミイラ化する）、このような習慣はまさにねらいどおり腐敗を助けるだろう。いずれにせよルーマニア人はギリシア人より長期間（五年から七年）遺体を埋めておいてから、遺体、つまりその残存物を掘り出して、骨を洗い、再葬するのである。[★11]

わたしはオーストリアのハルシュタットの町で、この習慣の新しい魅力的な解釈をみた。ここでは

図 1——オーストリア、ハルシュタットの納骨堂

一九六〇年代まで、遺体が完全に腐敗したのちに発掘する習慣が続いており、掘り出した頭蓋骨と長い骨を納骨堂に展示して、それが観光客を集めていた（図1）。ガイドは、この埋葬形式は墓地の面積を節約するために生まれた、と説明した。つまり町には市民を埋葬する地面が足りなくなったので、遺体を埋葬後再度掘り出して、その骨を小屋に保存する方法に頼った、というのである。ガイドは、そのとおりだとするならその習慣をなぜ町がやめたのかは説明しなかった――墓地に使える地面ができたとでもいうのだろうか。このような発掘はケルト人の風習だった[12]（ハルシュタットはごく初期のケルト文化の標準遺跡である）し、バルカン地方その他では現在も続いている、それは地面を節約するためではなく、体の腐敗が完了し、霊魂が彼岸へ脱出していったことを確認するためにすることだ[13]、とはわたしも指摘しなかった。

その頭蓋骨は陽気な色、多くは明るい赤と緑に塗られ、額に姓名と日付が記されているものもあった。ぶどう蔓が描かれているものも多く、大部分はそのうえマルタ十字架に似た十字架が描かれていた。ガイドによれば、どういう死にかたをしたかが描かれていることもある。たとえば蛇が描かれている頭蓋骨は、その所有者が蛇に咬まれて死んだことを告げているのである。これもたぶん新解釈である。蛇と葬儀の手続きとには昔からいりくんだ関係がある。たとえば前スキタイ文化期（青銅器時代）の墓地からは二つの大きい蛇の骨格が発掘されている。[14]

先に述べたように、吸血鬼の誕生を防ぐ方法の多くは、生まれてしまった吸血鬼ないし亡霊を殺すための方法と同一である。遺体の切断は、この先制攻撃に共通する形式の一つである。ギリシアでは、他殺者と処刑された犯罪者は手足を切断され首に鎖を巻かれたという報告がある。[15] このような死者の帰還防止法はギリシアでは新しいものではない。オイディプース（「ふくれた足」の意）は生後三日で山に捨てられたとき、両足首を針で固定された。この年齢では生きたまま歩いて家に帰ったとは考えられないだろう。だが死後なら「歩いた」かもしれない。現代でも、「歩行」防止のために遺体は同じように切断されている。セルビア人はこの目的で遺体の膝の靭帯を切ったといわれる。[16] ヴィルヘルム・ヘルツは、亡霊になりそうな死体の足裏に釘を打つというアイスランドの習慣を引用している。[17]

遺体の頭を切り落として足にのせたり、足もとに置いたりしたこともある。この習慣はクレメネがルーマニアでよくみられると報告しているが、[18] 北ヨーロッパのほうがずっと広く行なわれている。吸血鬼殺害法を検討するときに、このことは詳しくとりあげよう。

厄除けのために遺体に杭を打ちこむこともあった。そうすれば吸血鬼になる見込みがなくなると考えられた。フィンランド人などはしばしば、この方法で遺体を墓に釘づけにした。[19] これも、よく知られた亡霊殺害法である——フィクションのなかでは、ほとんど唯一の方法である。

ヨーロッパの多くの部分で、吸血鬼または亡霊に対処するさいに最後のよりどころとして行なわれる方法は、死体の焼却である。火葬はヨーロッパでは歴史上たえず行なわれていた——古代ギリシアでは土葬と火葬がほぼ半々だった。火葬の慣行が地方を選ばずあること（単一の中心地から広まったのではないことはあきらかだ）[20]についてはさまざまな説明が提出されているが、[21]もっとも説得力のある説明は、死者の帰還を妨げるもっとも有効な方法とみなされたということである。まったく明白なことだが、亡霊殺害法はだいたいにおいて、遺体が亡霊になることを防ぐ方法でもあると考えられる。この点は遠い過去においても同じだっただろう。もし焼却によって亡霊が「殺」されるのなら、同じ方法で死体の亡霊化も防げる、と考えられるだろう。

　古代スラヴ人には、火葬、土葬、人里離れた地域への遺棄、という三種類の遺体処理法があった。火葬はいまではもう行なわれないが、スラヴ人の葬儀行動にあきらかな痕跡を残している。ブルガリアでは遺体の周囲にぐるりと可燃物を置いて、火をつけた。葬儀参列者は葬儀のあとでその火のなかを通ったり、背後に石炭を投げたり、あるいは（トラチェでは）遺体の足のあるところに燃えている石炭を落としたりする。[22]セルビアでは、遺体があの世の道を照らすためのろうそくを準備する。死者が二〇歳をこえていれば、そのろうそくで髪を焼く。[23]これらの風習は、死者の吸血鬼化を防止し、生者の死を避けることを目的とするのだが、もっともわかりやすい説明は、同じ目的のために行なわれていた火葬の習慣の名残りとみなすことである。いずれにせよあきらかなのは、亡霊を民間信仰にもちこむものが焼却によって無に帰すということである。その証拠に、火葬を行なう文化には一般に、肉体をもって戻ってくる亡霊が存在しないのである。[24]

ただし顕著な例外を一つ述べなくてはならない。テラ島あるいはサントリニ島[訳註1]に住むギリシア人のあいだにはヴリュコラカスがとりわけ多いと考えられている。「サントリニの吸血鬼」という表現が「ニューキャッスルの石炭」とか「アテナイのフクロウ」と同じように使われていた。[25] 古代のテラも、火葬は費用がかかったにちがいないのだが、土葬より火葬を選んだことで知られており、[26] 島民は、亡霊に効果的に対処しているという評判を得ていた。ローソンは、「吸血鬼の体を効果的に処理してもらうためにサントリニ島に急いで送ることで事実上終る」[27] 物語を二つ引用している。テラにヴリュコラカスが多いことは、島の土に細菌が少なくて死体が腐敗しにくい（腐敗しないことがギリシアの亡霊のとくに著しい特徴である）ことから説明されるだろうという意見がある。[28] サントリニは火山島なので、土壌がごく新しい。島が現在の形になったのは、紀元前一五世紀の火山噴火によるものである。

吸血鬼と亡霊を遠ざけるための伝統的な方法の多くは現代ではあまり行なわれなくなり、姿を消してしまったものもある。ダンフォースによれば、亡霊信仰を「今日のギリシアの村に住む人びとは時代遅れの迷信としてとりあわない[29]」。以前は亡霊信仰はもっとあたりまえだった。ヴァカレルスキのブルガリア民間信仰研究によれば「一九世紀末にさえ、針やイバラのとげや先の尖った鉄器を心臓や腹部やへそに突き刺す、イバラを墓のなかに敷く、死者の体を火に入れた鉄棒で焼く、死者の帯のなかに発火しやすい物（火薬、麻などの短い繊維、マッチ）を巻きこむ、手のひらと足裏を小刀で切開する、というような例があった。あるいは一八世紀末ごろには死者の心臓を摘出した例さえあった――すべては死者がヴァンピールになるかもしれないという恐怖から出たことである」[★30]。（シュネーヴァイスは次のような一九世紀の過激な処置を引用している。一八三九年六月一日の日付のある公文書によれば東セルビアのザイェカルで、ヴァンピールとおぼしい人びとの心臓を摘出し、ワインの中に入れて煮、体に戻した。[★31]）

　吸血鬼とみなされた者の親戚や友人の身体の切断までも含むような慣行を促す並外れた恐怖は指摘するまでもない。アレクサンダー・ペトロヴィチは一九三七年に刊行した研究書で、埋葬から戻ってくるセルビアのジプシーのことを書いている。「この帰宅はしばしば本物の逃走のようだ。全員が走り、だれ一人ふり向こうとしない。もしコクサノがみれば、ふり向いた者が呼んでいるとおもって、急いで追ってくるからだ[★32]」。だがまた、その恐怖を生みだすのは死にほかならないことも忘れてはならない。死者はもっとも身近で大切な人に死をもたらすかもしれないことをかれらは（われわれと同じように）知っていた。だがそうなる感染の仕組を理解していなかったので、われわれがするような区別をせず、どんな装いをした死でもすべて避けたのである。

吸血鬼に変じた死体を近づけないためのしきたりが多数発達した。さまざまな物質が有効とみなされる。その一つが——ここではこれまでと違ってフィクションと民間伝承が一致する——にんにくである。にんにくは墓に入れるだけでなく、吸血鬼を——ひょっとするとだれも——近寄らせないために首にかけてもよい。カリフォルニア大学バークレー校の民俗学文書館で、子どものころ首ににんにくをかけさせられたという人の話をいくつかわたしは読んだが、なかでもとりわけおもしろかったのは、「だれも遊んでくれないので」とうとうそうするのをやめてしまったという若い女性の話である。またある（東部ドイツからの）移住者の話も読んだが、トリカブト（ヨーロッパの山地に生える植物）と銀製小刀を、吸血鬼も狼人間[☆訳註2]もともに近づけないためにマットレスとベッドの下に置くことを語っていた。[★33]

ブルクハルトが、ユーゴスラヴィアではモーラにたいする防御策として臭いの強い物質、にんにく、未熟な堅果、サンザシのやぶのなかでみつけた牛糞などをこすりつければよいと書いているのは、[★34]「二股かけておく」という原則の興味深い例である。つまり最後の項目は強烈な臭い——これはにんにくの重要な特性であろう——と鋭いとげという二つの厄除けの力を組合わせたものである。アンドレーは別の、強烈な臭いの厄除けとして、人糞を布の上にひろげて、それを胸に貼りつける、と述べている。[★35]同様に、吸血鬼を焼却するさいには、しばしばイバラのやぶを燃すことが勧められる。そうすればとげと火との厄除けの力が組合わせられるのかもしれない。[36]

しかし厄除けに使われる物のうちでもっとも注目すべき例は、吸血鬼伝承に独特の病的なもつれを与えている。亡霊とおもわれる者の血が亡霊の襲撃を防ぐために有効だという話が、長年にわたって多数ある。フリュキンガーの報告でもすでにみたとおりである。そこでは、亡霊の血と亡霊の墓からとった土にともに厄除けの効果があるといわれていた。ペルコウスキは現代のカナダのカシューブ人に同じ信仰があることを伝えている。[37] バルゲールは処方さえ一つ引用している。すなわちポメラニアでは、亡霊から身を守るには、経帷子の一部を亡霊の血に浸し、その血をブランディに溶かしたものを飲めばよいといわれたという。[38] 吸血鬼が人間の血を飲むかどうかはともあれ、人間が吸血鬼の血を飲んだという確証はあるわけだ。

ヨーロッパの民間伝承で血がどのように使われていたかの研究は、元来の主題から離れすぎるだろうが、ヨーロッパでは血は幸運のお守りだったことは注意してもよいだろう。レムケは東プロイセンの習俗の研究で、処刑された人の血は、幸運を保証する力があるので珍重されたと書いているが、[39] 使い方は述べていない。クノープは、ポメラニアでは商人が殺人犯の斬首のさいの血をハンカチに受けることができれば、顧客がつくといわれた、と書いている。[40] ヴェンド人は、そのような血をすぐそのまま飲めば重病に効くと考えた。[41]

ある種の物も吸血鬼を遠ざけることができる。とくに切れる物と尖った物で、吸血鬼が出歩くのはたいてい夜であるから、枕の下に置くのである。[42] そのような物を家の敷居に置いて、吸血鬼を家に入れないようにしてもよい。セルビアでは木製十字架を戸口の上にとりつけておけば同じ効用がある、という報告がある。[43] 同じインフォーマントによれば、夜墓地の近くに行くときは、十字を切っていれば吸血鬼は立往生するという。ライターは、家の戸にタールで十字を描いても同じ効果があるという。（タールはモロッコでも厄除け物質として報告されている。[44]）しかし概して民間伝承の吸血鬼は、フィクションにみられるような十字架にたいする激しい反応は示さない。フィクションでは、十字架が触れただけでも、吸血鬼には一種の聖痕のような焼印が捺されるのである。つまり吸血鬼は、十字架、すべて切れる物や尖った物、強烈な臭いのある物すべて――最後の物はおかしな先入見である。吸血鬼自身が胸の悪くなるような臭いを特徴としているのだ――を完全に避けるのである。[45]

最後に、セルビアではヴァンピールを森に行かせればよい（狼に食われるらしい）、クロアティアではもてなして宥めることができる、という報告がいくつかある。「飢えが満たされれば、だれも襲わない」。[46] だが一般法則としては、吸血鬼に出会ってしまったら、連れだっていたうちの一人は死ぬのである。吸血鬼が人間を殺す仕方はかなり限られているのに反して、人間が吸血鬼を殺す手段は多様である。それを次の章で多少ていねいにみよう。

☆a——しかし「検査報告《ウイースム・エト・レペルトウム》」では、最初に吸血鬼化したと信じられる者だけでなく、すべての吸血鬼が掘り出され殺された。

☆訳註1——エーゲ海の島。テラは古名である。

☆訳註2——ここでは著者は指摘していないが、*wolfsbane*（トリカブト）をもって *werewolf* を制するというのは、民間信仰の定型的な考えかたの一つである。同じ考えかたが他にもでてくることに気づかれるであろう。

第9章

探索と殺害

Search and Destroy

伯爵「ドラキュラ」は地面に置いた箱のなかに
　横たわっていた。馬車から落ちた
　　無礼な土くれが少し体の上に
散っていた。死人のように蒼ざめ
ろう人形さながら。しかし赤い眼が
わたしのよく知っているおそろしい
執念深いまなざしでみつめていた。
　見ていると、その眼は
落日を認め、すると憎悪の
目付きが勝利に変わった。

しかしその瞬間にジョナサンの
大きいナイフが走りひらめいた。
それがのどを切るのを見てわたしは
悲鳴をあげた。それと同時に
モリスの猟刀が心臓に沈みこんだ。
奇跡のようだった。だがまさに
われわれの眼の前で、息をのむ
間に、体はくずれて塵になり
みえなくなった。

——ブラム・ストーカー『ドラキュラ』

吸血鬼化を防止する——あるいは吸血鬼になってしまった者を寄せつけない——手段が成功しなかった場合は、その生き物をみつけ出して殺さねばならない。このことは、民間伝承ではフィクションの場合よりいくぶんむずかしいことがわかった。フィクションのほうが、慣習が単純で、限定が多い。たとえばフィクションでは、しばしば「生地」説が吸血鬼の動きを妨げる。つまり昼間は生地（すなわちトランシルヴァニア。フィクションの吸血鬼は通常ルーマニア人である。ベラ・ルゴシ[☆訳注1]のドラキュラのようにハンガリーのアクセントでしゃべる者もいるが。）の土のうえで憩うことを義務づけられていることが多い。したがって吸血鬼をみつけ出すには、霧が深かったり炭酸ガスが激しく動いたりする、とくべつにじめじめして生気のない日の明け方に、荒涼とした家や城のなかの一番荒涼とした部分——たとえば地下室——で、蝶番のきしむ見捨てられた棺をさがせばよい。吸血鬼がみつかれば、もちろん殺そうとするだろう。それには、木槌で杭を胸に打ちこむのが一番よい。

　奇妙なことに元型的（フィクションの）吸血鬼であるドラキュラ伯は典型どおりではない。死ぬとき生地の土の上に横たわってはいるが、自分の城のなかではなく馬車のなかである。それに杭ではなく二本の小刀で殺されるのである。（女友だちである吸血鬼は杭で殺された。）

　民間伝承では問題が少しことなり、状況がもっと多様である。吸血鬼ないし亡霊はありとあらゆる国の生まれでありうる——このような生き物はヨーロッパの（全部ではないとしても）大部分の文化の民間伝承に生まれてくる（あるいはかつて生まれた）。棺にかんしては、その内容物について以外はほとんど語られていない。民間伝承の吸血鬼もフィクションの吸血鬼と同じように霊界の制約に縛られてはいるが、その制約も、霊も、フィクションとは違う。たとえばフィクションの「生地」説は、吸血鬼は一定時間——日中——墓のなかにいなくてはならないという（民間伝承の）観念から生まれたのだろうが、民間伝承の吸血鬼はほぼ例外なく旅などしない。[a] かれらはドラキュラのような放浪者ではない。墓のなかにいなくてはならないというかれらの義務をうまく逃れるためには墓土を少しばかりもって歩けばよい、というようなことは、言われることがない。

ギリシアを含む南ヨーロッパの多くの地方では、亡霊が墓のなかにいなくてはならないのは土曜日だけである。したがって土曜日が吸血鬼を殺す決まった日になる。[1] セルボ・クロアティアでは、その理由は、土曜日に生まれた人は土曜日に吸血鬼を見て殺すことができるが、吸血鬼のほうはかれらにたいして何もできないからだ、と説明されている。[2] この日には吸血鬼が在宅するとわかっているからには、問題はその住居をみつけ出すことだけだ。

　老人が死んで埋葬された。
だがそれからある日健康な若者が死んだ。
それからまた若い宿屋の主人が。こうして
　毎日村でだれかが死んだ。
　とうとう富裕な農夫の一人息子が
死んだ。農夫はこの打撃に堪えられず

司祭のところに行って、だれかが
　村人を食っている。それは
きっと、あの、最初に死んだ
　老農夫だと言った。あの老人を
掘り出して、害をしないようにしなくては
いけない。司祭はそれを許した。そこで
その農夫は三人の男とともにウピールの
妻だった女のところに行って言った。
「来ておくれ、おかみさん、じいさんを
　掘り出すんだから」。女から
大きい布をもらって、女をつれて
　教会墓地に行った。墓を
掘ると、見よ、ウピールがそこに
すわっていた。手で体を支え、血赤色の
　顔で。もうすでに、村人から

血をたくさん吸っていたから。
妻はその姿を見て、唾を吐いて
こう言った。「消えてなくなりなさい。
二度と立つな、動くな」
かれらはウピールを墓からひき出し
体を切り刻み、布にくるんで縛った。
それをイバラのやぶに投げこみ、
火をつけ、ウピールを燃した。
すると強い風が起こり、
かれらが村に帰るまでずっと
うなりをあげてあとを追った。
——南ロシアの民話

この話やペーター・プロゴヨヴィッツの場合のように、吸血鬼をみつけ出すのは、流行病で最初に死んだ人を決定すればよいというぐらい簡単なこともある。その人が、他の人びとをひきつれてゆくのだから、その人が「殺」されれば、死は終るだろう。しかし吸血鬼さがしのきまった技術というものもある。スラヴ人は、死体が夜、墓を抜け出すかどうかを決定するには、墓地のなかの墓の周囲に灰か塩を撒いて、あとで足跡をさがせばよいという。[★3]

馬を引いて墓地のなかを歩きまわり、墓を踏み越えさせても吸血鬼と亡霊を知ることができるだろう。吸血鬼の墓の前で馬はしりごみするからだ。[☆b] アルバニア人は、そのさいには白馬を使わなくてはいけないという。[★4] 黒馬であることが必要な文化もある。[★5] 色はともあれ、ふつうは全身完全に一色の馬でなくてはいけない。[★6] さらにときには、童貞の少年を乗せねばならなかったり、一度もつまずいたことのない馬でなくてはいけなかったりもする。[★7]

このような方法で吸血鬼の居場所を決められないときは、最近の死者の遺体を埋葬順に掘り出して、腐敗の程度によって、どれが吸血鬼であるかを決めなくてはならない。[★8] しかし墓自体が吸血鬼の存在を示すこともある。墓がくぼんだり、[★9] 土が新しく掘り返されたりしていることが多いからである。[★10] フリードリヒ・クラウスは一九世紀初期のセルビアの学校の教科書を引用している。「もし墓がへこんでいたり、十字架がまっすぐに立っていなかったり、その他このような印があれば、その死者がヴァンピールに変わったと考えられる[★11]」。しばしば、墓に穴があってそこから吸血鬼が出てくる、といわれる。[★12]

吸血鬼を発見することは、あいにくなことに、かれらの姿が目にみえなくなる傾向があるために厄介である。しかし、われわれがこれまで検討してきた吸血鬼――たとえばフリュキンガーの吸血鬼――はよくみえたらしい。一般原則としては、吸血鬼が墓から掘り出されたときに姿がみえないことはめったにない、といってよいだろう。

吸血鬼の姿をみえるようにする方法については一致した意見がない。しかしふつう使われる方法はなにかの魔法を含む。特殊な出生と特別な衣服を組合わせる例もある。ユーゴスラヴィアのムスリムのジプシーのあいだには、「土曜日に生まれた男と女の双児にズボン下とシャツを裏返しに着せると、かれらには吸血鬼がみえるという信仰がある」[13]。これも左回り、ないし逆進儀式の一例であろう。もっと広い範囲から報告されているのは、吸血鬼の息子、あるいは土曜日――バルカン地方の多くで、吸血鬼が墓にとどまっていなくてはいけないとされる日――に生まれた人には吸血鬼がみえるということである[14]。

目にみえなくても、馬だけでなくさまざまな動物が感知するだろう。これはフィクションと民間伝承に共通のモーティフである。フィクションでは、アレクシス・トルストイの『ヴウルダラク家』[15]の例のように、吸血鬼のいるところでは犬が首のまわりの毛を逆立てて吠えたりうなったりするだろう。民間伝承ではこのモティーフがとくに広まっているということはない――それどころか、ユーゴスラヴィアのある地方ではムスリムのジプシーは逆の考えをもっていて、「犬が吠えている村には吸血鬼はいない、だが犬がしんとしているなら、吸血鬼がきている」[★16]と信じている。

亡霊の墓が、ふつうは青い火か青い光に照らされてみえることによって、亡霊が発見されることがある。たとえば、『グレティルのサガ』ではグレティルは沼地に浮かぶ火によって老カルの土まんじゅうにひき寄せられる。[★17]青い光はヨーロッパの伝統ではしばしば霊魂と解釈される。[★18]ヨーロッパの多くの地方で青い光が地面に埋められた宝のありかを示すといわれるのは、それが死体の埋められているところを示し、死体とともに高価な副葬品が埋められていることが多いからだろう。

吸血鬼と亡霊にかんする伝承の多くと同じように、このモティーフも事実に根拠をもつのだが、事実というものは、われわれが願うほど明快ではないのである。グレース・パートリジ・スミスによれば「ひとだまは、たぶん大気の状態、あるいは地面から発生する気体によって生じる、と説明されている」[★19]。体は分解するにつれて大量の可燃ガス、主としてメタンを作り出すのだから、「発生する気体」が埋葬地にみられることは疑いない。[☆c] しかしそれがなぜ燃えるのかという疑問は残る。

この疑問は、吸血鬼の墓について報告されている(火でないとしても)光の、もう一つ考えられる説明によって複雑になる。フォトバクテリウム・フィスケリのような発光バクテリアが、分解過程中の肉に集ってかすかに光らせる——「亡霊」を意味するギリシア語の二つの単語の語源にこの現象が反映しているらしい——ことは考えられる。[★20] そのためには体が露出していなくてはならないのだろうが、この問題はもっと研究されるまで——実験は他のだれかに委ねよう——決定できない。

「二年半ほど前、わが母エーファ・
Dは死亡し、プッツィヒのカトリック
教会墓地に埋められた（察するに
ポズナイ地方のプッツィヒらしい）、
墓は一〇〇二号。母の死後
　家族が七人次つぎに
死んだ。最後の死者の
死因を医者がどう定めたかは
知らない。ただまわり中が、
死んだ母は墓のなかでやすらぎを
得られないので、家族を墓に

引きこむのだと言っていた。
多くの……とくに福音派の
信者から、家族の死を終らせるには
死者にやすらぎを
与えてやらなくてはいけないと
言われた。そのためには
母の頭を切り落として足の前に
置くしかなかった」。この男自身
体が弱り、自分も墓に行かねばならぬと
おもったとき、最初は信じなかった
その行為を実行した。そうしたことによって
自分の命を救ったと、男はかたく
信じている。

——エルンスト・バルゲール、一九一三年の裁判の話の引用[☆d]

伝統的な吸血鬼殺害法は、心臓を杭で刺し貫くことである。この場面の演劇的可能性に多数の作家、映画監督が惹きつけられ抵抗できなかった。ドラキュラ伯爵は居心地よくしつらえられた棺のなかに、いつに変わらぬ正装で横たわっている。恐れを知らぬ吸血鬼殺害者がその心臓に先を鋭く尖らせた杭をあて、木槌で打ちこむ。伯爵の顔がゆがみ憎悪に満ちた眼がじっとみつめる。叫び声をあげ、けいれんする。ふいに――トリック撮影が奇跡を起こして――一瞬のうちに年齢が伯爵に追いつき捕らえる。かれはミイラに、あるいは骸骨に変わる。

吸血鬼殺害の民間伝承にはこのような場面はない。あるのは緊迫と杭だけであり、ときには杭さえない。杭を打つのは、吸血鬼と亡霊にけりをつける方法がいろいろあるうちの一つでしかないからである。ときにはたんに、焼き殺すための予備処置として杭を打つこともある。次のヴェンド人の民話が示すように、杭はつねに有効とはかぎらないのである。

この災難から解放されようとして、かれらは死体を掘りおこし、その顔に聖別された釘を打ち、心臓を杭で貫いた。それにもかかわらず効果はなく、その殺された男は毎晩戻ってきた。そこで人びとは体をもう一度掘り出すことに決めた――前の処置のあとでまた埋めておいたのである。ブラニツ池のほとりで体を焼却し、灰を風に撒きちらした。★21

亡霊の殺しかたのさまざまをこまかく検討してみよう。杭を打つことは呪術的な面と物理的な面との両面から考察できるだろう。ある行為を、その物理的仕組が理解できないというだけの理由から呪術的とみなすこともたしかにあるだろうが（例証はのちにおびただしくみるだろう）、吸血鬼の殺害には完全に呪術的な面もある。たとえば杭を作る木の選択がそうだ。北方——ロシア、バルト海地方——ではトネリコがその目的にかなうとされる。[★22] シュレージエン[★23]ではオークの木から作る杭を使うという話を読んだことがある。セルビアではサンザシで作ることになっている。この選択は、サンザシがその名hawthorn のとおりとげ thorn のある木で、吸血鬼のとげぎらいがよく知られているという事実に影響されているだろう。（ノヴォパザルスキ・サンザクに住むムスリムのジプシーは野バラの木から作った杭を使う。[★24]）さらに「サンザシの杭」を指す glogovac という語は同時にアポリア・クラティギという蝶の一種の名でもある。[★25] 杭と蝶という二つの物には近い（混乱させるといってもよいような）関係がある。セルビアのヴァンピールは蝶に身を変えることができるのだからである。[★26] さらにそのうえスラヴ人に、またバルカン地方でも一般に信じられているところでは、人間の魂は体を離れるときには物質的な形をとるのだが、蝶もその形の一つとして報告されている（ギリシア語の「プシュケー」が「魂」でも「蝶」でもあることも考えあわせよ）。[☆e]

しかし吸血鬼の殺害には完全に物理的な面もある。生きている人間をも殺せるような方法で殺してもよいのである。たとえば頭に釘を打ってもよい。[★27]スタリ・ラスに住む正教信徒のジプシーは「吸血鬼を殺すには、よく切れる小刀でも、とげで突くのと同じように有効だと考えている」。[★28]先にみたとおり、ド・トゥルンフォールのヴリュコラカスを殺すために使われた方法のなかには突き刺す（この場合は剣で）こともあった。

「殺す」ことと「平安を与える」ことが同じだという考えは先にも触れたが、しばしばみられるものである（たとえば本章の最初の引用を見よ）。コザネによれば、ジプシーのなかには、霊魂が脱け出すためのしばらくの猶予時間をおいて、死者の心臓を突き刺す例がある。[★29]しかしふつうは、このような行為は——ジプシーのあいだでも他の文化でも——必要とされない。体は、霊魂を確実に追い出すための、あるいは霊魂が戻ろうとすればおどして追い払いさえするための仕組を自分でもっているからである。つまりそれが腐敗の意味だ。[★30]杭を刺すのはたいていは心臓だが、ときには口（ロシア、北ドイツ）または胃（北東セルビア）を刺し貫くこともある。[★31]

原則として、亡霊に杭を打つことが一番多いのは南スラヴである。ギリシア人は焼却のほうを好んだし、ロシア人は人の住まない地域や水中に遺棄した。ドイツ人と西スラヴ人は、先に引用したポーランドの話が語っているような斬首を好んだ。[☆f]墓を掘るためのシャベルで頭を切り落とし、それを足もとか臀部のうしろに置く。しばしばごみを並べて体の他の部分から隔てる。[32] この仕事は、どうされいごとをいってみても、ふつうはきたないものだった。亡霊の傷口から血が噴き出すからである。その血は、カナダの（現代の）カシューブ人インフォーマントによれば暗色である。[g][33] このような考え方においては血の意味は複雑で、保護を与えることものろいになることもある。このような血には厄除けの性質があるので、亡霊を近づけないために実際に飲む、という地方もあれば、その血に触れることは危険だという地方もある。たとえばクノープがポズナイ地方の民間伝承の研究書に引用しているあるインフォーマントは、亡霊の殺害について次のように話している。「さて刃をよく研いだ鋤をその首にあてがい、血がだれにも飛ばないように土をかけた。血がかかれば命にかかわるからだ[34]」。ユーゴスラヴィアの各地に住むジプシーは、吸血鬼に杭を打つ前に、その体にけものの皮か布をかぶせる。「吸血鬼を殺すときにその血のしぶきがかかった者は気が狂うからだ。たちどころに死ぬと考えている者もある[35]」。

ド・トゥルンフォールの報告でみたように、吸血鬼であると疑われた遺体から心臓を摘出することもある。一八七四年に、パリに住んでいたルーマニアの貴族がそのような処置を――自分が死んだら自分の身に行なうことを――提案した。この貴族は、故郷でその家の者は死ぬと吸血鬼になると信じられていたため、亡命を余儀なくされたのだった。[36] あきらかに当の本人もそう信じていたのである。

大西洋を渡った吸血鬼はいないようだが、一九世紀のニューイングランドには吸血鬼化を疑われた話がたくさんあり、思い切った処置が取られたこともあった。次の話は一八九六年の『アメリカ人類学者《アメリカン・アンスロポロジスト》』誌に載ったものである。

同じ村に住む××氏は知的な人で、職業は石工であるが、この迷信と、定められた死体処理法の効能との生き証人である。わたしがきいたところでは、兄弟を二人消耗性疾患で失った。二人目が床に就いたとき、父親は……最初の死体を掘り出してその心臓を焼却することを勧められたが、病人が神聖な死者の体を潰すことに反対し、その結果やがて死んだ。次に××氏が病気になると、ついにその忠告が勝って、勧めどおりあとで死んだ兄弟の体が掘り出された。心臓と血管に「生きている」血が発見されて、心臓は焼却された。病人はただちに回復しはじめ、いまわたしの前に五〇歳の、元気で心のあたたかい強壮な男として立っている。その奇跡的な効能をどう理解するかを問うても、何の意見もいうことはできず、迷信という言葉すら知らなかった。記憶によれば、医者はその効果を信じなかったが、当人をはじめ信じた者は多かったという。父親はその兄弟の体と動脈血を見ている。★37

著者は、遺体がこのように処置――心臓の摘出と焼却――された例を他にもいくつか語り、そのうちの一つに関与した医師の言葉を引用している。「検視した××医師は、前記期間埋められていた死体を正常な状態と認めた、と語った」。

すでに述べたとおり、ロシアでは亡霊の処置が他のスラヴ人の慣習とは少し違っていた。ウピールは土に埋められず、人の住まない地域に遺棄され、またしばしば水中に投じられた。後者は、ウピールが旱魃を起こすことから出たものらしい。[★38] レーヴェンシュティムは、旱魃を終らせるために遺体を発掘して水をかけた、という話を三つ報告している。[★39] 遺体を水に投げ込むのも目的は同じことなのかもしれない。ロシアでは正常な霊魂でも死後に水を求めるといわれ、死者に水浴用の水が供えられる。[★40]

死者と水との関係は他の地方でも言及されている。アルバニアの一部では、葬列が通ったら、水の入っている容器は全部空にしなくてはいけないという。ルーマニアではふたをしろという。そうしないと、霊魂は水が好きなので、そこに飛びこんで溺れるかもしれない。[★41] ここでは、霊魂は水を求めるが、また水は霊魂にとって危険だとも考えられている。（他のところで述べたように、遺体に水を供えるのは埋葬後七週間たってからである。）ブルガリアでは、死者が出たら、水の入っていた容器にふたをするか、水を捨てるかする。その水はもう飲用には適さない。説明はいろいろあり、霊魂がそこで水浴したとか、死者がその水を飲んだとか、大天使がそこで剣を洗ったとかいわれる。[★42]

このような習慣のなかには感染ということを考えているのかとおもわれるものもあるが、また別の面もある。ブルガリアでは、ロシアと同じように霊魂は水をほしがるので、水をいれた水差を墓の十字架にもたせて傾けて置いていることが多い。[★43] それを怠るとどうなるかはヴァカレルスキは書いていないが、一九世紀の東プロセインでは水は、遺体が死者のなかから帰ってくる可能性と直接かかわっていた。遺体を洗った水は埋葬の日まで保存しておかなくてはいけないといわれた。それより早く捨ててしまうと、死者はやすらぎを得られないからである。[★44]（水の効用については第一八章でもっと詳しく考察しよう。）

人の住まない地域に遺体を遺棄することにはいくつかの困難があった。遺体は異常に重いと考えられたからである。レムケが引用している一九世紀末の東プロイセンのインフォーマントは、戻ってきてうろついていた死者にかんして、その棺を運んで道を曲るには何人もの男の力が必要で、かろうじて動かせたぐらいだ、と語っている。[★45]『グレティルのサガ』に出てくる亡霊のグラムも同じように重かった。かれらは［その体を］教会へ運んで行こうとしたが、少し離れた谷のふちまでくると、それ以上進めなくなった[★46]」。ヴァカレルスキによればブルガリアでは、遺体を荷車に積んで運ぶときは、雄牛どもに、おまえたちが牽いているのは肥料だ、あるいは生きている人間だと耳打ちしてやらなくてはいけない、そうしないと荷が重くなりすぎるだろう、という。[★47]

亡霊を殺す方法はしばしばいくつもまとめて行なわれる。一つが効かなければ次を験してみる。ド・トゥルンフォールのヴリュコラカスはこの点で例外ではなかった。マンハルトが書いている亡霊と想定された女性は、掘り出され、首を切られ、十字路に埋められたが、そのさい頭を腕の下に置き、棺にはヒナゲシの種を詰めた。[★48] レーヴェンシュティムが語っている夫婦は、一八五一年にロシアでコレラがはやったときに体を掘り出され、首を切られ、それから頭は焼却され、体はトネリコの杭で地面に刺しとめられた。[★49] タラーは国境に運ばれて首を切られた体のことを語っている。首を切ったあと、口に石を一個いれ、体は切り開いて、沸かしたワインですっかり洗い、杭で心臓を刺し貫いて、放置して動物に食わせた。[★50] これらはこのとおりの順序で行なわれた。

亡霊が異常に頑強で、その「生命」にたいしていくつもの方法を試みてしまったとき、最後にとる方法はふつう焼却で、これは必ず成功するようだ。そういうわけなら、先に首を切ったり杭を打ったりしないで、なぜ最初からあっさり焼かないのか、と問われるだろう（ブルガリア人は二股かけて焼いた杭を使う）。[★51] 答えは、地方によっては、とくにギリシアとアルバニアでは、そうしていた、ということだ。火葬の習慣は亡霊にたいする先制攻撃として始まったのではないかと考える学者がいる。[★52] しかし平均的な成人の体は水分含有量が多いので、焼却するためには大量のエネルギーが必要である。「約一六〇ポンド（七三キロ）の成人の体を、燃料にガスを使い、高温気体循環装置をつけた専用火葬炉で焼いて、完全に灰にするには一六〇〇度F（八七〇度C）の温度を保って四五分から一時間燃やし続けなくてはならない」[★53]。ポールソンによれば、コークスを燃料にする炉で、「空気調節ができず、外の空気が入ってくる旧式の火葬炉では燃料の消費量が多く、一回の火葬にコークス一〇から一五 cwt. 必要だった」[★54]。（一 cwt. はイギリスでは一一二ポンド。）ガスを使うなら、必要時間は炉の型によって七九から九六分、燃料必要量は平均一一四四から一九六四立方フィートである。電気火葬炉は――やはりポールソンによれば――動作温度に達するまでに約一八〇キロワットを使う。炉を熱するのに重油を使い、一回ごとに熱するものとすれば、一回ごとの重油消費量は平均「二四ガロンにも達するだろう」[★55]。

このような専用の炉がないとすれば、体を燃すことはきわめて困難になる。燃焼には酸素が必要である、ということは、体の下側、あるいは燃料に密着している部分は燃えないということである[☆h]。エヴァンスはこの原理を説明するために、「本のページの一枚一枚はすぐ燃えるが、閉じた本はほとんど燃えない」[★56]のと同じようなものだという。ポールソンによれば、昔の薪の山では、「体を完全に焼き尽くすことはとてもできなかった。のちには、この薪の山にピッチと石油を加えて燃焼効果を高めた」[★57]。要するに問題は、十分高温の火を作ること――それは簡単だ――ではなく、その熱を十分に体に伝える、しかも体が燃え尽きるまで十分長い時間その温度を保つことである。これは、金属の製錬に似た問題である。鉄器時代は、鉄鉱石に大量の熱を伝えることのできる炉の発達を待たねばならなかった。

この問題が、昔のギリシアとインドで行なわれていた証拠のある、火葬にする前に遺体を（燃えやすい）動物の脂肪でくるむという習慣を説明するかもしれない。[58]アキレウス（『イーリアス』二三・一六六～六九）は多数の羊と牛から脂肪を集めて、それでパトロクロスの体をくるんでから薪の山に火をつけようとする（最初に失敗したあとで）。同様に、ギーつまり不純物をとり除いたバターを火葬に使ったのも、結局は、燃焼促進効果によるのかもしれない。[59]なんといっても昔の人間はガソリンを好きなように使えなかったのだ。ちなみに、ガソリンは現代の殺人犯の選択促進剤でもある。かれらはしばしば死体にガソリンをかけて、体が灰になってしまうことを期待するのだが、ガソリンはよほど長時間燃え続けなくては、体を黒焦げにする以上のことはしないし、地面に接していて酸素に触れない部分は黒焦げにすらしない、ということがかれらにはわかっていないのである。

焼却は体をきれいさっぱり始末できるようにおもわれるが、実際はちっともきれいではないし、酸素がうまく循環する炉を使うのでなければ速くもない。クラッパーは、体が燃えにくいことによって疑惑を高めた吸血鬼の話をいくつか引用しているが、そのうちの一つの体は、絞首刑執行者が「大量の木」を使っても焼き尽くすことができなかった。結局その体を「非常に小さく」切り分けなくてはならなかったが、それでも焼いてしまうのは大変だった。[60]シュレージエンの靴屋は約二一立方メートルの木で焼却された。また別の亡霊は、絞首刑執行者がまる一日働いてようやく完全に燃え尽きた。[61]最後に亡霊のクンツェ——これについてはのちの章でまた触れる——は、完全に燃え尽きるのに二一七本の薪が必要だった。[62]

これにさらに人間的な要素——むらなくこんがり焼けるように火の上で人体をたえず回転させていて、どういう気持ちになるものか——を考慮するなら、焼却の限界があきらかになる。経費がかかるうえに気分が悪い——したがって、経費をまかない、自分の代わりに気分の悪さをがまんすることを他の者に強制することのできる裕福な者のあいだで広く行なわれた。たとえば古代ローマでは、火葬を一番ふつうに行なったのは貴族である。[63]フィリポヴィチによれば、バルカン半島とスラヴ地方で火葬されたのはふつうは戦士と裕福な者または有力者だった。[64]インドではドムという世襲のカーストが火葬を行なった。これは「低いカーストだが豊かで、火葬の手順をととのえ指図して（不浄）な職業」、一回につき最低五〇〇ルピーを受けとった。[65]ラウによれば、「ときどき火葬用の薪代を十分払えない家族があって、そういうときは半分焼けた体を川に投げこむ。貧窮層は死者を焼かずにそのままガンジス川に流す[66]」。

以上の考察は、ふつうは亡霊の焼却が一連のきまった手順のなかに入っていないことを説明するだけでなく、オードリ・ミーニが『アングロサクソン人の古代埋葬儀礼にかんする地名辞典』に述べている「混合儀礼」の一部の説明にもなるだろう。

発掘者は、墓のなかに「焼けたようにみえる土がある」こと、あるいは「墓の内側に並べた石が火で赤くなっている」ことに気づいた。この種のことが相互に無関係にあっても注目を惹かないだろうが、イングランド中央部の遺跡発掘報告にこのような内容を述べたものが多いことから、その火の痕跡はただの偶然ではないと考えられるにいたった。しかもときどきずっと明瞭な印が認められた。ケンプトン Bd とウッドストン Hu で、部分的に焼けている骸骨が少数みつかった。墓のなかで、遺体を葬る前かあとに火を焚いたのである。火が燃えきったあとで、ふつうするように墓を閉じたのかもしれない。[★67]

体を完全に焼き尽くすことはむずかしく、半分焼けた体を墓地へ運ぶのはきわめて厄介だとわかったために、墓のなかで火葬を試みる習慣が生まれたのかもしれない。（古代ローマ[★68]とギリシア[★69]にこの習慣があったことは証明されている）。この方法の利点と欠点はあきらかである。燃え残ったものを運搬しなくてもよい――それが危険だと信じるなら、非常に重要なことだ――が、火に酸素を十分補給することはいっそうむずかしくなるだろう。したがって「部分的に焼けている」骸骨以上のものは期待できないだろう。もちろん、もし体が燃えて灰になるのなら、運搬の問題は解決されるだろう。だが先に述べたようにこれは困難な仕事であり、とくに湿度の高い気候の土地や燃料が豊富にない地方ではむずかしいのである。

さらに別の問題も考えてみなくてはならない。土葬も火葬もきわめて時間のかかる手続きである。正常な——人びとが寿命が尽きるまで生きてまっとうに死ぬという——状況では、どちらも適切な遺体処理法である。しかし伝染病の流行時——ヨーロッパでは吸血鬼と亡霊のせいにされることがあった[★70]——には生き残っている者は、必死で逃げださないとしても、すべての遺体のために十分な数の墓穴を掘ったり強力な火を起こしたりすることができない。中世に伝染病が流行したときは、死体が大問題になって、「教皇はアヴィニョンで、教会墓地が足りなくなったときにはただちに川に死体を投げ込んでもよいように、ローヌ川を聖別しなくてはならなかった[★71]」。もっとてっとり早い方法が必要である。そこで杭と斬首が生まれた。火葬ほどの効果がないことはわかっていたが、まさにもっとも必要なときに実行不可能になるということはない。

危険な死者のこのような扱いかたでもっとも驚かされることは、これらがきわめて古くから、広い地域で行なわれてきたことである。ルートヴィヒ・パウリは鉄器時代のケルト人の遺跡でみつかったものを多数あげている。縛られた死体、俯せの埋葬、骸骨の一部の移動、体の一部を焼いた痕跡、大きな岩の塊をのせた死体、他のものと方角や位置のことなる墓、特別な埋葬場所、死体を貫く木の杭、墓のなかの護符。[★72]ある埋葬地では八九の骸骨のうち三二に頭蓋骨がなかった、また頭蓋骨が胴体から離れているが、墓が荒らされた（たとえば墓泥棒によって）とは考えられない埋葬地もあった、という。ハルシュタットやラ・テーヌの文化では、死体から危険が来ることがしばしば埋葬後に感じられたので、墓を開かねばならなかったのだ、という意見を実際にパウリは述べている。[★73]すでにみたとおり、近代ヨーロッパではこれはよくあることだった。

ポール・アシュビーは新石器時代のブリタニアの「切断された骸骨」の例を示して、「斬首に続いてまず脚、次に腕が攻撃された。はじめはカニバリズムが疑われた……が、その習慣を示す証拠はない」[★74]と述べている。アンジュ＝ピエール・レカはエジプトの新石器時代の墓について、「まったく荒されていない手つかずの墓からもときには完全にばらばらになっていたり、一部が失われていたりする骸骨がみつかることがある」[★75]と述べ、さらにつけ加えて、別の学者は「死体をばらばらにするという野蛮な習慣の背後には、死者が戻ってくることへの恐怖があった。こうすれば戻ってきて生者につきまとうことができないだろう、と主張した」[★76]と記している。

ミーニも昔ブリタニアにこのような方法がいろいろあったことの証拠を示し、説明困難な例（たとえば頭蓋骨だけを別に埋葬する）もあるという。「子どもの頭や体の上に重い燧石を投げ落とす背後にどういう観念」があったものか、推測は不可能だとミーニは述べている。[77] この慣行の報告はかなり多い。一八七九年にバルチュは「〔メクレンブルクの〕村々では、埋葬時に頭の近くに燧石を置くことはごくありふれた習慣である」[78]と報告している。ヴィルヘルム・ヘルツは類似の話を引用して、死者の帰還を妨げるためにこうする、とつけ加えている。[79] 北極地方の同じ考えをカルヤライネンが報告している。[80] ヘルヴァルトの報告によれば、クラインには、吸血鬼であると疑われた死体の頭に重い石を投げつける習慣があった。[81] プラトーンは『法律』[82]で、ある種の犯罪者の死体は十字路に埋めて頭の上に石をのせることを勧めている。考古学者によるこのような慣行の報告は数多く、[83] その目的はふつう、死体が地表に出てきたり、動物が掘り出したりしないようにすることである。

　燧石を使うと定められたのは、燧石から火が生まれることが知られており、火がとくに有効な厄除けだったからだろう。火が燧石のなかに含まれているという考えかたは、ウェルギリウスの（『アエネーイス』六・六―七）「燧石の石目に隠されている炎の種」（semina flammae abstrusa in venis silicis）という表現にもうかがえる。亡霊の「火刑」はしばしば象徴だけで終わる。ブルームが引用しているギリシアのインフォーマントは、人びとが穴のある墓（ヴリュコラカスがそこにいる証拠）をみつけて、亡霊を殺すためにその穴のなかに火をいれたことを語っている。[84] ブルームは「燃焼は比喩的に祈りを唱えることを意味する場合もある」[85]という。そういうなら燧石も、死者に来世の火を与えようとするのかもしれない——しばしば考えられるように来世がこの仮の世に似た場所であるのなら。

このような慣習がたがいに似ていることはしばしば驚くほどであり、しかも時間、距離、文化の大きい障壁もないかのごとくである。現代のブルガリア人は、墓穴を掘った道具を墓に残して帰る。[86]古代デンマーク人にもそうする者があったらしい。[i]紀元前二〇〇〇年ごろのトルンド人が「鉄器時代風の短い木の鋤[87]」とともに発見されているからである。

このような場合は、類似の条件、類似の難問をさがさなくてはならないことはあきらかだろう。たとえば、ブルガリア人もデンマーク人も、死はときどき伝染することに気づき、死と近い関連にあった物はなんでも捨ててしまうという——これまでにみてきたとおり広く行なわれている——習慣を身につけたのかもしれない。

ときには異なる習慣どうしが共通のものを隠していることがある。たとえば、体を保存する防腐処理と、体を消滅させる火葬とは反対の目的をめざすようにおもえるだろう。だが別の観方をするなら、防腐処理にも火葬にも同一の効用があることがわかる。すなわちどちらも体を不活発な状態に、もはやなにを「する」こともできない状態にするのである。[j]肉をそぎ取ることやさまざまな形のミイラ化（火で乾燥する、熱した砂に埋めるなど）も同じことだ。これがなぜ重要なのかを理解するには、体が死後幽霊にならないとすればどうなるのかをはっきり知らねばならないだろう。だがその前にまず、吸血鬼がするといわれることを見よう。

☆a——幽霊と同じように、ふつう吸血鬼はある特定の場所に縛られている。しかしユーゴスラヴィアのコソヴォ＝メトヒヤ地区では「正教信徒のジプシーは、吸血鬼は広く世界中をさまよい多数の村落を通りすぎるが、そこでいつか必ず狼に出会って、襲われずたずたにひき裂かれると考えている」(Vukanovic [1960], 49)。ここには類比の原理がはたらいている。ジプシーは放浪する種族だから、ジプシーの吸血鬼も放浪しなくてはならない。

☆b——一八世紀の医師ゲオールク・タラー (Tallar, p. 73) は、この検査に二度立合ったと述べている。馬はためらった——かれは、土が盛り上げてあったことと死体の臭いのせいだとしている——が、捧で追われて墓を越えた、という。

☆c——気体の可燃性に疑問の余地はない。数人の信頼できる人の口から、病理学者は（膨張した）体の内部に可燃ガスがあることを、最初切開するときにマッチで点火してみせて示すことがあると聞いた。鬼火あるいはきつね火についてのもっと広汎な議論についてはコルリス (Corliss, 130～136) を見よ。科学誌や気象学の雑誌からの、この現象にかんする分析が抜粋されている。

☆d—— Bargheer, 80–81. 著者は (p.97)、この習慣から頭のない幽霊という概念が生まれたのかもしれないという興味深い意見を述べている。リトゥアニアからのもっと新しい報告がこの意見を実証している。それによれば、ある特別の種類の亡霊は、頭を切り落としてそれを、手が届かないように足もとに置いてやらなくてはいけない。そうしないと、頭を抱えてうろつきまわるだろう、という (Balys and Biezais, in Haussig, 445)。

☆e——この観念——吸血鬼と霊魂がともに蝶に変わりうるという——は一見まったく諒解不可能におもえる。ここにはたぶん、神話的思考に多くみられるような、なにかの類比がはたらいているのだろう。吸血鬼への変身が、青虫が蝶になる変態と似ているというのかもしれない。

☆f――このような考えかたはたえず移り変わってゆくものであることを忘れてはいけない。この一般論は、数世紀間を概観したもので、近代史についていうなら妥当だが、現在は必ずしもこのとおりではない。実際のところ、映画はこの主題を利用し続けているとはいえ、今日では――これも一般論だが――吸血鬼にかんする伝承を知る人はあきらかに少なくなっている。

☆g――酸素不足のせいかもしれない。血液を鮮紅色に保っているのは酸素である。（血が液状なのは予想外ではあるが、異常ではない。）

☆h――アイルマン（Eylmann, p. 228）は火葬の実経験があるといって、乾いた木の棒を数十本積み上げた上に人体をのせ火をつけても、炎は体の柔い部分の表面を焦がすだけだろうと述べている。火葬を行なう人びとはいやおうなく、ふつうは炎をあげ、遺体を起こしておくようなにかの構造を使うことによって空気の循環をよくすることを学ぶのである。ハーベンシュタインとラマーズ（Habenstein and Lamers, p. 123）に、そのような構造で火をかき立てている写真がある。

☆i――もちろん、それは、だれかがシャベルを忘れたという以上の意味はないだろう、と主張することはできるだろう。しかしこの信仰は世界各地の多くの人びとに広まっている。たとえばノースカロライナ州からの報告は「道具を一日か二日墓に残しておいて霊に平安を与えなくてはいけない」という（Hand [1964], 7:92. 他の文化の例については Harva [1938], 286;Schneeweis [1961], 102；Stora, 177-78 を見よ）。

☆j――大事なのは不活動状態にすることだ、ということは、メクレンブクで採録された次の話から考えられる。「棺から家の戸口まで灰を撒いた。燃えてしまった物には、命のあるものがもはや含まれていないからである。そして死体を運び出したらただちに、音をたてないように、後向きに進みながら床を掃く」（Bartsch, 95）。これは、火葬は死者を永遠に行動しないものにすることができるという観念の残滓――これは多い――であるとおもわれる。バルチュ（Bartsch, p. 96）によれば死体に後から火と水を投げても同じ効果がある。

☆訳註1——ハンガリー生まれの俳優。舞台でドラキュラを演じ、一九三一年作のアメリカ映画「魔人ドラキュラ」でも主役を演じた。

第10章

吸血鬼の行動

The Vampire's Activity

未開の思考はもちろん原因と
結果の関係を知ってはいたが、
　非人間的、機械的、法則的に
因果律がはたらくというわれわれの
考えかたは理解できない。真の原因、
　すなわち同一条件下につねに
同一の結果をもたらす原因を
求めて、われわれは直接経験の
世界をあとに、遠く進んできた。
　自由落下する物体と

惑星の運動と潮の干満という、
ただ見ているだけの人の眼には
まったく無関係にみえる
三組の現象を考え合わせて、
ニュートンが重力の概念と
その法則を発見したことを
忘れてはいけない。未開の
知性には、眼にみえる現実から
これほど遠く離れることはできない。
それに、われわれの観念では満足しないだろう。
原因を求めるとき、「どのように」ではなく
「何者が」を求めるのだから。
昔の人間にとって現象世界とは
前に立ちはだかる「相手」なのだから、
過程を定めている非人間的法則を

みつけようとはおもわない。さがすのは、
目的をもって行為する意志だ。
川に水が流れないなら、遠くの山に
雨が降らないことがその災難を
十分に説明するとはおもわない。
川に水が流れないなら、川が
水の流れを拒否したからだ。

——H・およびH・A・フランクフォート『哲学以前』

フィクションの吸血鬼の生活は、旅に出ようとすれば、棺と最初に埋められた土地の土くれをもって動かなくてはならないが[☆a]、そのほかは単純なことに決まっている。だいたいは自分の城内にひっそりと暮らして、隣人とも、かれらに寄生する以外の関係はもたない。訪ねてきた者がその城の名を口にするだけで、隣人たちはしばしばショックを受ける。

しかしこの吸血鬼にはエネルギーも目的もないわけではない。手下の吸血鬼の軍勢を率いてまさにこの世をのっとろうとしているものとして描かれることが多い。血への渇望を別にすれば、この権力欲が吸血鬼の唯一の情熱であるが、これはめったに説明も分析もされることがない。吸血鬼であるということは、権力に狂って、われわれの（民間伝承の）亡霊がヒナゲシの種をかぞえずにはいられないのに似た強制に囚われていることのようだ。

ときには吸血鬼に仕えるのは女性ばかりであり、吸血鬼の襲いかたには通常、明瞭な性的要素がある。女性は催眠術にかかったように抵抗できないし、その動作には、女性が本当はこうされることを望んでいると知っていてでもいるような落着きがある。はっきりとは語られないが性的な要素があることは、吸血鬼は男性も襲うが、そのようすはこと細かには描写されないし、場所も速度もことなるところからもうかがえる。女性は私室でゆったりと襲われるのにたいして、男性は、行かないほうがよいと承知している暗い所ですばやく襲われる。しばしば男性は、善意の市民から警告を受けた直後に襲われる。このようなフィクションの特徴は、警告がいたるところで、きわめて真剣に語られ――そしてつねに無視され――ることである。

フィクションの吸血鬼の実際の行為は、ゆっくり行なわれるから、標準的な映画でのんびり研究すればよい。ふつうは首の横がねらわれ、人が気づくぐらいの孔を二つ残す。その行為は、物語にとっての犠牲者の重要さに応じて、命にかかわる。主要人物は――『ドラキュラ』のルーシーのように――生きながらえ、脇役はすぐ死んでしまう。

血と権力への二つの情熱は激しいが、その他の点ではフィクションの吸血鬼は禁欲的である。現代の吸血鬼は知性をもつようになっている。たとえばアン・ライスの『吸血鬼とのインタビュー』では、この怪物は実存的ディレンマに悩んでいる。その条件は問題をはらんでおり悩ましい、しかも、物語の背景にひそむ邪悪な謎の人物であるどころか、かれ自身が語り手なのだ。これまでは、謎めいた雰囲気を保つために吸血鬼自身はつねに背景に隠され、主要な人物は、吸血鬼に興味をもってよそから来るのがふつうだった。それは学者か科学者で、吸血鬼のことは知っているが土地に伝わる伝承には不案内なので、この人物と他の登場人物との会話という形で多くのことを読者に説明することができた。

物語の筋を支配するのは吸血鬼であっても、影の人物であることによってのみ、その単純な生活を続けることができたのである。吸血鬼は前景に出てくるにつれて複雑になる。意識と歴史（たんなる過去ではなく）を得、性格が深みをまし経験が豊かになる。以前は民間伝承の吸血鬼より単純なぐらいだった。夜行性で、コウモリに姿を変えて飛びまわり、明け方まで犠牲者を追いかけ、鶏鳴を合図に棺に戻って、夜が来るまでそこでじっと休む。単純ではあるが妙な効果のある生涯で、しばしば何百年はおろか何千年も地域の生態系内でそれなりの機能をはたし、どういうわけかその食欲とその地方の血液供給のあいだにはバランスが保たれていた。そこに、きらわれ者のオカルト学者か医学博士が吸血鬼を殺しにやってくる。

かれらはもっと念入りにさがして、近くに
グラムが横になっているのをみつけた。死んでいた。
体の色は青黒く、ふくれて、
雄牛ほどの大きさになっていた。
かれらはおそれ、あとずさったが、
死体を教会まで運んで
行こうとした。だが少し離れた
谷川のふちより先へは
行けなかった。……

……そのうちにグラムがじっと寝ていないことに
人びとは気がついた。おそろしい
ことが起こった。グラムを見て
多くの者が気を失って倒れ、

あるいは正気を失った。クリスマスの
あとで、農家のあたりを歩きまわる
ようになり、人びとはかれを
おそれた。多くの者は逃げ去った。
次にグラムは夜になると屋根に
またがって、家が壊れるほど
かかとで屋根を激しく打った。
やがて昼も夜も歩きまわる
ようになり、人びとは
大事な用があっても谷川に行く
勇気が出なかった。地域の人びとにとって
大変な災厄だった。
――『グレティルのサガ』

反対に民間伝承の吸血鬼(または亡霊)には、単純な面もあるとはいえ、その行動をみるなら、単純でないばかりか首尾一貫性すらない。たとえば右の話は、まずグラムの体が発見されたときのありさまを記述し、次にその行動を語るのだが、この二つの部分を検討してみると、一般的な「吸血鬼ないし亡霊」の特性との一致の仕方に相違がある。

グラムの記述は、こういう状態としてきわめて正常である。体色が変わっており、その変化は「死者の蒼白」ではなく、黒ずんでいる——これがふつうだ。体は膨らんで巨大になり、みたところおそろしく、いくぶん扱いにくく、動かしにくくなっている。これらすべてはアイスランドの亡霊の特徴ではなく、亡霊という類の特徴である。かれらの顔はだいたいにおいて赤いか黒い。[★1]

だがグラムの行動には吸血鬼と共通なところがない。人間の血ではなく意識と正気を奪うのであり、それも、昼も夜も人びとの前に姿を現すことによってである。主張とその証拠との相違をみよう。「おそろしいことが起こった」というが、それは、だれかが歩きまわったりかかとで屋根を打ったりするというだけのことだ。

他方、ここには他の型の亡霊——ヴァンピールあるいはナハツェーラー——をおもわせるところはないが、アイスランドの他の亡霊との関係はたしかにある。たとえば、凍った芝土の屋根をかかとでがんがん打つという苛立たしい習性をもつのは、グラムだけではない。[★2] このような行動様式——ありそうもないのにたえずくり返し語られるできごと——は、これは自然現象の神話的解釈ではないかとおもわせるのではないだろうか。凍った芝土の屋根が、ひょっとして気温の変化によって、凍った川と同じように、音をたてるかどうか、験してみればおもしろいだろう。

亡霊がはたす機能のなかには、それ以外に説明のしようのない現象のためのスケープゴートになることがある。そのような現象は尽きることはないし、地域ごとにことなる（天候、地方の慣習、地質、すべてが地域差を作りだす）のだから、亡霊の習性はヨーロッパの一方の端と他方の端とではことなることになる。セルビアに住むジプシーの吸血鬼は凍った芝土の屋根をがんがん打たないし、一方アイスランドの亡霊はジプシーの吸血鬼のように幌馬車をひっくり返したりはしないのである。[★3]

異質の亡霊ないし吸血鬼が外見は似ている、あるいは同一であることの説明は簡単だ。かれらの外見の描写は、その行動の証拠とは性質の非常にことなる証拠にもとづくからである。何百年間も（今世紀に入ってからでさえ）全ヨーロッパで死体が掘り起こされ、あるいは発見されて、（どういう種類にせよ）吸血鬼と宣告されてもう一度「殺」されてきた。このような発掘は十分確証されている。その理由は主として、しばしば地方当局ないし親戚の者によって吸血鬼「殺害者」にたいして訴訟手続きが取られたからである。ヨーロッパの民衆は、吸血鬼がどのような姿をしているかを知っていたと当然考えられる。かれらはかなり習慣的に死体を掘り出していたからである。死体の外見の異常とみえるもの——唇についた血、変色した顔、ふくれた胴体——は、のちにみるとおり肉体が腐敗する過程に付随する正常な事態である。
そうであるなら、「歴史的」吸血鬼——当該市民たちがその体を墓から掘り出し、切断し、杭で突き刺し、頭を切り落とし、あるいは焼き捨てたもの——がまことに鈍重で、死刑執行者たちにたいして抗弁もせず、攻撃を受けても決して身を護らなかった（この点はフィクションの吸血鬼は民間伝承と同じだ）ことはふしぎではないだろう。一般に吸血鬼が示すとされる反応は次のものだけである。(1)杭で突き刺されたり首を切られたりすると、おびただしい量の血を流す。[★4] (2)杭が体に刺さると、けいれん的な動きを示す。[★5] (3)杭で刺されるときはうなったりしゃべったり叫び声をあげたりするが、外科医が——「検査報告」に記されていたように——メスを刺してもそういうことはない。このような亡霊のうち二人、一四世紀に一人、一七世紀に一人、が完全な文章をしゃべったという報告がある。[★6] 一方は杭にたいする感謝を語った。それを使って犬を追い払うというのだ（犬は代々吸血鬼の敵である。その理由はのちにあきらかになるであろう）。しかしこの種の亡霊のうちで記録のもっともきちんとしているものはきわめて口数が少ない。ド・トゥルンフォールのヴリュコラカスもフリュキンガーのヴァンピールも、殺されたとき何も言わなかった。

——この妨害は

おいぼれ死神の腐った体をぼろ服が
　脱げるほど震えさせる
――シェイクスピア『ジョン王[☆b]』

ヴァンピールの力は、生前すら
　非常に強大で多面的である。
人間を殺し、また生きたまま食いさえする。
　各種の病気、伝染病、嵐、雨、
あられなどを起こし、またとり除く
　ことができる。雌牛と牛乳、
　　穀物と耕作全般に
　魔法をかける。すべての秘密と
未来などを知っている。そればかりか
　姿を消すこと、さまざまな物
とりわけ動物に姿を変えることが

できる。

――ユリアン・ヤウォルスキイ（ガリチアの民間伝承）

この例の示すように、民俗学者は吸血鬼の姿形と行動を記録しようとするときに、文章に「など」その他似たような表現をつけがちである。[☆c] これは資料の性質が流動的だからである。いい換えれば、吸血鬼は多くのことができ、多くのものになれるだけでなく、必要に応じて、説明しなくてはならないことしだいで、その表がふくらむからである。たとえば右にあげられていることをみると、南ロシアのウピールがきまってするのは、実際に――民間伝承のなかだけでなく実生活で――なされることであることがわかる。人間は実際に死ぬ、嵐は実際に始まったり終ったりする、雌牛は実際に乳が出なくなることがある――など。ここでは説明――事件を吸血鬼のせいにすること――は無用だ。神秘的なものは目にみえないだろうという概念は一番無用だ。[☆d] ついでに言っておいてもよいだろうが、吸血鬼が活動しないのであるなら、不可視と不在のあいだには機能上の区別はまったくない――どちらにせよ、吸血鬼はみえないということだ。たとえば墓が空だとするなら、それは(1)吸血鬼はでかけている、あるいは、(2)みえない、からであろう。実際は、論理は次のようになるだろう。もしなにか不都合なことが、明白な理由もなしに起こるなら、それは（目にみえない）吸血鬼のせいだ。もし動作者が目にみえて（たとえば猫）、その行動が異常とみえるなら、それは吸血鬼が目にみえる別の姿をとったものだろう。吸血鬼はなんといってもさまざまな姿を取ることができるのだから。吸血鬼と魔女には重なり合う点が多いが、これもその一つである。どちらも別の姿になることができる。どちらも姿を消すことができる。魔女はふつうそのために悪魔の軟膏を体に塗る。★7

これもついでにいうのだが、このガリチア特有のヴァンピールには生前の者も死後の者もあり、おまけに魂が二つある。その証拠は、ときどきその二つの魂どうしが話しあっている姿がみられることである。ここでも忘れてはいけないのは、その観察された現象――自分自身と話をする人間――は珍しいものではないということだ。慎重に吟味する必要があるのは説明だけである。このような例はヨーロッパの民間伝承ではまったくありふれたものであることがわかっているのだから、民間伝承を解釈するさいに近視眼的にならないよう、研究の原則を定めるのがよいだろう。

わたしが提案するのは次の原則である。

1．ヨーロッパの吸血鬼にかんする民間伝承を検討するさいには、インフォーマントが証拠を故意に捏造していることはないという仮定から出発するものとする。かれらは実際になにかを見ているか、あるいは見ていると思い込んでいるのである。

2. 観察された現象と説明とを明確に区別するものとする。一方は正確であろうが、他方はそうではないからである。それにもかかわらず、観察された現象がどういうものであるかを決定するさいに、説明はしばしば有用性を示す。

3. 「観察された現象」の意味がわからないときは、さらに次の二つの仮定を験してみるものとする。

a. 民間伝承を語る言語が比喩的だったり不正確だったりするのは、ものごとの連関を考える構造の性質がわれわれとはことなるからかもしれない。なにか現実的なものを手に入れるまで比喩の皮を剝いでいって、「核にあるできごと」をみつけなくてはいけない。これは、みかけほど危ういことではない。比喩とはがいして首尾一貫性のあるものだし、文化ごとにことなるところが逆にその謎をあきらかにしてくれることが多いからである。

b. 適切な情報を欠いているのはインフォーマントなのか、われわれ自身のほうなのかを決めるために、実際の現象を調べてみるものとする。

右の3bの仮定が有効性を発揮する顕著な例から始めよう。インフォーマントが、「吸血鬼」は掘り出したとき唇に血がついている、外に出て人の血を吸っていたからだ、と語る。ここでは核にあるできごとは——ド・トゥルンフォールとフリュキンガーでみたように——次のようなことである。「数日、数週間、ないし数か月前に埋めた体が地面から掘り出され検査される」。血のついた唇が証明するのは、その体が死んでいないことか、それともインフォーマントがまちがっていることか、どちらかだと決める前に、「死体の唇に血はついていないものだということをわれわれは知っているか」と自問しなくてはならない。答はノーである。インフォーマントの観察は——説明ではない——たぶん正確だったのだろう。

両者を厳密に区別することの価値がもっとも明白になるのは、「吸血鬼は流行病を惹き起こす」というような命題の場合である。われわれがいくら人のいうことを信じやすくても、これを信じるのは無理だ。とはいえ記述されている現象の存在はだれも否定しないだろう。流行病は実在する。その原因の説明は割引いて聞かなくてはならない。

しかし事態はすぐにいよいよ複雑になりうる。「アルバニアの吸血鬼は腸を食べる」★8という命題を考えてみよう。この命題は、その行為を吸血鬼のものとする点を除けばすべて正しいかもしれないという仮定から出発しよう。この命題は他の事象を排除するようだ（つまり、アルバニアの吸血鬼は筋肉組織は食べないのである）。したがって、「腸に起こって筋肉組織には起こらないこととは何だろうか」と問えばよいだろう。人間でも動物でも死体は食われる。捕食動物の多くは清掃動物でもあるからだ。次の段階は、実際にどういうことが起こるか——捕食動物と清掃動物がどのように体を襲うか——をあきらかにすることである。

数年前のことだが、わたしは短期間ジャーナリズムの仕事をして、カリフォルニア州パソ・ロブルズに住むエルドン・バーグマンというプロの狩猟ガイドと行動をともにしたことがある。バーグマンは一時期、州の仕事でアメリカライオンを銃と罠を使って殺していた。オグロジカを何頭かみせてくれたのだが、アメリカライオンに殺されたことは死骸の状態からあきらかだという。つまりアメリカライオンはオグロジカを殺すときは脊椎の底部に咬みつく。バーグマンの言うには、「ふつうライオンが最初に食べるのは、ももの部分、腰の部分、あばら肉を少し、心臓、肝臓、それに肺を少しだ。次に食べるのがももの残りと肩、という具合だ。肝臓は好物らしい[e]」。肝臓を食べるためにライオンは死骸の内臓を抜き取る。そのために体腔は空になるが、他の部分はまるで無傷のようにみえる。

狼も死骸を同じように襲う。違うのは、しばしば臀部が最初に食われることだ。ふつう臀部に咬みつくので、その肉が最初に現れるからかもしれない。「次に食われる部分は心臓、肺、肝臓、そして胃の内容物を除く他のすべての内臓である。わき腹と胸部の片側はしばしば急いで食われる。たぶん体腔にたどりつくためだ[9]」。実際イヌ科の動物は共通して腸を抜き取ることによって獲物を殺す[10]。ジョージ・シャラーのセレンゲティのライオンの研究によれば、「通常ヌー、シマウマ、その他の腸を骨格についている筋肉より先に食べる。しばしばライオンは内臓しか食べない」[★11]。

したがって、「アルバニアの吸血鬼は腸を食べる」ということの実際の意味は、動物の死骸は大型肉食獣によって腸を抜き取られがちだ（小型の肉食獣は体の柔らかい部分、唇、舌、生殖器などから食べる）、ということにすぎないのかもしれない。

しかも、このようなことを起こす、あるいは起こるようにおもわせるのは、清掃動物の行動だけではない。その証拠は中世美術から得られるだろう。中世後期の死の舞踏《ダンス・マカーブル》の人物をみれば、ふつう信じられているところとは違って、多くは骸骨ではなく腐敗しかけている体であることがわかるだろう。一般に腸を抜かれているようで、体腔からウジあるいは蛇がのぞいていることがある。しばしば納骨堂から出てくる姿が描かれている[★12]。そしてときには納骨堂にこのような絵が描かれもした[★13]。これらが腐乱状態にある人体を表現しようとしていることはあきらかだ（図2）。

しかしかれらが腸を抜かれているらしいのはなぜだろう。こんども、インフォーマントの証言を簡単に無視する前に、死体がそのようにみえることはないかどうか、確かめなくてはならない。人間の死体は、なるがままにしておけば、生前から腸内にいた微生物が作り出すガスによって、多くの場合もとの大きさの二倍近くまで膨張するであろう。切開して（あるいはもちろん杭を刺すことによって）圧力を下げないなら、あるいは微生物の作用が抑制されないなら、その内圧で場合によっては腹腔が、ふく

図2——死の舞踏《トーテンタンツ》、納骨堂の場面（1460年ごろ）。Wolfgang Stammler, Der Totentanz (Munich, Carl Hanser Verlag, 1948), p. 15.

らましすぎた風船のように破裂することになる。わたしは数年前にこの悲惨な過程を実見した。ヘレフォード種の仔牛の体が腐敗によって裂けかけていたのである。ウジのうごめく体液が腹腔から流れ出るようすは、死の舞踏《ダンス・マカーブル》の死者の腹部からウジや蛇が這い出しているありさまそっくりだった。実際のところ、後者はまさに前者の描出そのものなのかもしれない。中世美術は釣合というようなものをまったく気にかけないからである。

二つの理由――捕食動物と腐敗――から、死体は一般に腹部からまず損傷を示しはじめるだろう。[☆f]したがって最初の命題――アルバニアの吸血鬼は腸を食べる――は、死体の腸のあたりの破壊ないし消失という現実の現象を説明する試みであると考えられるだろう。

現代のわれわれの偏見とは逆に、体は死後も長いあいだ行動することを強調しなくてはならない。われわれは二種類の行動を区別する。われわれが自分の意志によって行なうこと（生時）と他の物、たとえば微生物がひき起こすもの（死後）である。われわれは前者のみを「わたしの」行動とみなすので、体は死後は行動しないと考えるのである。死後の体の運動、体格の変化などは、われわれが意志によってするのではないから、われわれにとって「実在」しないのである。しかしだいたいにおいてわれわれの先祖はこのような区別をしなかった。かれらにとっては、体が色を変え、動き、血を流し続けるなら（実際体はそうするのだ）、その体は生き続けているのだった。われわれは現代の死の観念に囚われているので、かつての考えかたを理解しにくいが、後者はしばしばきわめて実際的なのである。

すでにみたとおり、ことなる文化の民間伝承にみられる類似の事象を比較することは有効でありうる。ブルガリアからは、吸血鬼は死んだ動物を食べるという報告がある。★14 その行為がブルガリアの吸血鬼のものとされていることを無視するなら、この命題は、吸血鬼および吸血鬼と悪疫との関係にかんする命題と類似のものである。死んだ動物はたしかに姿を消すし、流行病はたしかに発生する。神話的存在のせいにされてはいても、核にあるできごとが現実のものであることに議論の余地はない。

埋葬した遺体でさえ動物に食べられるのである。クレイトンが引用している、一九世紀の北アフリカのペストにかんする話が例証になる。「墓地は村の中心にあり、横に水の流れない水たまりがある。墓は浅いので、ときどきジャッカルが死体を掘り出す。村のなかでも野営地でも、雨が降るたびに、墓が荒らされた。衛生局長は、墓の深さを最低六フィートにして、上を石灰で覆うよう勧告した」。★15 局長の勧告は、初め墓が浅かった理由を無視している。ペスト流行時に墓を深く掘る余裕はないのである。クレイトンはアラビアの砂漠の類似の話を引用している。「死者は即日または翌日埋められる。人びとは乾燥して硬い土に棒と自分の手で骨折って浅い墓を掘る。砂漠のかれらの墓が残忍なハイエナによって荒らされ、死体をくるんだ布の半分が地上に出ているのをわたしは見た」[16]。墓が硬い土に、しかも道具としては木の棒しかなしに掘られるという事実を考えれば、この場合も墓が浅いことは驚くに足りない[g]。

大雨と墓が荒らされることとの相関関係も驚くに足りない。雨は墓に関連する結果をいろいろひき起こす。墓の盛り土を削り、土壌を軟化させるし、棺（あるいは死体の）を浮きあがらせるかもしれない。一方では、その水分が腐敗を進め、清掃動物が死体を嗅ぎつけやすくするだろう。

われわれ霊長類はがいして昼行性なのに、捕食動物の多くは夜行性なのだから、人間は、狼の行動を研究しようと努めるのでなければ、狼などが腐肉を食べているところを目にすることはない。しかし過去において人間がそのありさまを観察したとき、その反応は次のどれかだったようだ。

1．それを自然なこととみなして、動物が死体を食べているのをみたと語るだろう。たとえばスコルトのラップ人の埋葬習慣をストラが説明しているが、そこではクマが死体を荒らすので墓地を島に移したという話がある[17]。またフィリップ・ティルニイ（一九七〇）はブルガリアの農村の葬儀を説明して、「狼が死体を掘って食べないように」[18]長期間棺の上に厚板をのせておくという。さらにローベルト・アイゼルは一九世紀の終りごろに、死体を夜のあいだ家の外に出しておかなくてはならなかったのだが、翌朝キツネに食われていた、と語っている[19]。

2．それを不自然なこととみなして、何が自然であるかについての自分たちの認識を変えるのではなく、見た動物が超自然的存在だったと推論するだろう。そうすると、狼人間には「墓を掘りおこして死体を食べる」[★20]習性があった、といわれることになる。実際、この習性が狼人間の定義に使われている話さえあるのだ。狼人間とは「死者を掘り起こし、子どもをさらっていった」が、いまでは死滅した生物である。[★21]ロビンスによれば、フランスの悪魔研究者たちは「狼人間のなかでもルブランという特別な種類を区別していた。それは、死体を食いに墓地によく現れるものだった」[★22]。狼人間は見たところ本物の狼に似ており、本物の狼は実際に死体を掘り起こして食うのであるから、このような事象は現実にあった——死体が食われた——が、食った動物はただあたりまえの狼だった、と考えるのは少しもむずかしくないだろう。

3．狼は現実の狼だが死体は超自然的なものとみなすだろう。たとえば、狼は「亡霊の天敵……亡霊をみつけしだいひき裂く」[★23]という報告がある。トリグによれば「ルーマニアのジプシー村落の一部には、墓地の多くは白狼に占領されているという信仰がある。生者の世界が死者の世界によって完全にのっとられずにすんでいるのは、もっぱら、このような墓地で吸血鬼をみつけては殺している狼たちの警戒と狂暴性のおかげだ」[★24]。

4．その事象——死体に惹きよせられる狼——を、両者の関連ではなく変身とみなすだろう。たとえば「モンテネグロのクチ族は、吸血鬼は必ず一定期間狼にならなくてはならない、と信じている」[25]という。だれかが、なにかを食っている狼に近づくなら、狼が立ち去る姿を見、まったく動かない典型的な吸血鬼が残されていることに気づくかもしれない。そこでその人は、狼が吸血鬼を殺したと、あるいは吸血鬼は狼になって自分の古い体を置いていったと、考えるかもしれない。スラヴ人の狼人間は死後吸血鬼に変わるのがふつうである。[26]その他どんな話であれ、狼人間の伝説は、実際のところ捕食動物についてほとんどなにも知らない——なんといっても観察するのはたやすくないし安全でもなかったのだから——人びとが、狼と死体との関連について考えた通俗的説明であろう。カルヤライネンがヴォグール族について報告している次の信仰にも、類似の事象がもとにあると考えられるだろう。「母親が子どもをくびり殺したり、倒れた木の幹や岩の下敷きにして殺したりすれば、その子は目の大きい犬になる[27]」。

同じ事象——清掃動物が死体を食べている——が民間伝承でさまざまに、あるいはすぐそれとわかるような、あるいは意味不明な形で、語られているのをみても、われわれはもう驚かないだろう。ヴェンド人の伝承ではグールは新しい墓を掘り起こして中の死体を食べると信じられている、というフェケンシュテットの報告も、あきらかに同じことを語っているのである。[28]「不信心者の身体と魂を襲うような不潔な汚れた悪魔を近づけないでください[29]」といって死体の保護を求めるアルメニアの祈りにも、類似の考えかたが前提となっているようだ。その汚れた悪魔とは――腐敗過程そのものでないなら――あたりまえの捕食動物だとおもわれるだろう。かれらの多く（たとえばキツネ、狼、クマ）には土を掘る習性がある。余った食物を埋めて、また掘り出すのである。[★30] ロサンゼルス郡監察医局のテレンス・アレン博士の話では、動物が人体を（たとえば他殺死体）を掘り出すのはまったくありふれたことで、その一部をもち去りさえするそうである。墓とミイラ作りを司るエジプトの神アヌビスがジャッカルの顔をしていることも、ここから多少理解できる。実際ジャッカルは死体に君臨するといえよう。このように考えると、アポローンの別称（リュキオスあるいはリュケイオス）が狼という語と関連があるかどうかという疑問にも解明の糸口がみつかりそうだ。[★31] アポローンは『イーリアス』第一巻の初めのところで疫病神として描かれる――ギリシア軍を流行病で苦しめる。死とのこの連想が、アポローンの別称は狼と関連があるという意見を力づけるのだろう。狼は死体のある所に姿をみせがちだからである。（もちろん狼と死には別の関連もある。ヨーロッパではつねに狼は人間を食べると考えられていた。）

狼と死を結びつけている神話をさがすのに苦労は要らない。たとえば戦場を司るオーディンの足もとには二頭の狼がいる。カローンには（エトルリアの資料では）狼の耳がある。[★32] サビニ人の死神ソラヌスの祭司たちは狼たちとよばれていた。[★33] アメリカインディアン（森林地帯の）の神話では、狼は死者の国の支配者である。[★34]

カラス——やはり腐肉を食べる——の機能も同じようなものだろう。カラスは死の先触れとして戦場を司り（オーディンの肩には二羽のカラスがとまっている）、死者の魂を運び去り、だれが生き返るかを決める。[★35] 一五世紀のロシアの年代記に、このような信仰がどのようにして生まれたかを感じさせる箇所がある。そこでは軍隊が次の光景をみる。「ワシと多数のカラスが大きい雲のように舞っていた。小鳥たちが戯れかかると、ワシは鋭い声をあげて翼で空中を泳ぎ、空高く昇る、そのさまはめったにみられない——いや、かつてみられたことのないものだった。この現象は吉兆だった」[★36]。鳥のこのような行動は自然界では珍しくない。同じような光景をわたしは何度もみたことがある。小鳥の種類はさまざまである。ただし小鳥は「戯れかかっ」ているようにはみえない。むしろ小型の鳥は大型の鳥を悩ましているようだ。後者はふつうタカやフクロウのような捕食動物か、カラスのように他の鳥の卵を盗む鳥である。よくあることだが、このような話から解釈をとり除けば、そこには正確な情報が含まれているのである。ある生き物がある特定の現象を「司る」なら、それはしばしば、その生き物がその現象と実際にかかわりがあるからである。たとえば、インドではカラスは「死の鳥」[★37]だといわれるが、カラスが腐肉を食べるという事実が、この言葉をもっともわかりやすく説明するだろう。同じように、チャタル・ヒュユク[☆訳註1]に描かれているハゲワシには、清掃動物としての機能に由来する儀式上の意味があるようだ。[★38]

しかし吸血鬼は、生きている人間だけを
襲うのではなく、自分自身の死肉を
かじりとるように、近くの死体の
衣服と肉をも食べるのだ。
——ヴィルヘルム・ヘルツ『狼人間』

ここで問題は少し複雑になる。右の引用文では、吸血鬼（ナハツェーラーだが）は自分自身と他の死体の肉を噛むという。いまではわれわれは、核にあるできごと——死体の肉が食い尽くされる、あるいは崩れる——は簡単に読みとれるはずである。そしてその原因を吸血鬼ではなく捕食動物か、または微生物のような、われわれの知っている（しかしインフォーマントは知らない）不可視の要因がはたらいていたせいにすればよい。体が崩れかけているのが発見される。インフォーマントは、フランクフォートの語を使うなら、「どのように」ではなく「だれが」を求める。病理学者なら、民間伝承をあっさり訂正して、死体を食べるのはグールや吸血鬼ではなく、清掃動物か、大腸菌のような微生物だというだろう。しかし右の話はなぜ、肉をかじるのは死体のうちのただ一つだというのか。なぜ、墓地の死体はすべて、自分の肉を噛むナハツェーラーだとは考えないのか。

ときにはたしかに、ここに語られているような状況もある。しかししばしば事態は、どれか一体だけが吸血鬼ないし亡霊だというわけにはゆかないという――第五章でみたような――事実によって複雑になる。代表的な場合は、人びとが流行病で死んでゆき、最初の死者にその責任があるとみなされたから、ナハツェーラーが掘り出されたのである。その死体が「わが身を嚙み」あるいはその経帷子を嚙んでいたあいだ、流行病は続いた。[★39] そしてこれは起こりうる多数の筋書きのうちの一つでしかないとはいえ、ふつうはたしかに、亡霊になるのは特殊な人――よそ者、気むずかし屋、「悪魔憑き」、あるいは魔法使いとおもわれていた人――である。だれであるにせよ、スケープゴートと同じように、社会の恐怖が集まる焦点になるのである。

真夜中にレカニの家々の上を
石がまた飛びまわりはじめた。
石は雨のように、煙突と屋根から
落ち、かわらを割り、
ドアと窓にぶつかった。
アルキマンドリテ・レオンティィエが

この石がどこから飛んでくるのか、
見定めようと思った。空は晴れているので
よく見えるはずだった。そこで太った体で、
石が一番多く飛び出してくるらしい
家の屋根によじのぼった。
そこでつかまえたのは、
村のジプシーたち。かれらは、
石を投げて、吸血鬼のしわざだと
信じこむ迷信深い村人を
こわがらせていたのだ。

――T・P・ヴゥカノヴィチ『吸血鬼』

スケープゴートを求める心理がからむために、吸血鬼の行動は非常に複雑になっている――さまざまな厄介事や犯罪行為は吸血鬼のせいにすればすむという認識が住民の一部にあるために、ますますわかりにくくなっている。吸血鬼がすることの大部分は夜起こるので観察されない。たとえばボスニ

アとヘルツェゴヴィナでは、リレクによれば吸血鬼は「ごみと石を屋根に向かって投げる」[40]。右の話でジプシーたちが住民をこわがらせるためにこの習性を利用していたことはあきらかだ。ド・トゥルンフォールは、ミュコノス島の吸血鬼信仰が無人の家を略奪させている、略奪者たちは自分の行為がヴリュコラカスのせいにされると知っているからだ、という。ヴゥカノヴィチもそのような例を多数あげているが、その一つはかれ自身のおじがかかわっていた。その人物は吸血鬼を装って若い女性たちと恋愛ごっこをしていたのだが、ある夜、銃をもち犬をつれた農民たちに追いまわされたので、人をだますのはやめる気になった[41]。結局のところつかまえられなかったのだから、この男もまた、吸血鬼とその習性にかんする地域の情報を少しふやしたのかもしれない。このようにして伝説はたえず新しい命を与えられてゆくのである。

　吸血鬼の外観と行動についてもっとよく理解するためには、死後の体にどういうことが起こるかについて、もっとよく知らなくてはならないだろう。こう予告したからといって、読者は嘆かないでもらいたい。死んでしまった体にびくびくする理由がどこにあるだろう。

☆a――『向う側《ザ・ファー・サイド》』の作者ゲアリ・ラーソンは、空港の手荷物引渡しコンベアのところで棺が壊れているのをみてショックを受けた吸血鬼を漫画的に描いている。

☆b――シェイクスピアの『ジョン王』第二幕の私生児のせりふ。死神がここでは骸骨ではなく、ぼろ布をまとった腐肉とみなされていることに注意せよ。

☆c――他の例としては、「かれは人間の姿だけでなく、さまざまな動物の姿でも現れる。狼、馬、ロバ、山羊、犬、猫、ヒナドリ、蛙、蝶（ダルマチア語のkudlakに吸血鬼、蝶などの意味があることを考え合わせよ）などである（Schneeweis [1961], 9)。吸血鬼は「蝶、蛙、ヒナドリ、犬、狼、馬、ロバ、猫、山羊、フクロウ、ネズミ、または血の詰まった袋、油を詰めた山羊の皮、干草の山など」（Burkhart, 9）の形をとることができる。

☆d――吸血鬼は死体なのだから、外見はつねに一定である。吸血鬼の行動は、一定ではない。吸血鬼はたいてい、なにかを説明するためのスケープゴートだからである。したがって、厄除け、外見などの章で型を定めてみても、そこからはみ出す。わたしは利用できる資料のカタログを作ろうとしているのではないのだから、この章はここまでの章とは構成を変えて、多数のものを列挙するのではなく、少数の現象を分析することにした。

☆e――この報告は、目にみえない魔女が体を掘り出して肝臓を取って食べるというチェロキー族の信仰（一九世紀末に報告されている）を解明する（Stetson, 12)。ここでも話の半分は真実だと考えてよい。つまり死体は捕食動物が掘り出すのだ。かれらはしばしば――理由はわからないが――肝臓を好むのである。

☆f――事態はこれほど簡単なのではない。こういうことにならないように死体に防腐処理をしたり腸を抜き取ったりするだけでなく、自然に起こる変化――ミイラ化と鹸化――が膨張と破裂を防ぐこともありうる。しかし死の舞踏《ダンス・マカーブル》に描かれている体の場合は、腹腔内にウジが描かれていることから、腹腔の孔は自然に開いたものと考えられる。

☆g――ル・ルウ（Le Roux, 755）は、岩質の土を不十分な道具で掘ることの困難さが、死体を木のうろのなか、台の上、岩のくぼみに置くことの説明になるだろうと主張している。

☆訳註1――トルコの先史遺跡、一九六一～六三、六五年にJ・メラートが発掘した。後出（二九三、三五三～七ページ）

第11章

いくつかの吸血鬼論

Some Theories of the Vampire

学者たちが吸血鬼を説明しようとしてたてた主要な理論は、吸血鬼そのものに劣らず奇怪なものだ。それによれば、「吸血鬼」とは、実際に死んだのではなく昏睡状態にあっただけだが、掘り出されて「生き返った」ために、人びとをひどくこわがらせて殺されてしまった人たちである。[☆a]

残念ながらこの理論は、もっとも強力な文献記録がある場合、すなわち――ド・トゥルンフォールやフリュキンガーの報告のように――外部の人が掘り出された「吸血鬼」を仔細に観察しているところでは、われわれの助けにならない。ド・トゥルンフォールはギリシアのヴリュコラカスの解剖を観察して、その悪臭に死ぬ思いをしたし、ギリシア人たちもそれをごまかすために乳香を焚いた、と述べている。

この理論を使って「検査報告《ウイースム・エト・レペルトウム》」を解釈してみても、困難なことは変わらない。フリュキンガーの吸血鬼は数週間、一部は数か月も墓のなかにいたのだが、その全員が――この仮説にしたがうなら――流行性の昏睡で倒れたらしい。[1]そして外科医のメスもかれらを覚醒させるには足りず、パオレその他には杭が使われた。

われわれの問題はここで終るのではない。かりに吸血鬼は昏睡中の人びとで、どういうわけか昏睡が流行したと仮定してみても、吸血鬼の外面的特徴に起こったと報告されている変化――唇からしたたる血、膨れた赤みをおびた顔――は説明できていない。この変化は、犠牲者が必死になってわが身を嚙み始めたから起こったという、ときどき唱えられる意見を採りあげるわけにゆかないことはたしかである。ハルトマンは早すぎた埋葬にかんする著書のなかで、このように解釈された事例を多数引用している。そのうちの一つでは、ある女性の唇は「自分の歯で嚙んだ傷から血を流していた」[2]という。これは飢えてするのだという意見もときにはあるが、飢えた人が飢えを静めるために自分の体を嚙む証拠はまったくない。[b]

最近、ポルフィリン症という、患者の外観を損なう、めったにみられない血液の病気で吸血鬼を説明しようとする試みがある。普遍的な理論としては(以前狼人間についても同じ説明がなされた[3])、この説明にも、生きたまま埋葬したという説と同じ困難がある。この説がもっともらしいのは、こまかく検討してみないあいだだけである。[c]ド・トゥルンフォールとフリュキンガーの報告のような、最良の文献資料とつきあわせてみても、この説を立証するようなものはほとんどみつからない。実際のところ、発掘された吸血鬼は生前の容姿と少しも変わらないとしかいわれていないことが多いのである。容姿を損ねる病気を疑わせるような情報はまったくない。レザーデールは、ポルフィリン症にかかると「歯、毛、爪から蛍光を放つようになる」[★4]と書いているが、そのような現象がヨーロッパの吸血鬼について報告されている例証を一つも示していないし、わたし自身もそういうものを目にしたことはない。[☆d]

ポルフィリン症説を最初に吸血鬼伝承に応用したのはデイヴィド・ドルフィンだが、かれは、「ポルフィリン症の患者にたいする治療法の主要なものはヘムの注射である」が、中世にはこの治療は不可能だったのだから、患者は血液を飲んでいたかもしれない、と述べている。[★5]「もし大量の血液を飲んで、それが胃壁を通って血管内に達すれば、同じ効果が得られるだろう。血液を飲む吸血鬼とはじつは、おそろしい病気の症状を緩和しようとするポルフィリン症患者だった、というのがわれわれの主張である」[★6]。わたしはドルフィン博士のポルフィリン症についての専門知識には敬意を払うが、血液を飲む吸血鬼をこの病気と関係づける前にまず、血を飲むことでポルフィリン症の症状が緩和する証拠を、あるいはせめてそう信じられていた証拠を、示すべきである、といいたい。[☆e]ドルフィンの論文の抜粋をみると、吸血鬼信仰をトランシルヴァニアに結びつけているところから考えて、吸血鬼にかんする情報を民間伝承ではなくフィクションから得たらしい。先にみたとおり、フィクションの吸血鬼と民間伝承の吸血鬼とはほとんど無関係である。たとえば、一八世紀にゲオールク・タラーとヨーハン・クリスティアン・フリッチュが注目しているとおり、民間伝承の吸血鬼は人を襲っている現場を捕らえられたことはない。[7] そもそもかれらが捕らえられることがあるなら、それは、墓のなかで平和に横になっているときか、あるいは目にみえない状態で魔法使いに捜し出されるときだけである。[8] さらに、多くの（たとえばブルガリアの）吸血鬼は目にみえない姿で血を吸う――体は墓に残っている[9]――のだし、血を吸ったりしない吸血鬼もいるのである。また、現在のところこの種の研究書のもっとも詳細なものの一つである、セルビアのジプシーの吸血鬼信仰にかんする研究書の著者ヴゥカノヴィチは、吸血のことは一言も書いていない。血を吸うという想像上の習性は、たがいに無関係な二つの現象――説明のできない死と、死体の口に血がみえること――を説明する手段として民衆が工夫したものにすぎないとおもわれる（第一二章を見よ）。

「非死者」を説明しようとする、また別の最近の試みは、それを、われわれがみずからの死を想像することができないことから説明している。「われわれの思考の特性のために、われわれはみずからの非存在という概念を作ることができない」とカール・モイリはいう。[10] しかし、セルビアの一人の村人が「吸血鬼」を思い描くとき、それはかれ自身の死ではなく、だれか別人の死である。したがってモイリはこの困難をとり繕うために、われわれはその他だれの死でも、真に想像することはできない、と主張せざるをえなくなる。[11] モイリは、生き返る死体と生き返らない死体がある理由を説明しようとしていないし、発掘して「生きている」吸血鬼と亡霊がみつかったという報告が多数あることを説明しようともしない。

一八世紀には「吸血鬼化」の有名な事例が多数発表され、多数の著者——たとえばランフト、マイニヒ、フリッチュ——が自然主義的な方法で吸血鬼を説明しようとした。フリッチュは、空気がないところでは腐敗が遅れる、死体のなかには——たとえばやせた人の死体のように——他のものより腐敗の遅いものがある、一定の条件、たとえば水はけのよい砂地などは腐敗を遅らすと予想できるだろう、と指摘した。[★12] フリッチュは、血液が死後ふたたび液体状になること、あるいは出血が起こることは異常ではない、とも主張した。[★13] タラーは、吸血鬼の「肉づきがよい」のは、死体が膨張しただけであることを指摘した。[★14] かれらの意見をその後の学者が無視してきたのは、そのような説明では片づかない現象が多いからであろう。われわれは、死後の変化を説明するとき、命を与える力《ウィース・ウェゲタンス》にはもはや頼らないのである。

インフォーマント——かれらは顕著な一致を示している——が、一部であれ真実を語っているかどうかを決定することから出発しなくてはならないことは明白である。死体は膨張し、色を変え、唇から出血するのか。埋められていた死体を発掘したことのある人は、そういうことをしたことのない人より、そのような体のことをよく知っている。セルビアの農民は民俗学者より有利である。そして法医学者は、このどちらよりもいっそう有利であるとおもわれよう。このあとの章では、法医学者がずっと道連れになってくれるだろう。

☆a——この説を唱えている学者は多いが、これをもっとも広範に論じているのはハーバート・メイヨ（Herbert Mayo, On the Truth Contained in Popular Superstitions〔1851〕）である。マスターズ（Masters, 18－22）はメイヨの議論を長ながと引用している。メイヨ自身指摘しているとおり、この説には重大な欠陥があって、「どこでも吸血鬼が訪れてその犠牲になった者はまた吸血鬼になる」ことを説明できない（Masters, 21）。結局のところ吸血鬼が掘り出されるのは、だれかが睡眠中に吸血鬼に襲われるからである。そして発掘すれば吸血鬼がほぼまちがいなくみつかるのだから、次の結論に達するしかない。すなわち、⑴本当に死んだ体が埋葬されることはきわめてまれである、あるいは、⑵たまたま生きている者が埋められたときに、その者が、知人の夢に現れてその事態を告げる。

☆b——もちろん、証拠がないことを文書で証明することはむずかしい。しかし、わたしは集団埋葬の問題を調べていたときにナチの強制収容所——そこでは多数の人びとが飢えていた——のすさまじい報告を多数読んだが、自分の肉を食べるというようなことを述べた記述は一つもなかった。

☆c——アイリス説——狼人間の神話はポルフィリン症で亡くなった死者の観察にもとづくという——は独創的で刺激的なようだ。だがその主要な欠点を克服するのはむずかしい。つまりヨーロッパの民間伝承では、狼人間はふつう本物の狼そっくりで、ポルフィリン症による死者のようにはみえないのである。獣憑きの人間は一般に同じで、アパッチのヒカリヤ族は「すべてのコヨーテが幽霊なのではない」というぐらいだ。「なかには動物もいる。見るだけでは区別できない」（Opler, 136）。フィクションのフィクションの狼人間とポルフィリン症の犠牲者との似たところをさがすのなら、ずっとやさしいだろう。フィクションの狼人間は人間と狼の中間物のようにみえるからである。しかしあきらかに、（民間伝承の）狼人間の外観の見本としてロン・チャニーを引合いに出してはいけないのは、民間伝承の吸血鬼の見本としてベラ・ルゴシを使ってはいけないのと同じである。

☆d――たしかに、フォトバクテリウム・フィスケリのような生物発光を示す微生物によって肉が死後、闇のなかで光るようにみえることはあるだろう。この想像が、亡霊を意味する二つのギリシア語の単語に影響を与えた可能性を、わたしは『民俗学研究誌』に載せた論文で論じている。

☆e――ドルフィン（Dolphin, 3）は、ポルフィリン症患者（つまり吸血鬼）にたいする厄除けとしてのにんにくを説明するための臨床的分析も示している。これも興味深い理論ではあるが、ドルフィンがその薬効を験そうとしなかったことは明白であるし、またにんにくがただそこに置いてあるだけで――たとえば食べたりせずに――ポルフィリン症患者にどのように影響を与えうるのかを説明してもいない。

第12章

死後の体

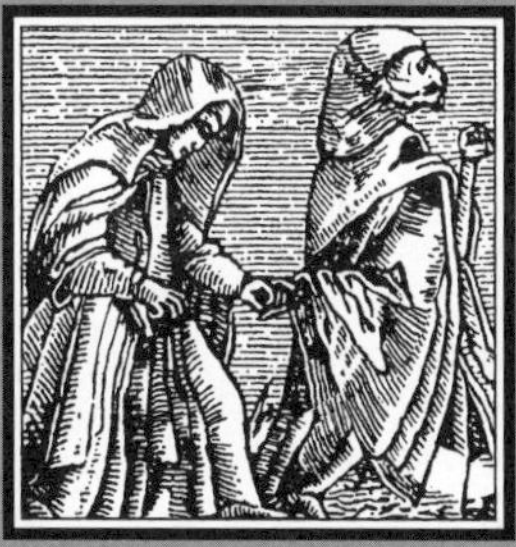

The Body after Death

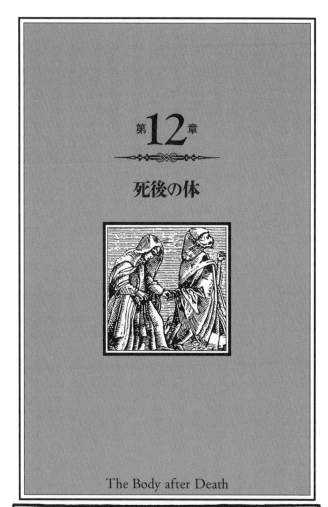

一切の希望を捨てよ、汝ら、入る者
——ダンテ『地獄篇』

前記のクンツェの墓、
他の者たちの墓と棺を開くと、
クンツェの体には怪しい相違が
認められた。クンツェより
先やあとに土に埋められた
他の体は全部すでに
大部分腐りかけるか、

すっかり腐っていたのに、クンツェの
体はもとのまま、いきいきとして
傷んでいなかった。——ただ頭と胸の
皮膚だけが黒ずんでいた。棺に
おさめるとき、速く体が
消滅するよう、生石灰を
ふりかけたからだ。表面の皮膚は
簡単に掻き落とされ、その下に
別のもっと強い、いきいきと赤い
皮膚があった。関節はすべて曲り、
手足は動いた。ためしに
右手に棒を与えると、
死体は指でしっかりと
握った。眼は開いたり
閉じたりした。死体を起こすと、

初めは顔を真夜中に向けたが、
　翌朝は真昼の方に
向けた。靴下を脱がせて
みると、そのなかは少しも
変わっていず、皮膚は赤らみ、
血管がみえた。もう一方の脚の
ふくらはぎを小刀で切り開くと
生きている人のようにきれいな血が流れ出た。
鼻は、死体で一番先に減るものだが、
すっかりもとのままで、小さくなっては
いなかった。クンツェは生前
　背が低く、やせていたが、
死体はずっとたくましくなっていた。
　顔は膨らみ、頬は丸くなり、
　どこもかしこもぱんぱんで

肥えたブタのよう。胴体は、
二月八日から七月二〇日まで
入っていた棺にはもはや
おさまらなくなりそうだった。
――シュレージエン、一五九二年（J・グレッセ『プロイセンの伝説』）

体はふくらみ、青、赤、暗緑の色が皮膚を染める。変色した本来の体液と液化した組織がガスで泡立ち、一部が体のあちこちの孔からにじみでる。体腔内の圧力が上がって押し出されるのだ。眼はとび出し、舌は口から突き出る。皮膚の水ぶくれが破れて、ふくらんでいた胴体が崩れる。
ベーコンが、目的をもって動く「霊」が
　このおそろしい変化を起こすと
信じたことも、さまざまな宗派が、
腐敗は死者にとっての「死の苦しみ」、
　腐敗を早く終らせることが
　去りゆく魂を慰めると
　信じたことも
　ふしぎではない。
――W・E・D・エヴァンス『死の化学』

体は死後、体格も体色も著しく変わるが、それで魅力が増すということはなさそうだ。だからダンテの『地獄篇』からの引用は、タバコの箱に印刷してあるような警告をこの章に貼りつけたつもりである。ここでは心と胃の平和が危険な状態になるかもしれないという意味だ。しかし食欲をそそられないとしても、死と腐朽の民間伝承を理解するには、死と腐朽の実相について学ばなくてはならない。

さて、さしあたり疑問なのは、もし体が吸血鬼にならないなら、その体にどういうことが起こるか、である。この研究の枠内でいうなら、体の行為――この章の主題――と体の反応――これはのちに論じる――とを区別しなくてはならない。前者には、腐敗過程で起こることがすべて含まれる。大部分は本当にきたない。ここには多数の変数がかかわるので、大変複雑である。だがまた、体は、吸血鬼がされるような扱いを受けたらどうするだろうか、ということも考えなくてはいけない。たとえば、吸血鬼は、杭で刺し貫かれると、叫び声をあげたりうめいたりすることが多い、ということがわかっている。だが実際の体は、こういう目に遭ったら、どうするだろう。いうまでもないことだが、こういう問題では実験で証明することはむずかしい。わたしはサンザシの杭を人体に刺したことはない。だがそれでもなにがしかの結論は得られるだろう。

●体色の変化●

死後血液は体の各部分の毛細管に移動して、皮膚の

色を鮮紅色に変える。これを
「沈下鬱血」という。体が
仰向けになっていれば、背部
が変色する。体が乗っている
物の表面に直接触れている
部分には変色は認められない。
たとえば肩の後、
臀部、ふくらはぎの裏には
変色はない。体の重みによって
これらの部分の毛細血管は
押しつぶされて、血液が
流れこまない。……
……体が俯せになっていれば、
沈下鬱血は体の前面を
変色させる。絞首刑の死者のように

宙吊りの体では、沈下鬱血は
　まず下肢に現れる。
沈下鬱血は死後約三〇分で
現われはじめるが、完了するには
六時間から八時間ぐらいかかる。
　この間は、体の置き方を
変えれば、沈下鬱血の位置を
　変えることができるが、
その後は、ふつう変色は
もとに戻らない。血液が
凝固するからだ。色は初め
ピンクだが、急速に濃くなる。
沈下鬱血が完了したときの色は
暗紅色である。血液にもはや
酸素が送られないからだ。

—

——C・J・ポールソン『科学的に見た法医学』

血液中の酸素が使い尽くされ、その結果血液の色が濃くなるのだから、体色も黒ずんでくると予想してもよさそうなものだ。ところが右の引用が証言しているように、血液の循環が止まるために事態はややこしくなる。つまりそうなると、重力のせいで血液は下方へ、どこでもよいが体の一番下に位置している部分に向かって移動する。したがって顔色は、体が仰向けなら青白く、俯せなら赤黒くなるだろう。さらにほかの要因の影響も加わる。たとえば気温が十分低いと、酸素が使いはたされないため、沈下鬱血（「死斑」ともいう）は鉛色にはならず鮮紅色になるので、一酸化炭素中毒による変色とまちがえられることがある。[★1]

この体色変化は機械的な現象——血液が体のぶらさがっている部分に浸潤してゆく——から生じるのだが、腐敗が進むにつれて、「バクテリアの作用による血液の変化[★2]」からもさまざまな体色の変化が生じる。先の引用で「青、赤、暗緑色」といわれているのは、後者によるものである。敗血性伝染病で死亡した場合のように死後の腐敗が急速に進むときにも、「皮膚下の血管が一般に青味をおびた褐色の網目になって浮き出てくる[☆a]」。死体を戸外に置けば、生前と同じように日光の作用で皮膚の色が濃くなる。[★3]最後に、鹸化とよばれる、体を保存する過程も体色変化を起こす。「たぶん腐敗と出血のせいで屍蠟が形成されるにつれて表皮が消失し、棺に入れて葬った体では真皮の色が濃くなって、褐色、ときには黒の濃淡が現れる[4]」。

● 腐敗 ●

ハムレット‥人間は土の中に埋められてからどれぐらいで腐るのか。

道化一‥死ぬ前から腐っているのでなければ――近ごろは梅毒病みの死体が多いが、これは埋めるのも待たずに腐りますからね――八年か九年でしょう。皮なめし屋なら九年もつでしょう。

ハムレット‥なぜ皮なめし屋は腐るのが遅い？

道化一‥それは、商売で自分の皮もしっかりなめしてあるから、なかなか水を寄せつけません。ところで浅ましい死体をいたましくも腐らすのは水ですからね。


グレイスターとレンタウルは腐敗の外からみえる兆候を次のように列挙している[5]。

● 右腸骨窩［小腸最下端部のくぼみ］の上の皮膚が緑色をおびる
● 緑色が腹部全体と体の他の部分に広がる
● 顔の変色と膨張
● 陰嚢あるいは陰門の膨張と変色
● ガスによる腹部膨満
● 皮膚に近い血管が茶色をおびて、皮膚に樹枝状図形が浮かぶ
● 皮膚の表面にさまざまな大きさの水疱［水ぶくれ］ができる
● 水疱がやぶれる、表皮がむけて、その下の不規則な形の広い面が裸出する
● 口と鼻孔から血液のまじった体液が流出する
● 眼球の融解
● 体全体の変色の進行、腹部膨満の進行
● ウジがみられる
● 爪と髪が抜ける
● 顔形が見分けられなくなる
● 体組織が半流動体になる

- 腹腔と胸腔がやぶれる
- 体の融解が進む

　腐敗の進行を予想できるのは推理小説のなかだけである。実際は変わりやすい要因が多いので、死体は数週間後には骸骨になってしまうほど早く腐敗することもあれば、★6いつまでも残っていることもある。コクバーンは二〇〇〇年前の中国のミイラについて、「組織にはなお弾力があり、関節を曲げることができた★7」と書いている。腐敗を促進するのは空気、水分、微生物、適当な温度、昆虫であり、これらが存在しなければ腐敗は妨げられる。フィクション――とりわけ昔の海賊映画――ではしばしば腐敗は完全で、骸骨は真白で関節できちんと接合されたままでいることに注目してもよいだろう。自然状態ではそんな骸骨が発見されることはまずない。体の部分によって腐敗の進む速度が違うせいばかりでなく、肉食獣に傷められることがあるからだ。わたしはアメリカライオンの獲物（オグロジカ）が、ある期間が過ぎてばらばらの骨だけになってしまったのを見たことがある。実際、最後にはその骨さえ、齧歯動物にかじられて消えてしまうだろう。

　死体の保存の仕方はいろいろあるだろうが、その一つは、まったく妙なことだが石灰に埋めることである。マントによれば「体を石灰に埋めると腐敗が遅れ、柔かい組織はずっとのちまで残る★8」。民間信仰では、この章の冒頭の話からもわかるように、石灰は腐敗を速めるとおもわれている。（生石灰が死体に及ぼす効果と、石灰の消和され方とに関係があることはあきらかだ。）

したがって、亡霊と想定されたクンツェの死体は、周囲の死体とちがって石灰をかぶせられていたせいで保存がよかっただけかもしれない。その他の特徴は、皮膚の表層がはがれていること、その下の皮膚は「できたばかりで赤味をおびて」いること、死体硬直がないこと（以下を見よ）、顔と胴体の膨張、それから、これから詳しく述べるが手足の血液が液体状であることなど、全体として死体としてはきわめてふつうである。トマス・ノグチ博士によれば、棒をつかむことさえ異常ではないという。手は水分がなくなれば、どんな位置にでも置かれたらそのままになっているだろう。クンツェが「顔を真夜中に向ける」ことについては、わたしは著者の表現をどう解釈すればよいのかわからない。一つには、どちらの方向が真夜中なのか、確信がもてないからである。だが、クンツェはもちあげられて頭の向きを変えたのだから、その運動を起こした力が死体の意志ではなく重力であることは明白だろう。そこから、真夜中というのは、ともあれ霊界の力がもっとも強大になる時刻なのだから、方角も解釈できるかもしれない。

死体の保存については注目すべき例がいろいろある。北ヨーロッパのいわゆるボグボディ（☆訳註1 湿原の死体）――とくに鉄器時代のものであるトルンド人――はまったく損なわれずに残っている。クリスティアン・フィッシャーは次のように述べている。

ボグボディ(その他有機物)が残っている理由は、湿原の土質の物理的・生化学的特殊性、わけても酸素がないことと抗生物質の含有量が多いことにある。死体の置きかたも重要である——たとえば空気が急速に追い出され、体がそれ以上空気に触れないように湿原に沈めるとか。湿原の水の抗生物質濃度が高かったことのほかに、気候が十分寒冷だったこと(四度C以下)も、死体の急速な分解を妨げた大きな要因である。暖かい時候に死体を沈めたのであれば、湿原の水が体内に浸み込む前に腸内の嫌気性バクテリアが体の内部を分解してしまったことであろう。★9

『ハムレット』の道化が冗談にいっていることが、湿原に埋められた死体には実際に起こるのである。

死体が分解しないことに住民が注目すれば、その異常とおもわれる事態を説明する理屈が作られるだろう。そのような理屈は、それを自然なできごとであると考えて科学的ないし擬似科学的に説明しようとするか、それとも超自然的現象とみなすかであろう。歴史的にみるなら、少なくともキリスト教の伝統の内部では、超自然的説明はだいたい二種類に分れた。死体がどういうわけか生き返った

——これは吸血鬼あるいは亡霊である——か、そうでなければその体は以前聖人が宿っていたので腐朽しないというのである。体にとっては、前者の説明のほうが後者より危険だった。吸血鬼は殺されることになるからである。だが聖性によって変化を蒙らないとされた体のほうもめったにぶじではすまなかった。聖遺物探索者たちが解体するだろう。そこまでゆかなくても少なくとも展示されて騒がれ、その神聖な霊気が必要だと感じた人に盗まれるかもしれない。たとえば聖クスベルトの遺体は六八七年に没して以来長い数奇な歴史をたどり、エルフレッドが柩におさめたベーダ・ヴェネラービリスの遺骨の訪問を受けもした。少なくとも八五〇年間は遺体は少しも損なわれることがなかったようだが、一九世紀になって、骸骨になっていることが発見された。[10]

おそらく聖クスベルトの遺体が変化せずに残ったのは鹸化によるものであろう。鹸化というのは死後の変化の一つで、「中性脂肪が変化して新しい化合物、多くは脂肪酸ができる結果、体の脂肪組織の外見と密度が変化する[11]」ものである。その化合物自体は屍蠟とよばれる物質で、エヴァンスによれば「体内の脂肪が完全に屍蠟に変わると、大きい筋肉の深部に淡紅色から赤い色があらわれ、それほど多くはないがときにはいくつかの筋肉がすっかり赤くなることもある。……死後一〇〇年以上たった死体でも、筋肉を切開したとたんに目に入る赤味をおびた色が非常に鮮やかで、死後まもない筋肉のような印象を与えられる例も少数ながらある[12]」。

このような――鹸化またはミイラ化によって保存されてきた――体が吸血鬼伝説に一役買ったことはあきらかである。しかしこの二つの過程で死体に起こることはそれぞれまったく別である。そしてもっとも確実な証言のある吸血鬼は、ミイラ化していなかった――血液が液体状だったことがその可能性を排除する――ことも、鹸化が起こるのに必要なだけ長期間埋められていなかったことも、たしかである。

それでは、分解を妨げたものは何だったのか。

この問にたいしては二通りの答がある。第一に、インフォーマントはきまって「体は腐敗していなかった」[13]というが、ほとんどつねに、じつは腐敗が進行していた証拠をも提出しているのである。たとえば前掲のグレイスターとレンタウルの表と吸血鬼についてのさまざまな記述とを比較してみると、腐敗で起こる現象と民間伝承の伝える事象とが相当よく一致することがわかるだろう。たとえばフリュキンガーが書いていたミリザは、他の無数の吸血鬼と共通の事実であるが、「墓のなかで驚くほどふとって」いた。シュレージエンの靴屋は「傷んだところはなく非常に膨らんで」いたし、足の皮膚がはがれて新しい皮膚ができていたことが注目を惹いた。実際ユーゴスラヴィアのコソヴァ地方のギリシア正教を信じるジプシーたちは、ヴゥカノヴィチによれば、埋葬される前に膨らむ死体はたぶん吸血鬼になると信じている。[14] ここでは体の膨張が吸血鬼化の条件の予兆とみなされている。またシュミットの引用によれば、ギリシアには、体の膨張を、その死者がヴリュコラカスであることの「まちがいない印」とみなす信仰がある。[15]

膨張が起こるのは、微生物の分解作用によってガス、多くはメタンが体組織全体に発生し、このガスが体外に出られず組織と体腔に集るからである。フィッシャーによれば、「一二時間から一八時間のうちに、顔の特徴が見分けられなくなり、髪が大部分頭皮から抜け落ち、体全体が正常な体格の二倍から三倍までふくらんでしまうところまで腐敗が進行しているありさまを見ることは稀ではない」。[16]これが腐敗においてふつうに見られる現象であることは、一七三二年にプロイセン王立科学院が指摘しているのだが、わたしの知るかぎり、吸血鬼信仰の文献にはこのことへの言及はまったくない。[17]

表皮がむけることも——いくつかの吸血鬼の例にみられたが——「スキンスリッページ」とよばれる正常な現象で、その下の皮膚は「新しい」のではなく赤膚のようにみえるだけである。爪が抜けて「新しい」爪が残っていたといわれるのも同じことである。(古代エジプトのミイラ造りたちはこの現象に気づいていて、爪を手足の指に縛りつけたり、指先に金属の輪をはめたりして、爪が離れ落ちないようにしていた。)[18]亡霊が自分の爪を噛んだ——それで爪がはがれた——といわれることがある。[19]同じように顔の変色(無数の吸血鬼と亡霊について証言されている)も、血のまじった体液が口と鼻孔から流出するのも、正常な現象である。

だが別の要因もある。フリュキンガーの吸血鬼のうちで膨張したといわれているのはミリザだけだった。他の死体とどこが違っていたのか。比較してみると、二つの相違があきらかになる。フリュキンガーによれば、第一に、ミリザは三か月間病床にあったが、他の者たちは、一人を例外として、病気にかかってすぐに死亡した。その例外の一人はラーデという青年だが、埋められていた期間が短い（ミリザの三か月間にたいして五週間ぐらいである）。医学上の事実とも一致するようである。グレイスターとレンタウルによれば「表面健康で急死した人の体は、急性や慢性の病気、とくに伝染病で死んだ人の体より腐敗の進行が遅い」[★20]からである。

またミリザは、一人（子どもが一人やはり三か月間埋められていた）[☆b]を除いて他の死体より長期間埋められていたので、それだけ腐敗するための時間が十分にあった。それでも、ミリザの体があまり変化しないにしては期間が長すぎるとおもわれるなら、埋葬の仕方で、腐敗に影響を与える要因、空気、水分、微生物、適当な温度、昆虫の存在、がずいぶん変わることを想い出さなくてはならない。それゆえ、グレイスターとレンタウルによれば「体は空気中では水中の二倍、土中の八倍も速く腐敗するということを一般的原則として認めてよいだろう」[★21]。

右の考察にさらに、死体が低温状態にあったことはほぼ確実だ——フリュキンガーの報告書の日付は一七三二年一月二六日である——という事実を加えるなら、何も異常なことは起こらなかったことは明白であるとおもわれる。これらの死体はまさに予定どおり腐敗を進めていただけであって、腐敗過程中の体に特有の徴候をいろいろ示していたのである。爪が抜け、皮膚がむけ、体が膨張し、それ ばかりか数体の非吸血鬼のみならずサタナ（吸血鬼の一人）の場合さえ、明白な腐敗が認められた。

まことに奇妙なことに、腐敗の多様性についての知識が、吸血鬼にかんしては権威ある書物の一冊に実際に採りいれられることになった。オカルトにかんすることをなんでも集めているモンタギュー・サマーズが、一つのできごとにたいする三つのあいことなる見解を記している。

1．正常な腐敗でもばらつきが非常に大きいのがふつうである。この問題について三人の医師の言葉を引用しているが、そのうちの一人は「埋葬後二か月たっても、死後一週間の死体より腐敗による変化の少ない体をいくつも見たことがある」[22]という。

2．しかし聖人の体が分解しないなら、これは偉大な奇跡である。「聖人の遺骸が変化を示さないのは大変な奇跡であって、これは、われわれが不十分にしか知らない条件下にときとして起こる死体の保存と比較すべきではない、ということを銘記しなくてはならない」[23]。

3．吸血鬼が分解しないときも、大きい奇跡が起こっているのであるが、これはまったく別種の奇跡である。「吸血鬼には体があり、それは吸血鬼の所有物である。死んでいるのでも生きているのでもなく、死んだ状態で生きているのである」[24]。

首尾一貫性にたいするこの軽率な無関心は、論理の一貫性を求めず、できごとを別べつに考えてそれぞれに独立の存在を認めるという神話形成的思考の好例であろう。そうはいってもまったく不可解な立場というわけではない。死体は、多数の物理法則のもとに変化してゆくという理由だけからしても、なんといっても一つ一つ違うことは事実だからである。民間伝承のみかけの上の異常が起こるのも、この同じ理由によるものである。読者はもうお気づきであろうが、死なない死者である「非死者」は必ずしも邪悪なのではない——しばしばかれら自身が犠牲者である。かれらのなかには殺されたり、雷に撃たれたり、溺れたり、自殺したりした者がいる。このような死体すべてに共通するものがなにかあるが、それは同胞の生者にたいするかれらの姿勢ではない。長期間発見されなかったあいだに怪物じみた姿になって、体は膨れあがり色が変わり、皮がむけ——要するに「吸血鬼」についてこれまでにみてきたさまざまな変化をすべて、それも土の中でではなく、完全に身をさらして経験するのは、平和にベッドのなかで死ぬ人ではなく、このような人びとだ。ヨアヒム・ゼルによれば、人間の形を失ってしまった人びとだ。★25 埋葬後掘り出された人びとも事情は同じであることはいうまでもない。

「吸血鬼」はたいてい埋められてからまもなく掘り出された、とわたしは述べた。たとえばフリュキンガーの吸血鬼は、三か月間埋められていた者が一番長い。その理由は簡単だ。その体がそもそも掘り出されたのは「吸血鬼が人びとを殺していた」（つまり人びとが死んでいた）からである。だれも死ななければ、死者は吸血鬼ではなかったのだろう。左記の要因が、死体が掘り出される期限を決めたとおもわれる。

1. 他の人びとが病気で死ぬまで、あるいは他の悲惨な事件に人びとが気づくまでは、吸血鬼を殺す必要はないだろう。
2. 死亡した知人を掘り出して体の手足を切断するというような極端な手段を取ることはいやなので、ふつうは実行は遅れるだろう。フィーリップ・ロール（『死者の咀嚼について《デー・マスティカーティオーネ・モルトウオールム》』［一六七九］）はこの問題について、通常、死者の親戚が「どんな発掘計画にももっとも強く反対する。ここから無数の口論、瀆聖行為、そしてときには暴力もまじる偽誓が生まれた」[★26]と述べている。
3. ときには地方当局を関与させようとして実行が遅れる。フリュキンガーの吸血鬼とペーター・プロゴヨヴィッの場合がそうだった。
4. ときには流行病が終ってしまう。病気がなくなってしまえば、吸血鬼を殺すことによって病気の流行を終らせる必要もおそらくもはやないであろう。

5．またときには墓地の地面が安定して、割れ目や穴などで人の注意を惹かなくなるだろう。スウェーデンの法律は、六か月以内にそうなると想定している。この期間が経過したのちにはじめて墓は墓石を建ててもよいぐらい安定したものとみなされるのである。[27]

しかし、吸血鬼を掘り出す時期の早い遅いには自然の限界があったとしても、何が死体の怪しいふるまいとみなされるかということについては、限界はなかったようだ。エルウッド・トリグはジプシーの信仰を論じる著書で「一定期間が経過したのちに〔体に〕傷みがなく埋めたときのままだったり、あるいは膨らんだり色が黒くなっていたり、外見上はなはだしい変化が生じていたなら、吸血鬼になったという疑念が確証される」[28]と述べている。ここでいわれているのは、死体がもとのままなら吸血鬼だ、一方変化していれば、吸血鬼だ、というのである。死体に許される選択はこの二つ――腐敗するか、しないか――だけなのであり、どちらも吸血鬼であることの推定証拠とみなされるのであるから、死体が掘り出されさえすれば、吸血鬼とみなされて「殺される」可能性がきわめて大きい。

発掘から得られた証拠と称するものはこのことを裏書きするようである。発掘しても「吸血鬼」が発見されなかったという例は、わたしが見た文献全体のなかに二つしかなかった。[29]ただし立会人の一人は死体と認めても、他の者たちは亡霊あるいは吸血鬼を見ている例はいくつかある（たとえばド・トゥルンフォール）[★30]。死体には無数の選択が与えられているのだから、死体はほぼまちがいなく予想外のことをなにかはするだろう。したがって、唇に血がついているというようなおそろしいことも起こりうる。ただし、この問題にかんする材料の大部分は前世紀以前に集められたもので、大げさで風変りなものにおのずから偏っている、ここから、吸血鬼が発見されなかった発掘は早い時期に民間伝承から消え、したがって文献に残っていないと考えられることには注意する必要がある。

体の血管を流れる
血液のほうがむずかしい問題
だろう。だがこれには物理的な
理由があるだろう。よくあることだが、
太陽熱が、体の保存に適する
土壌の中にみられる
窒素と硫黄の粒子を
あたためる。するとその粒子は

埋められたばかりの死体の中に
入っていって、固まっていた血液を
刺激して凝固をゆるめ融かして
液体にし、しだいに全身の
血管を通って流れる
力を与える。
この意見は、実験によって
確証されるのだから、いよいよ
確からしい。ガラスか陶器の鍋に
乳糜か牛乳と酒石英を一対二の
割合で入れてまぜて火に
かければ、その液体の色は白から赤に
変わる。酒石塩が牛乳の脂肪分を
純化し完全に融かして
血液に似た物質に

変えるからだ。体の
血管内で作られる物のほうが
少し赤いが、濃いわけではない。
そういうわけだから、太陽熱が刺激になって
この実験とほぼ同じ結果が
生じることがないとは
いえない。そして肉と骨の
成分は乳糜に非常によく
似ており、乳糜の脂肪分は大部分
脂肪と髄であることを考えれば、
このことはわかりやすいだろう。
さてこの刺激された粒子は実験の
規則によって血液のような物質に
変わるにちがいない。したがって
吸血鬼といわれる者は、凝固が

ゆるんで融けた血液と、脂肪と
髄が融けて作られた血液の両方を
流出させることになる。
――カルメ師『亡霊の世界』

カルメの説は非常に想像力に富んでいるが、科学界からは無視されている。わたしがこれを引用するのは、たんに、血液の詰まっている体を切開すると出血することが人びとをどれほど困惑させていたかがよくわかるからであるにすぎない。吸血鬼殺害者たちは、血液が凝固していることを予想していたらしい。「らしい」というのは、インフォーマントたちが血液がどうであることを予想していたかはどこにも記述されていないからである。ただ、血液が「新鮮」なのに驚いた、と記されているだけである。ところがその発見にド・トゥルンフォールはむしろ熱心に反論している。

しかし血が液体状であることに驚く理由はまったくない。血液は死後凝固するが、その後凝固したままであるか、もう一度液化するかは、死に方しだいである。血の液化傾向と吸血鬼発見の証言とには明瞭な相関関係がみられる。液化傾向を示すのは、死が突然だったとき、震盪、窒息、感電（世界中どこでも、雷に撃たれた人は危険な死者になりがちだと考えられている）、あるいは狭心症の発作直後の死などの場合だからである。[★31] ポンゾルトによれば、決定的なのは突然酸素を奪われることで、これは窒息死のみならず、心臓または中枢神経系の突然の機能停止による死の特徴でもある。[★32] そればかりかマントによれば、「あきらかに、自然死でも、およそどんな原因による死でも、健康な人が突然死んだ場合、その手足の血管およびしばしば心臓に、凝固しない血液があるのがふつうである」。[★33]

これもまた、先にすでに認めたことだが、吸血鬼や亡霊の多くが「時ならず」死んだ人びと、他殺者、自殺者、雷に撃たれた人などであることの理由の一つである。[☆c] おそらく有意味な要因はその死の時機ではなく、突然さなのである。このような死者は、体の分解の仕方が他の死者とことなる（遅い）だけでなく、血が液化するからである。当然ながら、血が液体状であることの民間信仰における説明は吸血鬼に関連することだけではない――もっとも注目を惹くのは、死体は殺害者をみると血を流すという信仰である。これについてはのちに述べよう。[★34]

口に血がついていたことはペーター・プロゴヨヴィッを発掘した人びとをおそれさせたが、これも正常なことである。すでに述べたとおり、血液がもはや循環しないからには、その運動を決定するのは重力である。したがってどこかに溜まりがちになる。腸腔に溜まった血液は出血とまちがえやすい、とポンゾルトは述べている。[★35] フリュキンガーはこの現象に幾度か言及しており、あきらかに答をみいだせないでいる。これが、吸血鬼が血を飲んでいたことのさらなる証拠とされることもある。死体が俯せになっていれば、血の溜まるあたりに気管があるので、口と鼻を通って血が浸み出ることになりがちである。この浸出を肺——唇と鼻についている血のもう一つの出所である——の炎症の証拠と誤ってはいけない、とポンゾルトは述べている。[☆d] ここにも吸血鬼化の民間伝承との合致が認められる。第七章でみたように、吸血鬼と疑われた者は一般に俯せに埋められていたのである。

しかし分解が進むうちに口と鼻に血が移動することもある。マントによれば、「腐敗過程が進むにつれて腹圧が高まり、肺が上に押しやられて、分解の始まっている血液が口と鼻孔から流出する」。[★36] この種の血液が死体の口にみられることが、吸血鬼が血を吸ったと信じられる（ペーター・プロゴヨヴィッの例でみたように）主要な原因らしい。血のまじった体液を自然な分解過程の一部とみなしている話がある。バルチュが記録しているものだが、メクレンブルクでは、口に布が触れないようにすることが重視されていた。「体の分解に伴って口から出てくる水分が直接経帷子に触れないようにするためである」。[★37] これも先にみたとおり、布が死体の口に触れていると、死体はそれを噛みはじめる。すると、なにかの力が働いて死者の友人、親戚が死ぬことになる。だがこの力は実際に説明されてはいない。もし死体が本当に経帷子——あるいはその端という報告もあるが——を食べるのではないとするなら、こう問わざるをえない。もしなにごとかが観察されたのであるなら、それはどういうことだったのか。バルチュの意見は、人びとが経帷子に見たのは毛管引力の結果だ、というのである。おそらく水分のせいで経帷子が口に貼りつき、水分が乾くにつれて口に密着するだろう。資料によれば、死体の口から布を離しておくという簡単な方法でこの事態を妨げることができるというのだから、バルチュの想定は正しいと考えてよさそうだ。

死体が自分の手足を「噛」むということについては、第一〇章でとりあげたような分解の、代表的な解釈の一つにすぎないとおもわれる。ときには、亡霊と想定された死体は、近くの墓のなかの体を食べるとさえ考えられることも、先にみたとおりである。[★38]民間伝承では、体の分解はデーモンのしわざとして説明されることが多い。一般に、美術作品に描かれるデーモンは、どんな形や色をしていても、死体を実際に食い尽くす存在の類比物と考えられた。たとえば二世紀のギリシアの旅行家パウサニアスはエウリュノモスという名のデーモンの絵についてこう語っている。「デルポイの案内人によれば、地獄《ハーデース》のデーモンの一つで、死体の肉を食いつくして骨しか残さないという。……色は青と黒のあいだで、ニクバエのようだ。歯をむき出して、ハゲワシの皮をひろげた上にすわっている」[★39]。ここではパウサニアスも画家もエウリュノモス（「広い牧場の草を食べる者」の意味だろうか。死体を食べに遠くまで行くからか。）の概念を実際に死体を食べるものであるニクバエ、ハゲワシと関連づけていることがわかる。同じように、二世紀のあるギリシアの写本では、地獄《ハーデース》は、犬が死体を食う——どこでもみられた光景、ホメロスの戦場で投げ交わされる悪罵にもたびたび使われている——場所と考えられている。[★40]

ケルベロスを、死体が消尽されるというこの神秘的な現象の具象化とみてもゆきすぎではないかもしれない。この犬は死の国に入ろうとする者を入れるが、立ち去ろうとすればむさぼり食ってしまうのである。[e]

開かれた墓のなかにあったのは
すっかりもとのまま、腐敗の気配もないが、
ただ太鼓のようにふくらんだ体、だが
何の変化もなく、手足はすべて胴に
ついていた。手足は――このことは
目を惹いた――他の死者の手足のように
硬くなってはいず、やすやすと
曲げることができた。
――ブレスラウの靴屋

この気の毒な靴屋は典型的な亡霊で、多くの点でその特徴を示している。とりわけ、死後義務に忠

実にできるかぎりよく腐敗したにもかかわらず、あまりにも変化が少なすぎることを責められたのである。トマス・ノグチ博士によれば、腐敗を妨げたのは放血であろう。この靴屋が死体の正常な兆候を示していることはわかるだろう。皮膚がむけ、膨張している。そればかりか、空気に触れると、その体は約二週間のうちに「ますます肉がつく」――つまり膨張する。最後に、二度目に殺されるときには、体を焼却するために大量の薪が必要だった。ついでにいうと、これは、火葬技術を所有しない人びとがしばしばいうことだ。体が大部分水でできているうえに、埋められている体は、塩分含有量が周囲より多いので、スポンジのように水を吸収する、とノグチ博士はいう。もちろん、墓の中で靴屋の体の周囲に水分があったと決まっているわけではないが、その体が腐敗しなかったことから、そう考えられる。つまり腐敗しなかったことのもっとも簡単な説明は鹸化したから、ということであり、鹸化には大量の水分が必要だからである。

このことはニーダーシュレージエンでは珍しいことではないだろう。ドイツ語では地理学の用語で「高地」、「低地」というが、ブレスラウは実際にも低地の平野にある。一六世紀に刊行されたラテン語で書かれたブレスラウの説明書のなかで、バルテル・シュタインはこの地方が低湿地でオーデル川がつねに氾濫することに言及している。★41 ブレスラウではニューオーリンズと同じで、湿地や浸水した地面に死者を埋葬することは異例ではなかっただろう。

靴屋の体が死体硬直を示さなかったことが、発掘者たちの関心を集めたことは明白である。死体硬直がなかったのは、ド・トゥルンフォールのヴリュコラカスでも同じだが、この点は亡霊を掘り出す人びとの標準的告訴事項のようなものである。クラッパーは悲嘆に狂わんばかりのある一家からきいた話を記録している。家族の一人が死んでその体が硬直していなかった（したがって家のなかのだれかが死ぬだろう）という。[★42] 実際は、死体硬直は一時的な状態——腐敗によって生じ、終る——であるから、硬直がなくても少しも異常ではないのである。しかし死に関連する多数の現象はすべて同じで、硬直が始まったり終ったりする速さは非常にまちまちである。グレイスターによれば、「多くの場合、硬直は三六時間ぐらいで消えはじめるが、寒冷な気候だったりその他の理由からずっと長びくこともある」。[★43] （開始と持続が熱とアドレナリンなどによっておおいに短縮されることもありうる。膨張が体の硬直をひき起こすこともあり、これが死体硬直と思い違いされたりする。[★44]）

死体硬直が一時的なものであることを人びとが理解しなかったことにふしぎはない。通常は、硬直が終らないうちに遺体は土の中に、あるいは少なくとも棺の中に入るだろうし、どちらにせよ、洗って棺台に載せたり棺に入れたりしたあとは、ふつうは遺体をあまりいじらないからである。これにひきかえ異常な死の場合——他殺者とか自殺者、かれらの遺体はすぐには発見されなかった——は、死体硬直がなければ注目を集めただろう。

だが強調する必要があるのは、遺体が葬られるまでの時間に差が大きいことである。過去には、死体をミイラにしないなら、分解が始まる前に土に埋めることが大切だったと考えられるかもしれない。しかし実際はしばしば反対だった。死体は分解が十分進行するまで埋めてはいけなかった。分解することが、死体が「正常」であることの証拠だからである。シュトラールズントでは、一八世紀にはふつう死後四日目から七日で埋葬されたが、それ以前には、埋葬を決める要因はもっぱら分解の開始だったという。★45

ここには硬直の多様性に加えて、死体および日常一般のできごとを観察する人びとの信仰体系全体の多様性がかかわってくる。なにかよくないことが起こる——たとえば人びとが死ぬ——と、死体は怪しまれる。そのようなときには死体がどんなことをしても、それが死者のなかから戻ってくる潜在能力をもつ証拠とみられるだろう。たとえばペーター・プロゴヨヴィッツの鼻はいくらか低くなっていた。これはまったく正常な変化なのだが、その体を掘り出した者たちが、腐敗が始まっていることを得心するには不十分だった。だが他方シュレージエンのクンツェの場合は、鼻が低くなっていなかった。そして低くなることが予期されていたので、クンツェは亡霊にちがいない、ということになる。

ペーター・プロゴヨヴィッツの鼻の悲しむべき状態は、トマス・ノグチ博士によれば異常ではないだろう。埋められていた体では、突き出た物——鼻、耳、肘——はなんでも土と接触するうちに圧力または脱水作用の結果、あるいは両方が同時にはたらいて、損傷を受けるだろう。もしプロゴヨヴィッツが棺に入れられずに経帷子に包まれて埋められていたなら（たぶんそうだとおもわれるのだが）、それもとくに俯せに埋められていたなら、哀れにもつぶれた鼻には存在理由《レゾン・デートル》があるのだ。俯せに埋葬すれば、土の重みは顔の突き出た部分、つまり鼻に集中する。これに反してクンツェは棺に入れて埋められていたと記されている。棺は体を土の重量から保護し、おかげで鼻は変化を受けず、発掘者たちを驚かしたのである。

このようなことを考えるのは、滑稽とはいわないまでもグロテスクだと感じられるだろう。しかしここから一つの重要な点があきらかになるのである。つまり、亡霊と吸血鬼にかんして過去に書かれていることは、細部にいたるまで、しばらくの間埋められていた死体にかんしてわれわれの知っていることと合致するのである。

これまでに述べてきたような実際の事象がその可変性によって死体発掘者を悩ますうえさらに、さまざまな擬似的事象もある。そのうちもっとも注目すべきものは、吸血鬼、あるいは死者全般の髪と爪が伸び続けるという信仰――ユーゴスラヴィアのことわざを借りていうなら、杭を打ちこんでも死なない信仰――である。吸血鬼の場合は歯も育ち続ける、といわれることがある。実際は、髪も爪も歯も死後は伸びない。そのようにみえるだけだ。そうみえるのは、皮膚が、脱水が進むにつれて縮むからである。頭蓋骨の歯も同じことで、生前より歯が長くなったのではない。ただみえる部分がふえただけである。

ちなみに中国では亡霊は白髪ないし灰緑色の頭髪がぼさぼさに生えているようだ。デ・ホロートは死体に菌類が生えるのだろうといっているが、なるほどとおもわせる主張だ。[★46]

監察医も擬似事象に注意するよう教えられている。たとえばポンゾルトによれば、死体は、脱水によって、あるいは——死んだようにみえるだけの体であれば——寒さによる硬直のせいで、死体硬直を起こしているようにみえることがある。[★47] それればかりかポンゾルトはそのような混同を起こさせる原因をいろいろあげている。死体にかんしては、今日でも自分の目が見ているものに確信をもつことはむずかしいということがよくわかるように、ただそれだけが目的だが、ポンゾルトの述べていることを紹介しよう。死体はじつにさまざまな手を使うことができるのだから死体に何を期待すればよいかを知ることは、一八世紀のセルビアの農民にとっては、われわれにとってよりはるかにむずかしかっただろうということを、考えてみよう。死体は硬直することも、柔かくなることも、口と鼻から出血することも、成長することも、しなびることも、じつにさまざまに色を変えることも、皮膚がむけ、爪が抜けることも、ひげが伸びたようにみせることも、破裂することさえできる。実際ペニスと陰嚢は膨張するので、ペーター・プロゴヨヴィッツの話[★48]に細心の注意をもって記載されていた「狂暴な兆候」を示すこともできるのである。

さてこれで、死体のみかけ上の異常の説明はできるようになった。だがなぜ、吸血鬼は墓から出てくると考えられたのだろうか。なぜ、杭を打たれたとき叫んだりうめいたりブタのような泣き声をあげたりしたといわれるのだろうか。いやむしろ、かれらの一部がそうしたといわれるのはなぜだろうか。フリュキンガーの吸血鬼はごくおとなしく寝たままメスを受けたらしい。ところがアルノード・パオレは杭を打たれたとき、まわりにきこえる声でうめいた——この状況は記録されていることが多く、証言もあるので、本気で考察してみたい。

☆a—— **Polson, 224.** このように浮かびあがると血管の樹枝状構造がよくみえる（前出引用を見よ）。ベヒトルト＝シュトイブリによれば、スイスでは額にみえる（生時に）血管を「死者の木」とよび、死の前兆とみなすという。またそうよぶのは、樹幹をくり抜いて死者を葬った古代の慣行によるのであろうという。しかしそれよりはむしろ、その名も死との連想も、遺体に樹枝状の血管がみえることがあるところからきたのであろう。
☆b——この子どもは生後八日だった。体の体積にたいする表面積の比率が急速な冷却と脱水を進めてミイラ化したのだろう。新生児は、腐敗をひき起こすバクテリアがまだ腸内にいないので、ミイラ化することが多い。このような可能性を、これらが一見異常だというだけの理由で排除したりせずに、そこに記述されている条件で起こりうることをあきらかにするようにし、「起こったことは起こりうるのだ」というスミスの法則をつねに忘れないようにしなくてはならない。
☆c——プルタルコスによれば、雷に撃たれた人の死体は腐らないと信じられていた（『モラリア』六六五章。Garland, 99 による）。

このような死は突然なので分解が遅れるはずである。

☆d―― Ponsold, 292. 肺組織の分解を惹き起こすような病気はすべて、唇に血がみられる原因になる。肺ペストでも肺結核でも唇に血がみられる。どちらの病気も吸血鬼と関連づけられてきたのだが、おそらく、死体の口に血がみられることが多いことからの類推によるものであろう。

☆e――ヘラクレスは地獄《ハーデース》に入るとき、自分が食われないように、代りの食物を与えるという意味で、ケルベロスにはちみつのケーキ――典型的な死者への供物――を投げてやる。「古典時代の死者にどういう食物が供えられ、それがどのようにして調製されたかについて、一般にわれわれの知ることはほとんどない。リュシストラテー（アリストパネース『女の平和』六〇一）はメリトータというはちみつのケーキのことを口にするが、これは注解者の奇妙な説明によれば、ケルベロスを近づけないように死者に与えられたものである」とガーランド（Garland, p. 113）はいう。もちろんこの説明は、もしケルベロスが、死後の体の消尽の具象化であり、したがって死体が生き返ることを妨げるものと考えられているのであるなら、完全に諒解可能である。つまりケルベロスにもっと魅力的な食べ物を提供すれば、死体は食われなくてすむだろうという理屈であるらしい。

☆訳註1――ヨーロッパの湿原のうちボグとよばれるものは、寒冷地にあって、雨水以外に流入する水がなく、土壌は酸性で栄養物質が少ない。植物生産量が分解量を上回って泥炭化する。当然人体も分解しにくい。ここで発見された死体がボグボディである。

第13章

行為と反応

Actions and Reactions

死体の「する」ことの多くは腐敗過程が誤解されたものであることをみてきた。資料を綿密に検討すれば、吸血鬼と想定された者の体がまちがいなく完全に死んでいたことばかりか、その死体がさまざまな妙なことをすると信じられた理由も、あきらかになる。かれらがするといわれることを念入りに考察してみるなら、そのようなできごとに一定の論理があることがわかるだろう。

さいわい、そのための情報は十分ある。吸血鬼は、民間伝承に登場する他の怪物とはちがう。つまり吸血鬼が活動的に生きているのは伝説や民話のなかだが、かれらがすると信じられたこととその説明の仕方については無数の証言が——民間伝承、考古学、そして法律にさえ——あるからである。吸血鬼はしばしば掘り起こされて「殺された」。その体がどのようにみえたか、そして死体と生きている人びとがした行動にたいしてどういう理由づけがなされたか、が記録されている。したがって人びとのこのような信仰の内容と成立をたずねるなら、かなり筋の通った答が得られることをあてにしてよいだろう。

吸血鬼は血を吸う

これはヨーロッパ諸国の吸血鬼にかんする信仰のうち、もっともよく知られたものであり、またもっとも理解しやすいものの一つである。この信仰のもとになった現象はすでにみた。(1)掘り出された死体の口に血がついている。(2)膨張している。(3)切られると血を流す。また第一二章で、これらは正常な過程である――が、死体発掘者にそのことがわかるとは期待できない――こともみてきた。唇に血がついており、葬る前にはなかったなにかが詰まって体がふくらんでおり、杭を打ったり頭を切り落としたりすると大量の血を流す、という観察から死体発掘者たちは、この死体は墓の外から血を得てきた、と推論する。ペーター・プロゴヨヴィッツの記録者は、「その口のなかに鮮血をみてわたしは驚いた。人びとの共通する意見によれば、それは、この男が殺した人びとから吸ったものだ」と書いている。この男はその血を、他の人びとの血管以外のどこにみつけることができただろうか。そして、まだ生きているのでなくて、どうしてその血を手に入れることができただろうか。

生きている人間の側のこのような反応の理由は、調べてみれば容易にあきらかになる。なかでも重要なのはスケープゴート現象である。「原因」を、それもとくに、とりわけ非難すべきもの、そして十分に物理的な手段で除去できるものをみつけようとする欲求が、吸血鬼追求のさいに強くはたらくことはあきらかである。魔女追求でもそうだった――ただ魔女の場合は、拷問され殺されたときすでに死んでいたという幸運に恵まれなかった。悪夢も吸血鬼現象に一役演じていた。「検《ウィースム・》査《エト・》報《レペル》告《トゥム》」に述べられているような、睡眠中の犠牲者を襲うという吸血鬼のめだつ性向は、悪夢によって説明されるようである。[☆a]

緊急に吸血鬼をさがすよう人びとをかりたて――そして発見させ――た理由の第一は、やみくもな恐怖だったかもしれない。その恐怖の烈しさを理解するには、インフォーマントの目の前の現実を思いかえしてみさえすればよい。まわりで人びとが理解できないなにかの力によってばたばた死んでゆく。その死がきわめて伝染性が強いことにかれらは気づいたろう。隣の人が死ねば、次は自分かもしれない。かれらがおそれたのは、死そのものだった。これはわれわれには理解しがたい。死は今でもそのころと変わらず避けられないが、流行病がどんどん広がって手のつけようがないということは、少なくとも工業国ではふつうはないからである。それにわれわれは流行病に対処する方法をすでに確立してしまったので、かれらがしたような神話化を行なう必要はもはやないのである。

死体の出血にたいする民間伝承のその他の反応、殺害された死体はその殺害者を見ると血を流すというヨーロッパに共通の民間信仰などがあっても驚くにはあたらない。死体が血を流すことがありうることをわれわれは知っている。しかし、とりわけ殺害者がその前に現れたときに血を流させるものは何だろうか。答は、殺害者がつれてこられたときの、死体の扱いかたにあるだろう。一八一五年にフリードリヒ・フォン・ドーベネクという名の学者が、主として中世の民間伝承を集めて出版した。そのなかに左の話がある。

きびしく尋問しても殺害者がみつからずあきらかにならなかったので、かれらはやむなく棺台を立てた。それでも、十分に確固として《サティス・コンフィデンテル》初めての供述を変えなかったニコラスとバルタスにたいしては、死体は何の兆候も示さなかった。死体は殺されてから三六時間たっており、その間しばらくは建物のなかに横になっており、あとのしばらく——審理の始まる前数時間——は戸外の寒気のなかに胸と胃をむき出して置かれていた。

注。四人（の男）が死者を待伏せしていたが、死者が斧槍をもって（武装して）きたので、前記の二名は逃げ去った。

イェルクがつれ出されると、死体は口から血の泡を吐いた。（注。この男は死者が刺されたときそこにいたが、手にかけはしなかった。）イェルクがつれ去られ、番兵のクラウス――この男は職務上《ラティオーネ・オフィキイ》（口論をしかけ、たのまれたので仲直りしようとして、死者から斧槍をとりあげた――がつれてこられたとき、死体は傷口から血を流した。そしてこの血は（胸の上に流れて）、心臓がまだ生きているにちがいないとおもわれるぐらい揺れ動いた。

それにもかかわらず番兵は尋問されたとき三度、（自分が）正しいことを誓う言葉《フォールムラム・ユーリス・ユーランディー》を述べた。（注。この男は⑴二本の指を死者の口に、⑵傷に、⑶へそにあて、良心について語る牧師の言葉を復唱させられたが、行為を認めようとしなかった。）

ローレンス――死者が刺されたとき口論し格闘していた相手――が前にたつと、死体はまた血のまじった泡を口から吐き、傷口からも少し出血した。翌日、この番兵は殺害者の一人であることを自白した。

ここから、死者の傷と死体が罪の程度を考慮したことはあきらかである。

イェルクが現れたとき、口から赤い血の泡が出たのはまったく当然だった。（注。イェルクは口論を始めた当人だった。それゆえ口が怨恨から泡を吹いたが、傷は反応しなかった。イェルクは殺害者ではなかったからだ。番兵がきたときは、口にはなにごともおこらなかった。だが二本の指を傷にあてると、まったく当然ながら血が両脇へ流れて、外科医が拭きとらねばならなかった。二本の指をへそにあてると、傷はまた激しく血の泡を吹き出し、動脈が脈搏っているかのようにびくびく動いた。ローレンスは死者と格闘した。ローレンスがくり返しているとき［牧師の言葉を？］、死者の口から血の泡が流れ出て、傷に指をあてたときには、またびくびく動いた。ローレンスが立ち去ると、動くのをやめた。）★1

ここから、告発された者は死体を動かすことを強いられたこと、また吸血鬼の場合と同じく血が液体であることが不審を起こさせたことがわかる。後者については、突然死の場合は正常な現象であることがわれわれにはわかっている。血の泡は肺に孔があいたためで、血液をたっぷり含む体液が（気管を通じて）口から出てくるのである。このような話ではよくあることだが、著者は委細をつくそうと懸命に努めているにもかかわらず、われわれに必要な細部を書きもらしている。たとえば、この男たちは体を圧すことを強いられたのか、それともただささわっただけか。著者はこれを述べていない。ついでながらこの話では類比作用に注目することが大切である。イェルクの場合は血は口からしか流れなかった。著者の見解によれば、これは、イェルクが口を使って口論をひき起こしたことを示すという。イェルクは死者を刺さなかったから、傷からは血が流れなかった。このような感応現象は、亡霊についての話でもすでにみてきた。とりわけドイツのナハツェーラーの墓のなかでの「行動」が、その死後、周囲の人びとに生じた死と関連づけられた。

一人の女が子どもを死に
奪われた。葬ってから数日たつと、
その墓に穴があいていて、
棺のふたまで届いていた。
穴をふさいだが、翌日はまた
あいていた。もう一度穴をふさいだが、
一人の男が茂みに隠れて墓を
見張った。晩になると、
黒犬がやってきて、その墓のところで
穴を掘った。隠れていた男は
子どもの母親に見たことを話した。
母親は牧師に、子どもの平安を
守るため、どうすればよいか
たずねた。牧師は、子どもの体を
墓地に運んだ馬車の轍の跡から

土を取り、それで墓の穴を
ふさぐよう、女に
教えた。母親はその勧めに
従い、その後は墓の平安は
乱されなかった。
――オットー・クノープ『ポズナイ地方の
伝説と物語』

吸血鬼の墓は地面が動く

墓に入っているのが吸血鬼であれなんであれ、墓の地面はいろいろなことで動くだろう。墓を掘ってまた埋めたあとは、地面がかなりゆるんでいるので、以前より体積がふえる。それが締まるにつれて土まんじゅうの土が落ち、ひび割れができるだろう。その対策としてしばしば墓を完全に突き固める。たとえばヘルヴァルトがブルガリアの例を報告している。[★2] ときにはさらに土を固め、腐敗を促進するために水をかけることもある。水分があれば腐敗の進行が速まるからである。[☆b]

深く埋めれば分解は遅れる。マントによれば「一般的にいって、墓が深ければ深いほど、遺体はよく保たれる。浅い墓では土が空気を含んでおり、体自体、多種多様な昆虫やけものの餌食になるだろう。また夏は、このような浅い墓は、したがって中の体は、太陽によって温められもするだろう」[★3]。シュトラッカーヤンによればニーダーザクセンのオルデンブルクの住民は、遺体の埋めかたが浅いというだけで、その死体が吸血鬼になることがあると信じていた[★4]。おそらくそのような死体のみが注目を集めたのだろう。埋め方の浅い死体だけが、次に第一四章でとりあげるようなさまざまな事情であらわになるだろうからである。

しかし死体自体も――外部からの作用を受けずに――墓の状態を不安定にすると考えられるだろう。体は分解するにつれて、大きさが極端に変わる。はじめは（膨張して）元の体格よりはるかに大きくなり、その後崩れてゆくにしたがって小さくなってゆく。この過程が墓を動かすことがあるだろう。上に相当量の土が乗っていれば、その重さが膨張を妨げ、体の上の土をもちあげるよりはむしろ体組織を破壊するだろう。

しかししばしば、とりわけ他殺死体と伝染病死者の死体はごく浅くしか埋められない。殺人者は一般に作業を急ぐし、伝染病の場合は、あまりにも多数の人びとが死んでゆくので、まだ生きている者は、死体を積みあげてほんの少しの土で覆う以上のことをする余裕がない。たとえば中世にエアフルトでは教会墓地がいっぱいになってしまったあと、一一個の大きな穴を掘って一万二〇〇〇体を投げ込んだといわれる。[★5]この事実は、資料が、他殺者と伝染病死者にとくに吸血鬼になる傾向が顕著だと主張していることの説明になるだろう。どちらも十分深く埋められないというだけでなく、自殺者も同じだが、友人や親戚に見守られて死ぬのではないから、埋められないままに吸血鬼化——すなわち腐敗——の兆候を示している姿——口に血をつけ、体が膨らみ、など——で発見されるだろうからである。[☆c]

リチャード・ブルームとイーヴァ・ブルームのギリシアの民間信仰を調査した貴重な著書が引用しているあるインフォーマントの言葉は、実際にヴリュコラカスを放置されていた死体と定義している。「それは、一人で死んで、心を配ってくれる人がだれもついていなかった死者たちだ」。[★6]この定義で分類の統合が進むだろう。もちろん他殺者、自殺者、伝染病死亡者には、しばしば放置されているという事実が共通するからである。

吸血鬼を、災難の起こったときに地域住民の注目を惹き、その災難の原因とみなされる死体と定義できるだろう、といってもたぶんゆきすぎではなかろう。墓を動かすというのは、死体が人びとの注意を惹くために取る手段の一つでしかない。

墓に穴があるとよくいわれる。これは、この節の前においたポーランドの話でもそうらしいが、おそらく清掃動物のしわざであろう。あの引用をていねいに読めば、超自然的なことはおろか、変わったことさえ一つとしてないことがわかる。犬が、おそらくにおいで墓を発見して、遺体のところまで土を掘ったが棺に妨げられたのだ。[☆d] 翌日犬がまた来てみると完成していた穴がふしぎなことに埋められてしまっている。犬の習性で、土の柔かいところ――つまり前に掘ったのと同じところ――に新しい穴を掘る。翌日それも埋められていた。この犬が、穴掘り作業中を見られ、黒いので超自然的存在だと判断されたのだろう（メフィストフェレスは黒犬に姿を変えてファウストの前に現れる）。シュヴィーテンは一七六八年に「犬と猫――とりわけ黒くて夜みかけたもの――はつねに悪魔か、墓地などを忍び歩く幽霊である」[★7]と指摘している。

皮肉なことだが、棺を使う理由の一つは、動物に死体を掘り出させないためである。この例では棺が所期の機能をはたしたわけだ。見張っていた男がそれほど迷信深くなかったなら、その事態から棺の役割を推測していたことだろう。もちろんそうであれば、この事件は人目を惹く特徴を失って、民間伝承の研究書で語られることもなかったのであろうが。

詳細な情報がないので、この事件がなぜ超自然的だと考えられたのかについては、推測するしかない。自然の障壁に阻まれた犬のどこが超自然的かとわれわれはおもうが、墓をみつけ出した犬の能力が怪しまれたのだろうか。しかしまず最初は、自然なこととしての説明を排除して、「犬は埋められている死体をみつけることができるのだろうか」と問うてみなくてはならない。わたしは自分の犬のおかげで、何年もこの疑問についての意図せぬ実験を数多くさせてもらった。犬は科学的好奇心から、埋められたペットたちのさまざまな死骸を掘り出したり、掘り出そうとしたりした。ひなどりもあれば、うちの池に住んでいた大きなブチナマズもあった。近所の人がとび出してくるのではないかとおもって、犬の掘り出した物を金属性屑入れに捨てるのははなはだ気が重かった。腐りかけた肉はすさまじいにおいがするので、あまり深く埋められていなければ、犬はみつけることができるのである。

このことをはじめて知ったとき——吸血鬼伝説を研究しはじめるずっと前——そうした事態を妨げる簡単な方法をわたしは思いついた。つまりそれ以来、ペットを裏庭に埋めるときには墓の上に石を置いて、犬が気持の悪い小さい死骸を得意そうにみせに来られないようにしたのである。その後、この方法を考案したのはわたしが初めてではないことを知った。埋葬に棺を使えないときには、捕食動物から死体を守るために岩や板が使われることは少なくないのである。[★8]エチオピアのティグレ地方などでは石板が使われることもある。[★9]

> 疫病のたびに、人びとは気がついた、
> 疫病で死んだ人びとは

とりわけ女は、雌ブタが
餌を食うときのような音を
たてた。そしてこの音がきこえるあいだは
疫病が猛烈にひろがり、ふつう
同じ性の人ばかりが次つぎに死ぬ
ことが多かった……一五五三年に
ここラウバンで疫病がはやったときも
同じで、一人の女が墓の中で
びちゃびちゃと音をたてた。

――マルティン・ベーム『説教』一六〇一年

これは北ドイツの亡霊ナハツェーラーのことだ。すでにみたとおり、ナハツェーラーはわが身を食べ終ると、しばしば、近くに埋められている別の死体を食べはじめる。クラッパーによれば、ナハツェーラーの舌を鳴らしたり噛んだりする音は、つねに流行病と関連してきこえる。[★10]この種の音にかんしてナハツェーラーと共通するところがあるのは、産褥で死んだ女性の亡霊で、子どもに乳をのませ

る音がきこえるといわれる。[★11]

これは、核にあるできごととその説明とを切り離せる模範的な例である。噛むとか乳をのませるというのは解釈であって事実ではないのだから、死体がたてる音で、そのような連想を誘うものをさがさなくてはならない。[☆e] もちろん、もし三つの事実がなければ、そのような奇怪な可能性は頭ごなしに否定したくなるところだろう。第一に、そのような音をきいたと思っている人の証言が多数あること。第二に、そのような「噛む音」がきこえたという明確な場所における明確な実例が記録されていること。最後に、われわれは疫病というものの比較的まれな時代に生きているので、これらの資料のインフォーマントがもっていたような集団埋葬の実経験がないことである。要するに、インフォーマントたちは、かれらの解釈は空想的であるかもしれないが、われわれの知らないことをなにか知っていた可能性があるのだ。

死体が音をたてることのできる仕組をわたしは一つしか知らない。死体が膨張して破裂するとき、ガス、体液、そしてしばしば驚くほどにたくさんウジがとび散る音がきこえるかもしれない。ブルアルデルによれば、「墓掘り人はときどき、三週間前に埋葬した墓のなかから音がきこえるようにおもう。この音は、腹壁がガスで張り拡げられて破裂するときに出るものである」。[★12] わたしはこの音を一度だけ、モントレー郡を徒歩旅行していたときにきいたことがある。ヘレフォード種の仔牛の体が破裂して大量の体液とガスが噴出するところに出くわした。残念ながら、われわれの資料に記述されている状況とおよそでも近い状況にかんする正確な情報を入手することはむずかしい。インフォーマントが語っている事態をできるかぎり詳しく書き出してみることしかできない。その事態には左の事情が含まれている。

1. 「噛む音」の盛衰と疫病の盛衰とが合致するといわれている。

2. 疫病が拡がると墓が浅くなることがわかっている。墓掘り人はふえる仕事の量に追いつけないからだ。それに感染をおそれて（疫病を媒介する動物についての知識がなかった）その場に長くとどまりたがらない。多数の犠牲者を葬らなくてはならないときには共同の墓穴を掘って、人体の層と土の層が交互に重なるような葬りかたになりがちだ。死体が次つぎに到着するので、土の層はたいてい薄い。

3. ゴットフリート[★13]によれば、西ヨーロッパでは疫病は概して晩夏と初秋に流行した。媒介動物の一つであるネズミノミが温暖な気候のときに一番活動的になるからである。そうすると、事件は、暖かい時節で死体が浅く掘った墓に埋められているときに起こることになる。このような条件は死体の分解を促進する。土に空気が十分含まれ、昆虫と動物が活動し、太陽が温めるからである。

人びとのきいた音が、ブルアルデルの書いている墓掘人がきいたものと同じであることは明白だ。ただしずっと大規模だっただろう。多数の体が膨張して破裂する音は、流行病の胃の鳴る音のようにきこえたことだろう。疫病の最中に起こったのだから、因果論的に疫病に関連づけられただろう。こ《ポ》のことのあとで《スト・ホーク》、それゆえ《エルゴー》、このことのせいで《プロプテル・ホーク》。しかも一度その音に気づけば、それは流行病が勢いづく前兆だった（またそれとともに大きくなった）ので、おそらく人びとはその音に耳をすましはじめただろう。

他にもこのように説明すればうまくかたづく報告が民間信仰にも歴史にもあることによって、右の議論の説得力はさらに強化される。そのような報告の代表的なものは次のような形をとっている。墓のなかから死体の声がきこえる（ときには犬が墓のところで耳をすましている姿がみられる）。そこで墓が開かれると、体は完全に死んでいるが、葬ったときとは体の位置が変わっている。そこで墓を発掘した人びとは、生きたまま埋められてしまったのだろうと考える。そのうえ肉が裂けているので、それが、その人が空腹になって、飢えを満たすために自分の肉を嚙んだ証拠とみなされる。体がまだ温かいことが確認されて、いま死んだばかりだと人びとにおもわせる。

わたしは他のところで述べたことがあるのだが、この解釈にはいろいろ問題がある。なかでももっとも明白なのは、体が酸素や食物や水がなくても――場合によっては数週間、数か月――生きていられたと想定していることである。他方また先に述べたような現象は、一つとして分解と矛盾しはしないのである。死体は破裂するときにたしかにある大きさの音をたてる。犬はたしかに並外れて聴覚にすぐれ、墓におおいに関心を示す。死体はたしかに内圧によって（また死体硬直がゆるんだのちは重力が体を支配するので——これがどのように起こるかについての説明はバルテルスの論文一三六ページを見よ）姿勢を変える。そして死体の破裂その他さまざまな力が肉をひき裂く。またある監察医からきいたところでは、ウジの活動でも刺し傷に似た開口ができることがあるそうだ。[★14] 最後に、死体が温かいことは異常ではない。アルベルト・ポンゾルト[☆f]によれば、一般的には、腐敗菌の作用で実際に死後体温が上昇することがあるだろう。[★15] 分解は熱を発生させる。もっと一般的には、人びとは死体の温度を体温計で測るのではなく手でさわって判断するから、温かいと感じるのである。自分の手が冷たければ、比較によって温かくおもわれる。[★16] 死体の温かみを、生きていた証拠とみなすことはほとんどできない。まして、一度死んでまた生き返った証拠とするのは論外である。

墓から生じる音の説明がさまざまであることにふしぎはない。ラモスによれば、[★17] フィリピンでは、食人鬼があたらしく埋められた死体を食べる音がきこえる、といわれる。墓からきこえてくる音と、体の分解とをともに説明するために作られたらしい解釈である。[☆g] この種の解釈のうちでももっとも空想的なのは——ミシシッピ州からの報告——「女性の髪は（埋葬するとき）決して編むな。さもないと悪魔が髪を解くためにクロドリをよこす。棺が墓に入れられたあとでもそのなかでクロドリが髪を解いている音がきこえる」[18]というのである。

このような音を死体の裂ける音だとしたブルアルデルが正しいかどうかはともあれ、集団埋葬の結果がはなはだしいものになることに疑いはない。一九八六年にＵＰＩは次の記事を流した——ついでにいうなら、これは、体が「墓から現れる」理由の一つの説明でもある。

シェリダン［オレゴン州］の養鶏業者ラリイ・モーラーは週末に熱射病で死んだ二万六〇〇〇羽のひなどりの死骸を深さ二〇フィートの穴にブルドーザーシャベルで投げこんで、これが見納めだとおもった。

ところがそうではなかった。

一二時間後に、死骸から発生したガスが穴を爆破させた。

「セントヘレンズ火山噴火のミニアチュアだった」とモーラーは語った。「墓の上に盛った土が泡だつように動きはじめ、やがて全体が爆発した」。

その「爆発」でひなどりの破片が約四〇フィート四方にとび散った。友人、隣人が手を貸して、死骸は再度葬られた。[19]

たまたまこの記事は、新聞が民間伝承を作るようすを示すにも役だつ。わたしがモーラー家の人びとに、どんなふうに爆発が起こったのかたずねてみたところ、モーラー夫人が親切に実際に起こったことを話してくれた。約三万羽のひなどりを、深さ一四フィートの穴に埋め、土を二フィートの厚さにかぶせた。爆発は起こらなかった（通信社は、モーラー氏がその穴の上にマッチを投げたらどうなるだろうかと口にしたことから、つくり話をでっちあげたらしい）。モーラー夫人の話では、むしろ「熔岩流のようだった」。地面に割れ目ができ、死んだひなどりがぞろぞろと車道へ流れ出ていった。モーラー家の人びとは——他の多くの人びとと同じように——死体は腐ると大量のガスを発生させることを発見した。だが民間伝承の資料とはちがって、それを死体の意志的行為とはみなさず、ただ、死体を地中におとなしくさせておくために必要な土の層の厚みの計算をまちがえたと考えた。これは、すでにみてきたとおり、きわめてよく起こる誤算である。

かれら［吸血鬼］が地面から
とり出されたとき、赤くみえ、
手足はしなやかに曲り、

ウジも腐敗の気配もなかったが、
悪臭はすさまじかった。
——カルメ師『亡霊の世界』

死体性愛の起源が肛門性愛にあることを
忘れなければ……この主題を論じる
著者の多くが、吸血鬼の特徴である
すさまじい悪臭を強調していることに
驚きはしないであろう。
——アーネスト・ジョーンズ『吸血鬼について』

ここまで読まれた読者は、カルメ師の報告が、発掘された体の特徴を相当正確に記述していることを認められるだろう。体色は濃くなったようで、死体硬直はなく、埋葬以前にハエがたかっていなければ——ふつう人びとは遺体をハエから守ろうとするものだ——ウジさえいないだろう。そのうえ、腐敗は埋葬によって遅れるのだから、あきらかな腐敗の印は示さないだろう。しかし死後、腸内のバクテリアが体を攻撃するにつれて、死体は内部から腐敗してゆくのだから、悪臭は、圧倒的とはいわないにしても、強い。こうした事実のために、インフォーマントの情報は矛盾しあうことになる。すなわち、体は腐っていないといいながら、体色変化と悪臭から明白なように、腐っていることのあきらかな証拠を提出している。かれらの「腐敗」の定義がわれわれとはちがうことははっきりしている。おそらく初期の段階では腐敗は大部分体内でしか進行していないからであろう。

ここでもやはり、インフォーマントの解釈より記述を信頼するほうがよいだろう。一つには、インフォーマントは現象にたいしていくつかの説明を、どれかが正しいだろうとして提出することがあるからである。通常の死体はきわめて不快なにおいがあるものと考えられている（ペーター・プロゴヨヴィッはまっとうな死体と認められるには悪臭がかすかでありすぎた）。ところが悪臭があればあるで、こんどはそれが悪魔が憑いていることの証拠になるかもしれないのである。そのにおいが悪魔と硫黄との連想を想わせるからかもしれない。

このような誤った解釈は、ヨーロッパの農民のあいだの吸血鬼信仰のように、その現象が継続的に観察されるかぎりは、そのままの形で存続するだろう。しかし民間伝承がその停泊所を離れて、特定の行動——つまり死体の発掘——との連想のない地域に広まったとき、一連の新解釈が生まれた。フィクションの吸血鬼が登場した。それはいくぶん近代化されて、民間伝承の吸血鬼の目印だった肉づきのよさを失ったかわりに、長い歯とはるかに洗練された容姿を手に入れた。民間伝承の先祖はしばしば墓のなかにいながら悪事をはたらいたのだが、フィクションの吸血鬼は例外なく自由に移動した。そしてさまざまな学者がその体は実際に生きていたと仮定した。不合理である点では、それによって説明しようとした信仰に劣らぬ仮定だった。だがかれらはこの主張に固執して、吸血鬼はじつは腐りかけていたから悪臭をはなっていたのだという可能性を無視してきた。

死体のにおいが死と関連づけられたために、そのにおいが死の原因とみなされるようになった。しばしば疫病は腐臭のせいにされた。ゴットフリートによれば中世には「ガレノスに依拠して、疫病の原因が天体にあるにせよ環境にあるにせよ、人間のあいだの感染は、毒気の拡散、すなわち大気の腐敗によって説明できる」と主張した理論家がいた。同じく一四世紀末になると「多数の医師が腐臭も大気腐敗の原因の一つだと主張した」[20]。この見解はニューバーグのウィリアムが語った言葉にはっきり表れている。すなわち「この悪臭を放つ腐りかけた体〔亡霊〕が外を歩きまわると、大気は腐り汚れて、おそろしい疫病が発生し、死者を悼まぬ家とてないほどであった」[21]。

このような見解は民間信仰の体系に完全に根づいたようである。たとえばラップ人は今世紀になってさえ、死体のにおいで病気になることがあると信じていた[22]。

だがにおいの強い物質、にんにく、香、香水、未熟な堅果、牛糞、人糞、ビャクシンなどは吸血鬼の伝説に登場する代表的厄除け剤である。これは「火には火をもって応じる」という考えかたであるらしい。たとえば黄疸は黄色い物質を使って治療しなくてはいけない、といわれている。[★23] あるいは、グローバー＝グリュックによれば、魂は煙なのだから、(死後) 香によってへやからいぶし出す、といわれる。[★24] 第四章でド・トゥルンフォールの報告にも同じ観念がみられた。同じように、もし吸血鬼のにおいがあなどれない力であるなら、類似の力――においの強い他の物質――によって対抗しなくてはならないと考えられる。そのなかで一番よく知られているのがにんにくである。この研究を始めたころ、わたしは、このような厄除けの物質はただ死体のにおいをごまかすために使われただけかもしれないと考えた。フィリップ・ティルニイはブルガリアの埋葬の風習を研究して、花と香の使用を論じた箇所で、わたしのこの考えの裏付けになるようなことを少し述べている。「花と香の使用目的ははっきりしている。ミイラ化するというのは小さな村でしきたりとして行なわれるような技術ではなく、遺体は死後まもなく埋めなくてはならない。したがって花と香のにおいは、なにかの理由で埋葬手続きが遅れるようなときに、遺体から生じるにおいを消すために使われるのである」。[★25] しかしこれらの物質に、吸血鬼を近づけない性質もあることはあきらかである。生きている人が室内にいないときにもこれらが使われるからである。たとえば、吸血鬼になるおそれのある死者の口に、埋葬時ににんにくを詰めることがよくあるが、これが吸血鬼の邪悪な目的を妨げるための護符以外であると考えることはむずかしい。

埋葬の動機については推量することしかできないが、埋葬にかかわる現象についての情報はたくさんある。たとえば、吸血鬼であるという嫌疑をかけられた死体はしばしば掘り出されるが、つねにそれを待っているわけではないことがわかっている。死体は、超自然的な力ではなく、完全に自然なさまざまな力に強いられて、おのずから墓から出てくることがしばしばあるだろう。

☆a——一八世紀にこのことを指摘した研究者がいる。襲撃は彼女の睡眠中に起こった（Ranft, 186–187, Fritsch, 32, および Meinig, 35 ff. も見よ）。

☆b——掘ったために土がゆるむし、棺（ないし体）が相当量の土を押しのけるのだから、埋葬すれば必ず、掘った穴を埋めて平らにしてもまだ大量の土があまるはずである。墓はあまった土を放置するのに好都合であり、またそうすることには、とむらいに来る人のためにも、将来墓を発掘する人のためにも、遺体のある地点を示すという利点がある。しかし墓泥棒に荒らされることがあるので、墓であることを隠すために平らに均らすこともある。（その一例としてアフリカのコンゴの慣行がハーベンスタインとラマーズの著書［Habenstein and Lamers, 277］に述べられている。）墓泥棒の理由については本書第一四章を見よ。

☆c——ふくらんだ体は、親戚でさえ確認できないほど元の姿を見てとることがむずかしいことが多い（Mant. 151; Parikh, 156.）。

☆d——犬が肉食動物で墓を掘って死体を食うことは指摘するまでもないようではあるが、飼犬にかん詰を食べさせることに慣れている人びとは、このことをしばしば忘れている。数人の検視官から犬についてのぞっとするような話をきいたことがある。つまり死んだ主人と一室に閉じこめられていた犬が主人の体を食って、捜査官がはじめ、死因は、たとえば心臓発作とかではなく、その傷だと思う、というのである。（そのような死体の写真がスピッツとフィッシャーの著書［Spitz and Fisher, 31］に載っている）。一八世紀にオルレアン公をミイラにした人びとは、犬が肉食獣であることを忘れていたにちがいない。「内臓を摘出していたとき、室内に公の飼っていたグレートデーンがいた。だれ一人抑える間もなく犬は心臓にとびかかって、あらかた食ってしまった」（『バルビエ日記』［1723］Ariès, 388 に引用されている）。

☆e――たびたびこの音はブタがものを食べる音にたとえられる。ロールは「ブタの音《ソヌス・ポルキーヌス》」と記している（Rohr, 12）。ラウターバハ（Lauterbach, 25）も見よ。

☆f――一八世紀の初めにド・トゥルンフォールがギリシアのヴリュコラカスの体温をこのように説明していることを、本書第四章でみてきた。

☆g――一九世紀の西ビサヤ族の資料によれば、遺体を早く埋葬しないと、このような食人鬼どもが死者の腹を破裂させるかもしれない。そうすると「非常に強い悪臭と高温が発生する」（ホセ・マリア・パヴォン。ラモス［Ramos, [1968], 187］に引用されている）。

第14章

地面から現れる手

Hands Emerging from the Earth

罪人の手は墓から突き出る。

――ソンプソン『モティーフ・インデックス』E411.0.1

シュテッティン市に昔、二人の堕落した子どもがいて、両親に大変胸を痛めさせ、ついには罰あたりなことに両親を打ちさえした。しかしそのせいでひどい罰を受けた。それというのも二人とも死んで埋められたあとで、

それぞれの、親を虐待したほうの
手が、いきなり墓から
突き出てきた。だが一番
おそろしかったのは、その手が
生きていて血まみれで、どうしても
腐らなかったことだ。人びとが
土に埋めてもむだだった。手はまた
生えてきた。それでとうとう
市議会と牧師に相談して
その手を鋤で切断することに
決めた。そのとおりになって
その手は、永久に忘れられないように
聖ペテロ・パウロ教会の聖具室に
吊るされた。そこにいまでも
吊るされているそうだ。

――J・グレッセ『プロイセンの伝説』

手から埋められた死体発見
港湾高速道路に近い傾斜地から
突き出た手が、成人男性の
腐乱死体発見の手掛りになったと
ロサンゼルス警察は日曜日に
発表した。
死体は浅い墓から発見された。
南大通り九一〇〇街区の
住民が、近くの高速道路の
土手の上から手が一本
突き出ているを報らせたからだ……
――ロサンゼルスタイムズ

発掘された吸血鬼は死体にすぎない、腐敗しかけているせいで怪物のようにおそろしくみえるのだ、ということをはっきり見てとってしまうと、吸血鬼についてわれわれのもっている情報の大部分が理解できるようになる。吸血鬼が墓を出るという信仰も理解できるようになるものの一つである。体はさまざまな理由から、外部からの助けがあってもなくても地面から現れる。その理由の一つは、第一〇章で見たように清掃動物に襲われることである。

ヨーロッパではこの事情が神話化されて、犬と狼が吸血鬼の敵で、吸血鬼をみれば襲いかかるという信仰になったことは明白である。犬や狼が墓地で、とくに流行病の激しい時期に死体を掘り出して食べている姿がみられた。その死体が吸血鬼の周知の特徴を示していることが確認されると、これらの動物はただ食べているのではなく、攻撃しているのだとみなされた。

だが神話化はこれで終りではない。死体は埋められてから腐敗するまで、あるいは動物によって掘り出されるまで、だれからも見られていないことを想い出してみよう。変化のある特定の段階に達したところで発見されるのであるから、それを見る者は、その時点までに経過したいくつもの過程の結果のみを見るのである。したがって、われわれに伝えられるのは、一つの過程の記述ではなく、多数の可能な画面のうちの一つである。われわれには、発掘されたときの吸血鬼、墓のなかに横たわって、赤い顔で、体はふくれて、開いた口から血のしたたる姿が示されるかもしれない。あるいは（気温が低くて死体の保存がよければ）吸血鬼は「埋葬されたときそのままだった」ときかされるかもしれない。

その画面（すなわち、ある過程の結果）を見る人は、そのとき、浅い墓が侵食されて、あるいは掘られて死体が出てきた、と推論するかもしれない。そうであるなら、その人の報告するできごとは、民間伝承としては、感銘をよばないので、半減期が短かくなるだろう。しかしその人が理由がわからないとおもえば、説明不可能な事件が起こったと報告するだけでなく、誤った因果関係を推論して、その人の世界観が作り出すなにかの力がその事件を惹きおこしたと考えるだろう。事実上その人は事件を自分の信仰体系に合致するように再構成することになる。こうして事件は神々やデーモンや（吸血鬼の場合なら）死体自身の意志に帰せられる。

「罪人の手は墓から突き出る」という主題はこの種の画面の一つであるようだ。事件は異常なことではない――ただし二つの別の事件がその前にある。浅い埋葬と侵食または清掃動物の存在（あるいは両方）である。清掃動物が死体の所まで土を掘り進んで、死体のどこでもよいが一番容易に地表にも ち出せる部分をくわえ出すなら、一番可能性の大きいのは手だからである。このことは、右に引用した新聞記事の手がどのようにして地表に出てきたかの説明にもなるだろう。侵食も説明になるだろう。墓土は掘られてゆるみ、それから周囲の土より高く盛りあげられただろうからである。

例によって、核にあるできごとと、民間伝承がそれに与えている説明とを区別しなくてはならない。

犬が掘り出した体そのものは異常ではない。しかし清掃動物が姿を消してしまったあとの画面としてみるなら、地面から現れている手を説明するものは、その手自身の意志以外にはない。われわれならこのような考えかたは否定するだろうが、インフォーマントたちは、体は死後も一種の生の状態にあり、そこでは起こることはなんでも意志の結果だと信じたのである。この理論ができごとの観察者を満足させたのは、多数の吸血鬼伝説と同じようにこの理論も観察されたできごとをすべてうまく説明するとおもえたからである――このことは理論の必要条件ではあるが十分条件ではない。

この「大地の怒り」はさまざまな形で
　表現される。まず第一に、
怒れる「母なる大地」は汚れた死体を
　受け入れない。そして実際に、
そのような死体は何度埋めても
そのたびに必ず地表に戻ってくる。
　だがこうして埋められた死体は
分解に屈することがなく、それゆえ

その死者は夜になると墓から
脱け出す可能性をもっている……
「大地の怒り」の第三の印は、
とりわけ生きている者が感じる。
大地は怒りを春の寒さと霜で
示す。それは畑の穀物の生育に
壊滅的な影響を与える。
……こういうわけで昔は
東スラヴ人は、汚れた死体を
墓に埋めず、人の住まないあたりに、
だいたいは峡谷と沼地に
投げ捨てた。あきらかに野獣から
守るため、死体にはしばしば
木の枝や棒がかぶせられた。
——ディミトリイ・ゼレーニン『ロシア

死者の骨、毛髪、爪、歯は
昔の魔法使いの宝物だった。

（東スラヴ）民俗学』

——サー・トマス・ブラウン『ハイドリオタフィア』

二人の頭泥棒逮捕、
墓地から灰

ハリウッドのメモリアルパーク墓地
納骨所から水曜の朝盗まれた、
腐敗しかけていた女性の頭部が
ある男の家に近い道路でみつかり、
その男はその後逮捕されたと
ロサンゼルス警察は発表した。

——ロサンゼルスタイムズ

ゼレーニンからの引用は、死体処置の問題に関係のある多数のできごとと説明を含んでいる。いつものとおり両者を区別することが有益だろう。説明は、承認するわけにはゆかない因果関係の考えかたを示しているからである。

ことがらを神話的に述べれば次のようになる。⑴死体は地表に戻ってくると信じられる。⑵それは、大地が怒って死体を吐き出すから、あるいは死体がまだ生きていて、夜になると墓から脱け出すからである。⑶大地は死体を汚れた物として吐き出すばかりか、怒って悪天候をひき起こす。したがって汚れた者たちを埋めてはならない。そうすれば、大地はその体を吐き出さず、天候を悪化させない。

インフォーマントたちは死体が地表に出てくる理由について二つの神話的説明を与えているのだが、それにゼレーニンは注目していないようだ。ここから、このようなできごとが実際に起こり観察されている、と考えられる。たいていの文化といわないまでも多くの文化で、死者は墓から出てくる。したがって、この現象の文化的説明をどれか一つ無視してもさしつかえないのであろう。

この特定のできごとを理解するために、まずその「現実に起こった」内容を一つ一つ抜き出してみるのがよいだろう。⑴死体はつねに埋められたままになってはいない。さまざまな理由から地表に達するだろう。⑵死体はつねに明白な分解を示すのではない。⑶ときとして春になって寒が戻ることがある。(4)穀物の生育にはほどよい気温が必要である。(5)東スラヴ人は「汚れた」死体を土に埋めず、人の住まぬあたりに処分する。(6)死者が動物の餌食にならないように、かれらは死体を覆い隠すことがあった。

このように見れば、書かれていることの多くの部分は事実そのままである。たしかに死体は、左記のものやその他の要因によって地面から現れるだろう。

1. 人びとが掘り出す。
a. 墓泥棒が副葬品や死体や死体の一部を求めて(魔法に使うためや売るために)。
b. 人びとが、死体をそこに(たとえば自殺者を聖別された地面に)埋めるべきではなかったとおもって。
c. 人びとがその死体は吸血鬼だと判断して、殺そうとして。
d. 複葬を習慣とする人びとが、死体がすでに骸骨になったことを期待して。
e. 未使用の墓地がどこにあるか忘れた人びとが、穴を掘ったり、すっかり掘り返したりして。
(今日ではここに考古学者を加えなくてはなるまい。)

2. 動物が掘り出す。大型肉食動物はたいてい清掃動物でもある。死体処理の慣行の多くにこの問題が反映している(墓の上に岩、板、小枝などを置く)。

3．侵食が死体を現す。
4．洪水が死体を現す。棺あるいは死体は浮力があるので、すっかり水の浸みこんだ土のなかを通り抜けて、洪水の水面に浮かびあがることがある。

あきらかに、このようなできごとの多くは地域住民の目にはとまらない。墓泥棒と捕食動物は、昼間でさえ人が行きたがらない所で夜、活動する。それに墓泥棒は、墓にあけた穴が死体自身がしたことと解釈されることを知れば、真相を口にすることはたぶんないだろう。しかも墓地における夜の活動が人に気づかれても、仔細に調査されることにはならないだろう——それどころか、それは亡霊信仰の反証になるよりは、立証することになるだろう。

墓地の土に変状が生じることは、吸血鬼信仰だけでなくさまざまな民間伝承を生みだした。すでにみたとおり、一九世紀には多くの人が、事故で生きたまま埋められた人がいて、そのことで吸血鬼の話は説明がつく、という結論に達した。これは、フランツ・ハルトマンの『早すぎた埋葬』中の左の話の例のように、同じ事件にもう一つ（神話的）解釈を加えることになった。

一　一八六六年にオレンドというまだ若く強健な男が卒中で死んだ。棺におさめて、教会のその家代々の地下納骨所に安置された。一四年後の一八八〇年に、別の遺体を運び込むために、納骨所の扉が開かれた。中に入った者たちはおそろしい光景を見た。オレンドの棺が空になっていて、床に骸骨が倒れていた。しかしその他の棺も壊され、中が空になっていた。そのありさまは、男がめざめて棺を破って出、正気を失って他の棺もうち壊し、その後餓死したことを示しているようだった。★1

ハルトマンの説明には、「死んだ」男がまだ生きていて、棺から脱け出して正気を失う——こうして、他の棺をうち壊したことを説明する——ことが必要だった。だれかが、価値のある物か、あるいは死体の一部でさえあるかもしれないが、なにかをねらって墓に押し入って遺体の平安を乱し、残念ながら几帳面なたちではなかったので、死者を棺に戻さなかった、と考えるほうがずっと簡単である。このような話では、事件を説明したいという自分自身の欲求にうちかつことがインフォーマントはめったにできない。物語の大部分が事実ではなく解釈でできあがっていることもときにはある。ユタ州で採録された次の話はその一例である。

ユタ州のモンローという町に一つの墓地がある。一九四六年に新しい墓地ができたが、それ以前にここに多くの人が埋葬されていた。そこで墓をいくつか移動するときに、動かす棺の一部のふたを開ける必要が生じた。ところがそのうちの七つの遺体が、ホルムアルデヒドも使わなかったのに、生きたまま埋葬されたのであることが明白になった。その人たちは墓の中で体の向きを変え、棺の天井をひっかき、自分の髪をかきむしり、体をひっかき、眼をえぐり出していた。一人などは棺のふたに言葉をなぐり書きしようとさえしていた。全員、顔の表情は見るもおそろしくゆがんでいた。[★2]

もちろん、死体がなにかしている現場が観察されたのではない。なにもかもその状態からの推論であり、その推論が実際に起こったこととして述べられている。たぶんこのありさまを見た人びとは、死体がそこに横たわったまま静かに朽ちてゆくことを予期しており、膨張したり破裂したり、姿勢を変えたり、棺に染みをつけたりしていようとはおもわなかったのだろう。（「言葉をなぐり書き」する試みというのはこの最後のことの解釈であろう。判読できないからなぐり書きといったのだろう。）このような話で死者の顔がおそろしくみえるという記述ほどつねに一致しているものはないし、これほど当然なこともない。この話を作りあげるさいに選択がはたらいたことはあきらかだ。七体だけが「生きたまま埋葬された」といわれている。この選択の基準は、示していた変化が大きいことと、予想外であることの二つだったようだ。

妊婦がとくに吸血鬼になりやすいとみなされるのも、たぶん分解過程のせいであろう。パリクによれば、妊婦の体が分解するときは、「約四八〜七二時間で……胎児が子宮から押し出されるだろう」[3]。アルブレヒト・フォン・ハラーは一七七八年にこれについて論じている[4]。死体を発掘した者たちが、墓のなかで子どもが生まれていたのを発見して、どれほど驚愕したかは理解できよう。マスターズが、このように説明すればもっとも簡単な例を引用している。「当局が驚きおそれたことに、[その妊婦は]失神した、あるいは強硬症の状態で生きたまま埋葬されたのみならず、棺のなかでおよそ信じられないような闘いをなしとげていたことがあきらかになった。すなわち女は子どもを産みおとしていたのである。二人とも窒息死していた」[5]。死体が膨張して胎児を押し出したと考えるほうが事実に近いとおもわれる。おそらく、多くの文化で埋葬前に胎児を子宮から取り出すのは、この現象のせいであろう[6]。

ゼレーニンが述べていた死体処理法については、それらが用いられた状況を想像してみれば、かなり解明できる。死体が危険だとおもえば、それを自分の住んでいる所からできるかぎり遠くへ、できるかぎり急いでもって ゆくだろう（住んでいた所を逃げ出す場合も実際はあるが、そうしないなら）。自分の住む社会と隣りあって他の社会があるなら、すでにみたとおり、二つの社会の共通の境界線上に埋めるのである。

隣りあう社会がないなら、吸血鬼のための適切な永眠の地は峡谷や沼地の「人の住まないあたり」

である。そのような場所を定義する別の言いかたは、居住に適さない、というのである。その意味は、吸血鬼は人間のいる所から遠ざけられるということだ。死体は運搬するには重く扱いにくく——もしすでに分解が始まっていれば——不愉快であるから、高地よりは低地に遺棄される可能性が大きいだろう。[☆a] そしておそらく、低地へ運ぶ目的はできるかぎり遠くへもってゆくことだろう。

残念ながら、土地を居住に適さないものにする特質は、死体遺棄にも難問を課す。たとえば『グレティルのサガ』の亡霊グラムのように、高原で最後を遂げるとすれば、その体を動物から守るために、岩や柴で——つまりその目的にかない、そこに豊富にある手当たりしだいの物で——覆うことになるだろう。[★7]

死体を埋めない理由はいろいろある。高原では土壌の層が薄く岩質なので、埋葬はむずかしいか、そもそも不可能であろう。このことは一八七六～七七年の、ヒマラヤ山脈の疫病についての報告にあきらかである。

この国の風習は、やがてガンジス川に注ぐことになる渓流であればどれでも、手近な川岸で遺体を焼くことである。しかし悪性の流行病（天然痘、コレラ、ペスト）による死者にかんしては住民はこのよい慣行に従わず、遺体を埋める。世界中でヒマラヤ山脈ほど死者の埋葬に適さない所はない。

なぜなら、下層土に岩が多いので、二フィートより深い墓を掘ることはめったにできないからである。そのためたいがい悪性流行病による死者は、死亡地点に一番近い原野や、そのすまいの前の台地、あるいはすまいの床下にさえ、表土に浅い溝を掘って埋められる。この好ましからぬ慣行は、死体にさわることへの恐怖から生まれたもので、すでに長年行なわれている。★8

この箇所は少し考えてみる価値がある。地域住民の死体処理法の代表的なものはふつう二種類ある。火葬（体の行動力を失わせる）と水葬（体をみえない所へやってしまう）である。じつはこれは、死者が戻ってきて住民に疫病をうつすことができないようにするための「二重予防措置」である。ところが流行病が広まると、その間は住民はこの慣行をやめるというのである。それは、火葬のために必要なエネルギーと、住民に死体を扱うことを納得させることのむずかしさとが、かれらの文化の死体処理能力を上まわるからである。こうして共同墓地が生まれる――多数の死者が出るたびに、人類がくり返し発見する手段である。☆b

この資料によれば、病気で死亡して恐怖のもとになった遺体はしばしば家の床下に埋められたということに注意しよう。家内埋葬は考古学的に十分立証されており、アナトリアやバビロンに例がある。トルコの考古学者タフシン・エズギュチュによれば、アナトリアの銅石併用時代には遺体を家のなかに埋葬することは珍しくなかった。しばしば一室の床下の、地表からわずか五センチから一〇センチのところに多数の骸骨が発見されている。その後もその家に人びとが住んだことは明白で、これは死者が恐れられていなかった証拠だ、とエズギュチュはいう。そうでなければどうして死者とともに住むことに堪えるだろうか。[★9]

　ところが先の引用によれば、ヒマラヤではまさに遺体が恐れられたからこそ家内埋葬が行なわれたのである。この二つの考えかたをどのように調和させればよいのだろうか。三つの可能性があるとわたしはおもう。第一は、だれもさわりたがらないので死体がそこにそのままに置かれて、もちあげなくてもただ――棒とかなにかの道具で――落としこめばいいように、そのすぐそばに墓を掘るということである。墓を掘る者は感染するおそれのある死体といっしょにいたくないので、墓は浅い。地面のすぐ下に死体の埋まっている家の中に人が住み続けるとはおもえない――そのような死体のにおいは、閉じた室内ではまったく筆舌に尽くせない――が、死体が分解して何もできない状態になるのを待って、戻ったかもしれない。死体の「生命」とは、それがまだ変化し続けている期間にあたるようだ。第二の「死」ののちは、もはやおそろしいものではなくなる。[☆c]

　第二の可能性は、家から離されることを死者の霊が怒ることをおそれて、あるいはその霊が潜在的に生者を保護するものとみなして、身近に置いておくために家内埋葬が習慣になったのかもしれないということである。セルウィウスによれば、ローマ人は元来は「家の神々に家のなかで奉仕できるように」家内埋葬を習慣にしていた。[★10]

第三の可能性は、アナトリアのチャタル・ヒュユク（紀元前六五〇〇年ごろ〜五六五〇年）の最近の発掘から想像されるものである。そこでは家の床下に埋葬された遺体がみつかったのだが、ハゲワシによってかもしれないが、肉が除去されたあとの体だった。[★11]肉がなくなってしまえば、もう変化しないのだから、おそろしくないのだろう。

遺体運搬の問題があるので、やすらかに憩わない死者の埋葬には居住に適さない低地が選ばれると予想されるだろうが、実際にもこのことはヨーロッパの多くの地方の民間伝承によって裏付けられる。このような死体は沼地と湿地に葬られるのがふつうだった。[★12]ここでも、こうした場所の選択が死体処理法に影響を与えていることを考えなくてはいけない。沼地では、土壌は遺体を埋めるに十分なだけ深く、岩がまじっていることもない反面、地下水面が高いので、水の浸みてこない穴を十分深く掘ることは不可能だろう。そういうことをかまわずに埋めたり、ただ水に沈めたりすれば、やがて腐敗バクテリアが軽いガスを発生して死体はきわめて浮きやすくなるのだから、ふたたび姿をみせる可能性が大きいだろう。

これはただの推測ではない。今も昔も殺人犯人が遺体を始末するために水に投げこむのはよくあることだ[13]——今日の殺人犯人は、かつて吸血鬼殺害者が出くわした問題にまたぶつかっている。元ロサンゼルス監察医局副監察医テレンス・アレン博士によれば、死体に錘をつけて沈めたままにしておくことはほとんど不可能である。博士がみせてくれたスライドには、重さ一四五ポンドの——死体自体の重量より五ポンドも重い——鋳鉄製の発電機のケースを縛りつけられたまま水面に浮いてきた死体が写っていた。その体はすでに水面に達していたのだから、潜在的にどれだけの重さをもちあげる力があるのかわからない。少なくとも一四五ポンドの重量はもちあげるということだけだ（水の比重を考えれば、物体の実際の重量は一二五ポンドであろう）。

ブルアルデルが類似の話を記録している。

オベールという名の薬剤師がいなかでフネルーという夫婦とその兄弟によって殺害された。かれらは、死体の始末をつけようとして、鉛管に封じこめてセーヌ河に投げこんだ。そうすれば川底に沈んでいるだろうとあてにしたのだ。三日後、オベールは鉛管に入ったまま浮いてきた。

死体の浮上を妨げるにはずっと大量の鉛が必要だっただろう。死体を川底にとどめておく唯一の方法は、腹を切り開いて腸に孔をあけることだろう。こうすれば、ガスは発生してもすぐに体外に出てゆくだろうからである。[14]

この場所のおそろしい光景はいまも
忘れられない。心から追い払うことが
できない。地面一面に墓が立ちならび、
資力のある人でも地下に埋めて
もらえない。……
この墓地は完全に平らで、
雨の日は水びたしになる。
低湿地のなかの、わずかに
人が踏める部分。わたしは葬列に
従った。馬車から棺が
とり出された。……
墓の深さは二フィート半を出なかった。
好奇心から測ってみたのだ。
墓の底は軟い泥で、棒を刺せば

いくらでも沈んでゆくだろう。
墓の縁から一フィートの所まで
水がきていた。まわりの土くれは
すべて泥土で、湿原から掘りとって
きたもののよう。棺は墓に入れると
　すぐに地表の高さまで
　　浮きあがった。
鬼のような顔の黒人の悪党が、
　パンタロンは膝の上まで、
墓穴を掘ったので泥まみれ、
帽子も上着もまともなシャツも
なく——くわと鋤だけをもって
　棺の上に乗り、踏んで
水に沈めた。次に人間らしい
顔の男が棺に土くれをかけた。

——カトリックの埋葬地の描写、
ニューオーリンズ、一八三三年

死体が水面に戻ってくることにかんする証言は民間伝承にも考古学にもたくさんある。第九章でみたとおり、体を沈めておくための錘としてしばしば石が使われる。ルドルフ・グレンツは、この種の発見を論じた貴重な論文で、「［このような死体に］石の錘をつけることは、それがふたたび浮上することを妨げたかったからだという以外の解釈はほとんど不可能である[15]」と述べている。たしかにこれは筋の通った推定である。しかし妨げられているのは実際のできごとであって超自然的なできごとではないことに注意しよう。説明だけが超自然的である。[d]ここでもできごとと説明とを区別しなくてはならない。たしかに死体は、ただの浮力その他さまざまな理由から水面に戻ってくる。ニューオーリンズでは地下水の水位が高いので、「激しい雨や嵐で、最近埋められて腐りかけている死体が地表に現れるだろう[16]」。（右の引用箇所で、棺を地表下に押し込むだけのためにも踏みつけなくてはならなかったことを想起しよう。）中国では、クレイトンによれば「乾燥した埋葬地を確保するための苦労は、揚子江流域のアシの茂る地帯など、毎年きまって、あるいはたびたび浸水する地方ではとりわけ顕著である[17]」。たぶん中国人が乾燥した所に死者を埋葬したのは、そうしないと洪水のときに死体が流されて水面に浮かぶからだろう——実際問題としてそれはまれなことではない。雨の少ないロサンゼルスでさえ、こうしたことはあったのである。数年前にヴァーダゴヒルズで一〇〇をこえる数の棺が市中の大通りに流されてきた（第一六章のエピグラフを見よ）。一九八五年秋のロサンゼルスタイムズには、洪水に見舞われたルイジアナの墓地で棺が水に浮いている写真が掲載された。[★18] その写真の説明によればハリケーン・ジュアンがもたらした洪水でいくつかの棺が地面から浮かび出たという。撮影された棺は樹木に縛りつけてあった。死者がさまよい出ることを妨げるための、新奇だが有効な方法の一つである。

密閉した棺は膨張した死体と同じで、きわめて浮きやすい。棺や柩を使うのは、各種不祥事から遺体を護るためなのだが、こちらにはこちらで厄介がある。大量の空気を封じ込めてあるので、地面が水びたしになると非常に浮きやすくなる。数年前のことだが、ある地方の棺製造業者がグラスファイバーでヴォールトを造ることを検討してみたところ、地下水面の高い地域では、水面まで浮きあがって土中に空洞ができてしまうことがわかった。エンジニアは縛りつける方式——長い歴史をもつ思いつきだ——を提案したが、事業主はその企画を捨てた。[☆e]

さてここでちょっと脱線して言葉のことを考えてみなくてはならない。casket も coffin も、もとはフランス語で、遺体をおさめて埋めるための容器のことをいう。しかし最近では葬儀施設にいって **coffin** といえば、**casket** というのが正しいと訂正されるだろう。だがその相違を尋ねても、きちんと説明してはもらえない。ウェブスター（大辞典第二版）には casket として「coffin とくに高価なもの」と書いてあるだけだ。わたしの考えでは、どうしようもない言語学上の変化が起こりつつあるのだろう。時がたつうちにこの種の語は荘重さを失ってゆくが、荘重さは葬儀業界にはきわめて重要なものだ。やがては casket も同じ運命に見舞われ、われわれはフランス語からまた別の語をちょうだいしなくてはならなくなるだろう。

ヴォールト（これもフランス語だ）というのも最近の用語では棺によく似た容器で、棺をその中におさめるものである。ヴォールトは一〇または一二ゲージのスチール、その他コンクリートなど頑丈な材質で造るようだ。「ライナー」というのは、当然推察されるだろうが、やはり棺に似た物で、これをまずヴォールトの中に入れ、その中にさらに棺をおさめる。

これらの容器が全体として遺体を守る大きい力を作りあげる。つまり地下深く埋葬すれば、上にかけられた土の圧力がきわめて大きくなるので、これだけの力が必要なのである。実際、ランフトがある墓掘人のことを語っているが、墓の中から「戸を叩くような音」がきこえてくるので掘ってみたところ、土の重量で棺がつぶれていたという。★19 この話も、「墓の中からの音」と墓がへこむ現象の原因の一つを教えるものだ。

浮上は、いうまでもなく、とくに湿地に埋葬するさいに難問になる。湿原の泥炭地は「人の住まない地域」の代表で、異常な死体、とりわけ危険と考えられる死体を抱えた者にとっては、おそらく湖と同じく魅力的であろう。近年では、危険なのはだいたい殺害された――犯罪の証拠になる――死体である。以前は別の理由で危険視される死体もあった。しかし今も昔も変わらず、急いで死体から解放され、隠してしまいたいとおもう人間は、水中に処分しがちである。

湿原泥炭地への埋葬が水中への投棄の一種であることは明白だ。泥炭は鉄器時代から掘りとって燃料に使われてきたので[20]、おそらくそこにはできあいの穴がいくらもあり、そこに死体を入れて、そのあたりにある物――つまり泥炭――を上にかぶせれば、できるかぎりすばやく死体から別れ、かつ隠したことになる。だがやがて、水位があがれば、膨張して浮力の大きくなった死体が水面に浮かんでくることがあきらかになったにちがいない。こうして死体処理技術が発生した。杭で体を釘付けにしたり、木の枝や棒を格子状に組んだ物をまず体の上にのせて、その上から泥炭をかけたり、あるいは石を錘につけたりすることを人びとはおぼえた。その結果、湿原泥炭地の埋葬特有の発掘物、杭、柴、石などにわれわれは出会うことになった。じつのところこうした物の役割は多くの場合、明白で誤解する余地はない。P・V・グロブはある遺体について次のように述べている。これは「グンヒルト女王」と名づけられ、作業員たちが軟泥炭のなかから引きあげようと努力したがうまくゆかなかった。「失敗の理由が初めはわからなかった。遺体は軟泥炭のなかに埋まっているようにみえたからである。

ところがよく調べてみて、遺体は、両膝と両肘の関節部で、曲げた木の枝によって下の泥炭層に固定されていたことがわかった。そのうえさらに胸と下腹部が太い枝でおさえつけられ、その両端がやはり細い木の枝を曲げた物で固定されていた。つまり死者は、頭が東を指し、顔は入り陽の方に向けて、湿原に釘付けにされてよこたわっていたのである★21。当時もいまと同じで、膨張と浮力という現象をだれでもが理解していたのではないが、湿地に「グンヒルト女王」を釘付けにした人びとがそれを理解していたことは明白だ。だが、どれぐらいの数の死体が湿地にただ投げこまれたかはわからない。それらは水面にとどまっていた（あるいは戻ってきた）かぎり、損傷されずに残りはしなかっただろうからである☆f。

葬儀の手続きをすべてもれなくとり行なうことが重視される理由の一つがこれでわかった。それらの多くは、たんに呪術的な意図から生まれたのではなく、埋葬のさいの必要条件に起源をもつのである。実際、死者は、デーモンに助けられなくても、宇宙の自然法則によって墓から出てくるかもしれないのである。

☆a——このような遺体は異常に重い。運搬する者の恐怖の反映だとおもわれる。『グレティルのサガ』,72、ヴァカレルスキ（Vakarelski, 37）、レムケ（Lemke, 3:51）、ブラウン（Brown, 35）を見よ。

☆b——小さい墓を多数掘るより大きい墓を一つ掘るほうがずっと容易である。共同の墓を掘るには牛馬に引かせて大掛りな道具を使うこともできようが、一人用の墓は人間が掘るしかない。しかも共同の埋葬は土地利用の効率もよい。地表面積が少なくてすむし、墓のなかでも遺体と遺体のあいだの空間がむだにならない。

☆c——死者とともに暮らすということもときにはたしかにある。わたしの知人の考古学者がインドネシアで通りかかったある家のなかには、処置するのによい時機を待って、五か月も死体が置かれていた。その家の近くを通るのも不愉快なほどすさまじいにおいだったという。ふつうは、遺体を家族の居住空間に置く前に、それがなにもできないように——乾燥、防腐処置、焼却などによって——する。たとえばアメリカでは、死者の親戚が灰をつぼにいれて保存するのは変わったことではない。オーストラリアの例については、ベルント、ベルント（Bernd and Bernd, 410)、アイルマン（Eylnann, 230）を見よ。

☆d——石についての新解釈もある。たとえば、わたしがみたある話では、石は、吸血鬼の犠牲になりそうな人の体重と同じ重量のものにするといわれている。吸血鬼はその犠牲が自分のそばにいるとおもって、さがしにでかける必要を感じないというのである。

☆e——情報源はカリフォルニア州グレンデール、S・S・カスケット会社のロバート・B・ジョンストン氏である。たびたびの問い合わせに親切に根気よくお返事いただいたことにお礼を述べたい。

☆f——体は湿地に投げこまれた場合、必ずしも水面に現れるとはかぎらないだろう。体の比重は水よりほんのわずかに大きいので、初めは沈む。冬で、水が冷たければ、その低温によって体が保存されているうちに、水中の抗生物質が体内に入りこんで、腐敗菌の活動を妨げるかもしれない（Christian Fischer, in Cockburn and Cockburn, 177)。

第15章

水底の墓にくだる

Down to a Watery Grave

死体の浮力が民間伝承に反映したものは、亡霊が歩くという信仰（母なる大地は汚れた死体を吐き出すというロシアの信仰にすでにみたとおり）にとどまらない。たとえばグリムが、死体が水面に現れることを説明する類似の信仰を報告している。川や湖が毎年一人の罪を知らない子どもの供犠を要求し、死体では納得せずに早晩岸に投げ返してくる、というのである。★1 同じくグリムが伝えている次の中世の物語は、詳しく検討してみる価値がある。

一二六七年のこと、プフォルツハイムに欲の深い老婆がいて、罪を知らない七歳の女の子をユダヤ人に売った。ユダヤ人は、その女の子が大声を出せないように口をふさいで、血管を切り開き、それから布でくるんで出血を止めた。かわいそうな女の子はこういう目に遭ったのでまもなく死んだ。するとユダヤ人は、頭に石の錘をつけてエンツ川に投げこんだ。数日後にマルガレートという名だった少女は流れる水の上に小さい手をまっすぐに伸ばしていた。漁師たちがこれを見ておそれた。それから人びとが走って集り、公爵自身さえやってきた。漁師たちが水から引き上げると、その子はまだ生きていた［!］が、人殺しに復讐を、と叫んで死んだ。例のユダヤ人が疑われて呼び出された。かれらが近寄ると、死体の傷口が開いて、血が幾筋も流れた。ユダヤ人と老婆は罪を認めて処刑された。プフォルツハイムの公爵の城に付属する教会の入口近く、人びとがひもを引いて鐘を鳴らす所に、この子の棺がいまもあり、その上に文字が刻まれている。★2

こういう話を前にすると、われわれは本当とはおもえないことといっしょに本当らしいことまで投げ捨ててしまうことがよくある。しかしそうしようとする気持ちに抵抗すれば、こんなふうに起こったはずはないけれども、こんなふうに起こったようにみえたかもしれないできごとに向き合うことになる。次に示すようなできごとと疑似できごとを考えてみなくてはならない。

1．体に錘をつければ水中に沈む。この子どもはおそらく口をふさがれたせいか、あるいは傷のせいで死んだのだ（傷は、死後、川の中で、さまざまな理由からついた可能性もある）。

2．体は数日後に水面に戻ってくる。マントによればヨーロッパでは、夏なら二日から三日のうちに、春か秋なら三日から五日のうちに、水面に浮かぶのがふつうであるが、冬は最高六週間かかることもある。[★3] ここにもまた、体が重い石を水面までもちあげたことも含めて、異常なことは何一つない。

3．子どもは（一度すでに死んだといわれるが）最後まで生きている。しかしまもなく死ぬ。おそらくここで示されているのは、生か死かの区別ではなく、死体を動かすかどうかの区別である。死体は動かされれば、驚くような反応を示す。たとえば手足は、死体硬直が終わったのちなら、重力や、死体がもちあげられたり運ばれたりすることによって生じる内圧に反応して動く。放置すれば完全に死んでしまう。これも、ヨーロッパの吸血鬼に広くみられる現象である。

4．体が「復讐を求めて叫ぶ」。これが何を意味するのか、正確に知るてだてはない。体が文字どおり叫ぶことは、場合によっては充分ありうるだろう。しかし、「復讐」の部分は、語り手が殺された体の情念を推察して解釈したものであろう。別の可能性もある。言語による意思疎通が成立しないところでは記号や印がその代りをする。この言葉の意味するものが、たとえば開いてじっとみつめる眼など、死体の外観、あるいはテクストが伝えていないなにかに基づいているということもありうる。

5．死体は殺害者の前で血を流す。われわれはすでに、(a)死体は血を流すことがありうること、(b)容疑者はこの吟味のさいに死体を動かすことを求められたのだろうということをみてきた。昔の吟味の多く——たとえば拷問による吟味——と同じくこの吟味も、必ず罪人を作りだすように計算されていた。ユダヤ人が自白したのは当然で、すでに有罪が証明されてしまったのだからである。自白を拒んでみても、次の吟味が、すなわち拷問が待っているだけだろう。

死体が血を流すことは、条件がととのいさえすれば、手を触れなくても起こりうる。[★4] 一九世紀末のフランスの病理学者ブルアルデルが、その実例を示す話を伝えている。

ルルドのガーヴ川で死体が発見され、小屋に運びこまれた。時刻は午前一一時、大変あたたかかった。体を調べた医師は、頭部にいくつか傷があるのに気づいたが、川が流してきた石でできたものだろうと考えた。検察官が事件の報告を受けて、法律が動きはじめた。最初の所見が記録されてから数時間たった。

頭部のどの傷もわずかばかり出血しはじめた。裁判所職員がつれてきた医師は、その傷は新しいものだといった。ところが調査の結果、その男がガーヴ川にとびこんだ（自殺だったことが判明した）のは前日の朝で、水からひき上げられたのは死後二四時間たってからであることがわかった。

出血したのは、腹腔内にガスが発生、充満したために、死後の血流循環が起こったせいだった。このような事態は、ガーヴ川の冷たい水から死体をひき上げたあとだからこそ起こりえたものであ

―った。[★5]

ここから、死体があたたまると、本格的にガスが形成され、[☆a]そのために血液に圧力がかかって、おのずから流れはじめることがわかる。類似の事例をトマス・ノグチ博士からきいたことがある。男がプールの近くでころんで頭を打ったため、プールに落ちて溺死した。死体の写真をみると、プールのふちに遺体がよこたえられ、頭の小さな傷から自然に流れ出た血液が長い線を引いている。ノグチ博士によると、溺死、窒息死、ショック死の場合は、凝固を妨げる酵素を組織が作るので、血は液体状のままであることが多い。しかも真水の中では、体のほうが塩分濃度が高いので、水分を吸い込むことになり、[★6]循環系の圧力が高くなる。その体が水からひき上げられると、急速に液体を流出する。

この話のできごとは、語り手の説明を除去してみれば、相当わかりやすくなる。残念ながら若い娘たちが、あるときは変態性欲者によって、あるときは両親によってさえ、口をふさがれて殺されることは稀ではない。そしてこの種の残虐行為にたいする社会からの特有の反応の一つが「魔女狩り」である。中世のユダヤ人は端的にいって選りぬきのスケープゴートだった。かれらの宗教儀式には罪のない子どもの血が必要なのだと人びとは信じた。

しかし、われわれがこの話を事実であると想定するのは、このようなできごとが実際に起こりえたからでしかないということはいうまでもない――そしてこの点を強調しなくてはならない。グリムがこの話を伝説として扱っているのはまことに適切である。この話はたぶん、必要に応じて地名を変え、本当らしくするために細部をいろいろと変えて、ほぼヨーロッパ全域で語られただろうとおもわれるからである。わたしがいうのは、この話は真実だということではなく、実際に起こったできごとがもとになっている可能性があるということだけである。☆b

水面に戻ってくる死体の性質から、ヨーロッパをはじめ世界中に多数の民間伝承が生まれた。このような伝承の形は、すでにみたとおり、起こった事件の経過全体からではなく、そのうちの観察された部分から導き出されるのであるから、われわれが出会うのは、そうした継続する画面が結晶して亡霊にかんする命題になったものである。そのなかには、暗号を読み解いてしまいさえすれば、意味はまったく明瞭なものがある。「吸血鬼は墓から出てくる」というような命題はその一例であって、これが観察（死体が地表で発見される）とその観察からの推論（墓のようすが変わっている。吸血鬼が外に出ようとしているにちがいない）の両方に基づくことは明白である。（第一八章で吸血鬼が墓から脱け出すさらに別の方法を考察しよう。）

しかし、命題と一つの画面との関係を推量することしかできないこともしばしばある。ヨーロッパの広い範囲で確認されている「亡霊は水を渡ることができない」という命題はその例である。[★7] この点はわたしは主張するつもりはないが、これも観察からの推論だということはありそうだ。すなわち死体が水面に、あるいは水浸しになった地面にたどりついて、そこで死んでいる姿が発見される。こうなると、死体がそこにあることだけでなく、死んでいることも説明しなくてはならない。提出された説明は、亡霊は水を渡ろうとしてしそこねた、というのである。[☆c]

このような画面はまた、吸血鬼は夜明けまでに墓に戻らなくてはならない——すなわち死んで発見された吸血鬼はそうしそこねたのだ——という信仰を形成させたかもしれない。[★8]（しかしわたしの考えでは、この信仰は主として吸血鬼の非物質的な特性から導かれたのである。この点についてはのちに述べる。）この画面はまた、「吸血鬼は決して溺れない、つねに水面に浮かぶ」[★9]というムルゴチの報告をもっとも簡単に説明するものでもある。実際にも死体はきわめて浮かびやすくなるのである。

ついでにいうなら、吸血鬼だけでなく魔女も魔法使いも浮かぶのである。水による吟味はヨーロッパでは魔女をみつけるための普遍的な試験になった。ジェームズ王の言葉を引用するなら、「洗礼の聖水をはねつけ、その祝福を故意に拒んだ者たちを、水はその胸に受けいれることを拒むだろう」[★10]という仮定がそこにはあった。一五九九年にブレスラウで一人の老女が水に沈まなかったために、首切役人の手で斬首された。[★11] これは、観察可能なできごとに基づく区別——体は沈むか浮くかどちらかである――に神話的説明――ロシアの母なる大地が汚れた死者を吐き出すのと同じように、水はかれらを受け入れないことを選ぶ――を加えたものである。[☆d]

吸血鬼と魔女には他にも類似点は多数ある。どちらも赤い大網膜を頭にかぶって生まれてくる、[★12]どちらも血を吸い、白い肝臓をもち、元来不愉快な人間だった者たちが変身したのであり、体に明瞭な目印があり（たとえば「検査報告」のスタナッカ、ブレスラウの靴屋）、同じ厄除けが効く。[★13]最後に、どちらも死後掘り出されてもう一度殺されるだろう。[★14]

この一致がはなはだしすぎることは、一目瞭然である。われわれの意味の世界の分割の仕方がインフォーマントたちとはいくぶん違うことはあきらかだ。インフォーマントの多くはこの二つの概念（魔女と吸血鬼）を区別しない。たとえばカシューブ語には、亡霊を意味する語の一つに stryz があるが、マンハルトはこれを「魔女」という意味のポーランド語の単語と関連づけて、魔法使いと訳している。[★15]また東ヨーロッパの広い範囲では魔女ではなく死者が聖木曜日の前夜にとくに活発に活動する。[★16]多くのインフォーマントにとって、とりわけスラヴ人にとって、吸血鬼／亡霊と魔女は融合しがちである。このことを別のいいかたでいったのが、先にみたとおり、「魔女と魔法使いは死後吸血鬼になる」という命題である。すなわち生きているあいだ嫌疑を受けていた者たち――魔女――は死んでも疑われ、掘り出されて殺されるのである。

この種の死体の発掘はきわめて多くの地域できわめてたびたび行なわれたので、どの時代の民間伝承にも、このような話で起源は場所的にも時代的にもさまざまなものが多数あると考えてよいだろう。したがって、口承されるうちにできごとがすっかり変わってしまって、真実など一かけらでもあるかと本気で疑いたくなるような伝説的な話（たとえば吸血鬼のメルヘンがたくさんある）のみならず、本当らしくて分析も容易な歴史的な話（「検査報告」のような）にも出会うだろう。[★17] こうした歴史と伝説の融合から独特の問題が生じる。つまり、民俗学者は歴史的な話に出会ったときに、そこに伝説と似たところがあると、割引いて考えたくなるのである。すなわちわれわれは、「伝説」に似た「歴史」は信用しないのである。

しかしこのような態度は、ある重要な事情を無視するものだ。つまり、ときとしてこのような話が歴史でも伝説でも語られるのは、それがくり返し幾度となく起こるできごとを告げているからなのである。このような場合には、伝説の話とは、歴史的な話が時代を経て語り継がれるうちに変形して、ついには、同じ現象を伝える歴史的な話にまで疑いを抱かせるほどに奇怪でとても信じられないような形になってしまったものであるかもしれない。

このようなことが、吸血鬼と亡霊の民間伝承にも起こったのだろう。一般に病理学者は「検査報告」のような話を読めば、そこに記述されている現象はまったく正常だという。さらにそのうえ、多くは、わたしの解釈もまったく自明のことだとみなす。したがって、「吸血鬼」がこれほど長期間、これほどに神秘とされたのは、われわれが民間伝承のもつ伝説的な面に惑わされて、歴史的な面をまじめに考察しなかったからであろう。

このように考えると、一つの重要な原則があきらかになる。すなわち一つのできごとが「伝説」の形でも「歴史」の形でもしばしばくり返し語られるときには、「吸血鬼」の場合がそうだったように、それがたえず新しく生み出される異常事、あるいは異常とみえることを告げている可能性を考慮しなくてはならない。伝説の形があるからといって歴史の形を捨てるのではなく、最良の歴史的陳述と、それが語る実際のできごとにかんする最良の情報とを比較することから始めなくてはならない。この作業のためには、実際のできごとについて、それが——死と分解の例のように——愉快どころではないとしても、なにがしかのことを学ばなくてはならないことはいうまでもない。

死者が、条件さえととのえば、文字どおり墓から出現しうることは、すでにみてきた。その条件のなかには、浅い埋葬、水浸しの地面、捕食動物の存在などがある。しかしこれらの条件がつねに死体にとって危険だというわけではない。だいたい、今も昔もたいていの人は、死体はつねに埋められたままでいるわけではないということも知らない。したがって、仕事をさっさとすませてしまいたい人びとの手で、死体が疎略な埋めかたをされることはしばしばある。(トマス・ノグチ博士からきいたことだが、他殺死体の埋めかたが疎略な理由の一つは、埋められるのがしばしば夜で、殺害犯人は明かりも、土を掘るのに適した道具ももっていないからである。)次の章でみることになるが、このような死体が地域住民の注目を集めて殺されるときにはさらに新しい異常事がいろいろと生まれて、それらがまた、吸血鬼現象を説明するための民衆の仮説の一部になってゆくのである。

☆a――スピッツとフィッシャーによれば、「死体は冬のあいだ水中にあり、春になって水があたたまって発見されたときには、保存状態がきわめて良いということがあるだろう。しかしそのような死体はあたたかい所にもってこられれば急速に腐敗することが多い」(Spitz and Fisher, p.23)。

☆b――ジャン・ハロルド・ブランヴァンドはこの種の伝説の伝播について、貴重な(しかもおもしろい)分析を二篇書いている(参考文献を見よ)。『首を絞めるドーベルマン』は、ユダヤ人が血を求めて罪のないキリスト教徒の子どもを殺したという信仰の歴史を論じている。

☆c――肉体から分離した霊も、なにか別の理由でだが、やはり水を渡ることはできない。第一八章を見よ。

☆d――水による吟味には拷問による吟味と同じく、罪のない者(自白を拒む者/沈む者)がその無実を立証しようとすれば、苛酷な罰を受け、死ぬことさえあるというひどい欠陥があった。

第16章

吸血鬼の殺害

Killing the Vampire

町の大通りに向かって、一〇〇をこえる
死体をおさめた腐りかけた棺が
土砂崩れに押し流されてきた。
何分も経たぬうちに棺と死体は
そのあたりを埋め尽くし、窓から
家いえの居間に、商店にとびこみ、
壁にぶつかってとまった。死体の
一つはスーパーマーケットの入口に
ひっかかったきりになった。……

わたしは人員を連れてヴァーダゴヒルズに行った。

そこで、決して忘れない
光景を見た。泥土があらゆるところに
死体をばらまき、なかには奇怪にも
直立している者さえあった。……大部分は、
何十年も埋められていた者さえ、予想に
反して骸骨になっていなかった。
皮膚は失われたが、筋肉と組織は
残っていた。屍蠟形成作用で、
死体が地下のナトリウムと
水分を吸収し、体についていた
脂肪が石鹸のような構造に
変わったため、体の色は
灰白色になっていた。……
ヴァーダゴヒルズの市民が
死体に侵入されたショックから

回復したかどうか、わたしは知らない。

　正直なところ、すべての死体がまちがいなく見分けられ、正しい名で埋めなおされたという自信もない。だが、死者が墓から起きたその日、われわれはできるかぎりのことはした。

　　——検視官トマス・ノグチ博士

フラ・フィリポ・ダ・シエナの話、
　病気の息子をもつ両親がいて、神に病気をなおしてもらえなかったので
　魔女に助けを求めた。魔女は両親の名においてその子を悪魔にひき渡した。初めその子はよくなるようだったが、結局

三か月後に死んだ。その子は
三度埋められたが、教会墓地の
　神聖な地面から三度
投げ出された。神聖な地面は
のろわれた者の身体を快く
受け入れないのだ。最後には
子どものひきちぎられた手足が
教会墓地に近い小さい林の中に
ちらかっているのがみつかった。

――H・F・ファイルベルク『キュペルンにおける
デンマーク王エリック・エイィェゴッド埋葬にかんする伝説』

前にみたとおり、「死体をその場に縛りつける」理由は十分ある。そうしないと、清掃動物に掘り出されたり、侵食によって現れたり、暴風雨のとき地表に出てきたりするかもしれない。このようなことは他の（命のある）原因か、あるいは死体自体による行為とみなされる。つまりものごとはただ起こるのではなく、命のある何物かの意志が起こさせるのである。そしてこういうことが起こりうることが知られると、まったく別の目で見られて、つまり呪術によって妨げることができるものとみなされるであろう。厄除けも新解釈を受けることがあるのだから、その機能にかんしては、インフォーマントの言葉をつねにそのとおりに受けとることはできない。インフォーマントも元来の機能は理解していないかもしれないからである。最後に、文化が死体を墓のなかに保護している場合には、死体が閉じ込められているのか、動物が締め出されているのか、その双方なのかは、わからないことが多い。K・F・カルヤライネンは『ユグラ民族の宗教』のなかでこう書いている。「北方では、墓は、棺がすっぽり入る以上に深く掘ることはなく、また土で埋めるのではなく、棒切とアメリカシラカンバの樹皮をかぶせるだけである。ただし墓からにおいが漏れないように入念にする」[★1]。ここでは棒切とアメリカシラカンバは動物を死体に近づけないように、におい（捕食動物を惹きつけるだろう）と捕食動物自体の両方にたいする障壁を作るために使われるとおもわれよう。しかしもし動物が侵入すれば、「墓の穴」が、吸血鬼が脱出しようとしている証拠とみなされた例を先に見たが、それと同じ混乱が生じるだろう。穴を見た者は、なにかが出ようとしているのか入ろうとしているのか、わからないかもしれない。狼や熊の足跡が残っていてさえ、飢えた捕食動物がやってきたのではなく、変身が起こったという確信を固めさせるだけかもしれない。

異常事とみえることのなかには、埋葬のさいのやむをえない事情と、死体を保護する必要とを考えてみれば理解できるものがある。たとえば、ユーゴスラヴィア人は死体の腐敗は速いほうが良いとおもうのに、マンシッカによればロシア人は腐敗を遅らせようとする。「早く腐敗させないために、棺と板を焦がし、棺はアメリカシラカンバの樹皮でくるみ、ピッチを塗り、石灰をふりかけた」[★2]。この方法のうち二つ（焦がすこととピッチの使用）は腐敗とは関係ないようにわたしにはおもえる。アメリカシラカンバの樹皮で包むことはもっぱら空気を遮断することによって、石灰の使用はpHを高くして腐敗菌を増殖させないことによって、腐敗を遅らすかもしれない。だが、もしマンシッカの情報源が、手順については正しいが、元来の動機については正しくないとしたら、どうだろう。ここに述べられている方法は、腐敗臭を隠す、あるいは抑える手段と考えるほうが理解しやすい。すでにみたとおり、臭気はそれ自体危険視されるばかりでなく、死体を掘り出す清掃動物を惹きつけるのである。

キリスト教が普及するにつれて、シエナのフラ・フィリポの話にみられるように、亡霊の伝承にかんしても新解釈が進んだ。魔女が子どもの命を延ばすためにその子を悪魔にひき渡したが、悪魔は子どもを生かしておかなかった（それともできなかったのか）という。子どもは埋められるが、地面が再三吐き出す。最後には体は手足がばらばらになって近くの林のなかで発見された。はっきりいわれてはいないが、体をばらばらにしたのは悪魔だと考えてよいだろう。これは悪魔のいつものやり方だからである。

この種の話ではいつもそうだが（第一五章のグリムの話と比べてみよ）、語り手は、その後のできごとの進行を決める罪とおもわれるものの話から始める。できごとの根拠となるその想定を無視するなら、これは、死んで埋められたが、どういうわけか体が地表に出てきて、ひきずり去られ、ばらばらにされた子どもの話である。これまでにみたとおり、こうしたことはすべて起こりうることだ。体がそっくりもち去られたこともふしぎではない。小さい男の子なのだし、現在に比べて以前は一般に子どもの埋葬にはあまり気を配らなかったからである。[☆a] スヴェンソンによれば、手足が切断された体の場合、「体の各部分がたがいにある程度離れてあちこちにちらばっていることはごくあたりまえである。しかし手足を切断されなかった体でも同じことで、さまざまなけものや鳥が体の各部分をひきずっていって、もとの場所から数百ヤードも離れた地点でみつかることもある」。[★3]（狼や犬の群は、体を引きちぎったあと、それぞれの分前をくわえて逃げ出すので、このような結果になる。）

このような子どもたちは、悪魔に体を引き裂かれたあげく、亡霊にまでなってしまうだろう（ソンプソン『モティーフ・インデックス』425.3「子どもの亡霊」）。発見されたときの体の状態だけを根拠とする区別である。つまり体が地表に露出するだけで、完全に食い尽くされてはいないときには、墓から脱出しようとしているとみなされるのである。手が片方だけ露出していればその子は墓の外に出ようとしているとおもわれるかもしれない。

三つの画面とも同一事象（捕食動物が死体を襲う）に由来するものであるが、それぞれ違う説明が与えられている。しかも、第一の画面にはそれ以上何の行動も要らないようだが、第二の画面は、亡霊を殺し、将来同じような変事が起こることを妨げるための行動を取ることを要求するだろう。

すでにみたとおり、死体を「殺す」、あるいはその行動力を奪う理由はたくさんあった。人びとが見たものと、かれらがそれを解釈した習慣的な仕方さえ忘れなければ、多くの場合かれらが取る方法は、死体の観察にもとづいて吸血鬼の典型的な行動であると信じられたある一定の行為を妨げることを、もっぱらめざすことに気づくだろう。開いた口から舌が突き出され、血液がしみ出ている。したがって吸血鬼は歯または舌で犠牲者を傷つけ、血を吸うにちがいない。人びとはまことに論理的に、吸血鬼の口または頭部を襲うことによって報復するのである。

ときには、ナハツェーラーの場合はこれが伝統だが、頭が切り落とされる。またときには口に大釘を打ちこんで頭を地面に固定し、あるいは舌を釘付けにする。（この方法はどちらも考古学的な証拠が多数ある。この主題にかんするルドルフ・グレンツの論文がうまく要約して説明している。参考文献を見よ。）すでにみたとおり口と舌を対象とする厄除けが多い。トゲを舌に刺すのは、ロシアのウピールがするといわれているように、舌を使って血を吸うことを不可能にするためである。さまざまな物（ごみ、にんにく、硬貨）を口に入れるのは、亡霊に嚙む物を与えるため、あるいはそもそも嚙んだり血を吸ったりすることを完全に妨げるためである。口につっぱりをかったり、結ばせて縛ったり、あるいは血の代わりに食物を与えたりする。吸血鬼はにおいの強い物質をいやがるので、香やにんにくが目、耳、鼻に詰められる。頭はイバラで縛られることがある。（イエスのイバラの冠は罰としての厄除けだったかもしれない。つまりイエスは処刑されたのだから、その体は悪霊の集合地と考えられただろうからである。）しかしいずれの場合も、吸血鬼を殺したり、その機先を制したりするために用いる方法を思いつかせるのが、人びとの観察と信仰だったことはあきらかである。

吸血鬼にたいするもっとも大げさな処置――先を尖らせた杭を体に打ちこむ――は、吸血鬼の外観のもっとも大げさな特徴――膨張して大きくなった体――に関連しているが、類似のことが厄除けの慣行としても行なわれる。先の鋭どい物が死体といっしょに埋められ、あるいは死体に突き刺されさえする。死体は「吸血鬼になる」ようなことがあれば、殺される（すなわちガスが抜けて縮む）だろう。「吸血鬼には骨がない、血液の詰まった袋で、悪魔がある特定の死体から皮を剝いで、それをふくらまして作る、という考えも広がっている。それを妨げるために、人びとは、吸血鬼になるかもしれないとおもわれる人の体に傷をつける（皮膚が膨張しても、そこからガスが抜けるだろう）」[★4]とノルベルト・ライターはいう。どうやらこれは、死体はもとの姿がわからないほどすさまじく膨張し、死体硬直がなく、孔をあければ空気（実際はメタンである）が抜け、出血するという事実にたいする反応であるらしい。死体に孔をあけるという風習は、ときどき膨張から浮力が生じることが認識されるたびに、再発明されてきたらしい。ボグボディが杭で刺し通されたのは、その場に固定するためだけではなく、浮力がつくことを妨げるためもあっただろう。

　コザネによれば、ジプシーには、魂は死体が分解するまでは体のなかにとどまっているという信仰がある。[★5] 種族によっては、魂が立ち去るのを早めるために、死体から頭を切り落として両方を別々に埋める――先にみてきたように、古代ケルト人がしていたことが実証されている慣行である。また、「一定期間ののちに死者の心臓を突き刺して魂が出立できるようにする」[★6] 種族もある。魂が出口をふさがれて自力では体から離れることができないということも、死体膨張の解釈の一部であるかもしれない――しかしこれはいまのところ推量でしかない。膨張は魂が逃れようとくわだてる結果であり、体に孔をあけることが脱出路を作ってやることになる、と考えられるのかもしれない。[☆b] 分解しかけている体に孔をあければ、なにかが逃げてゆくことは、たしかにはっきりわかるだろう。

　わたしが発見した目撃者（ヨーロッパのジプシー）の話によれば、そのときは心臓が「非常に長いピン」で突き刺されたのだが、その目的は、その体のなかで生きているものを殺すことである。「魂が脱出したあと、体は死んでも心臓そのものは生きているにちがいない。なぜなら、人間の少なくともどこかの部分は生き続け、不死だからである。その生き続けるものは何であろうか。だれも知らない。この賢い女性はこの難問を解釈した。というのはこの女は心臓を突き刺すことによって、他のすべてを殺したからである。実際、この儀式を行なって以来、二度と怪しいものは現れなかった」[★7]。ここにはいくつかのすでにたびたび出会っているモティーフが含まれている。死体を最終的に始末する手段として孔をあけること、また体には一種の第二の生があるという信仰――多彩、多様な分解過程も一因になって形成されれた信仰――などである。

杭と死体の膨張との関係は、死体を殺害する前に覆いをかけるところから、さらにいっそうあきらかになる。死体にはときには獣皮または布がかけられ、ときにはごみがかぶせられるが、その根本的理由はつねに、吸血鬼殺害者に吸血鬼の血がはねかからないようにすることである。膨張した体を突き刺すときの爆発力について発表されたものはほとんどないときいても読者は驚かないだろう――いや、ほっとするかもしれない。だがわたしはアフリカで採録された話を一つみつけた。それによると、象狩りをする種族が、分解しかけた象の死体の無害で魅力的な使用法を発見したという。すなわち知人がその死体の近くに来るのを待って、槍を突き刺す。その結果は「大量のくさいガスと汚物の噴出」で、そこに居合わせた者は大喜びした、と著者は記している[★8]。まさにこのような事態が、吸血鬼の体に覆いをかけることによって避けられるのだろう。そしてこれが、サマーズの言葉でいうなら「泥と排泄物を射出」★9してある牧師を襲ったヴリュコラカスのことを語るオトケールの話の、もっとも単純な説明であろう。ある一八世紀の医師も、この現象を多少経験していた。死体を切開して、悪魔に食べさせられたせいで亡霊になったとおぼしい薬草を取り出すことを依頼されたその医師は、それどころか——感情をまじえずに述べているが——「すごい力で吹き出してくる、意識を失いそうなほどすさまじくくさい大量の風」★10に見舞われた。

杭を打たれた吸血鬼の血が空中高くほとばしると語るルーマニアの民間伝承がいうのは、おそらくこの現象のことだ。ここで与えられる論理的説明は、吸血鬼には心臓が二つあり、吸血鬼を死後も生かしている第二の心臓が、血液を噴出させる、というのである。★11のちに考察する「二つの魂」説と同じように、この説も、死体の「死後の生」と血液が高圧下にあるらしいこととをともに説明する。もちろん実際は、この圧力は、膨張している体にむりに杭を打ちこむために体腔が圧縮されて生じるのである。亡霊を殺すときには、烈しく噴出する液体を避けるためにその体をなにかで覆うことを、人びとは早くから学んだにちがいない。われわれがみてきた亡霊の一人——シュレージエンの靴屋——は第二の死にさいして出血したとは伝えられていない。しかしこれはおそらく、もともと出血死だった(自分でのどを切った)からだろう。

このすさまじい話題をあとにする前に、もう一つ、体が烈しく圧縮されるような死にかた、打撃とか、刃物で刺されるとか、ある種の銃撃、とくに大口径の銃による場合などには血液が噴出しがちであることに注目しておかなくてはならない。このような形の殺害があったへやは「どこもかしこも血だらけ」で、ときには天井にまでとんでいる。それも、その暴力が加えられた方向と力を反映する(そしてそれを示す)ような図形を描いてとびちる。こうした場合には、血圧――血液をそれほど遠くまでとばす力――の主要な発生源は心臓ではなく、加えられる暴力そのものである。★12

このような情報を吸血鬼の殺害に関係づけてみても推量を出ない。それでもなにかが起こりそうだとはいってもよいだろう。一七世紀のあるフランスの話は、吸血鬼は「生きている人間と動物の血を大量に吸うので、ときどきその口、鼻、わけても耳から血が流れ出る、そしてときには棺のなかにこぼれた血のなかに死体が浮いている」★13という。(分解しかけている死体の記述としては、これは、耳のことを別にすれば十分正確である。わたしが話をきいた病理学者によれば、血液が耳に行くのは、口から流れてゆくだけである。)同じ一七世紀の資料によれば、死体が殺されると「大量の血液」が流れる――殺害が杭によるにせよ斬首によるにせよ、これも十分ありうることだ。実際、死体に杭を打てば、肺からの圧力で口と鼻から出血するのが認められるだろう。それゆえ、吸血鬼自身の血は凝固しているはずなのだから、その「鮮」血はすべて犠牲者から吸いとったにちがいない、ということになる。

見たところ、体に損傷はなく
腐敗したようすもなく、鮮血が
眼、鼻、口、耳から流れ出ていた。
肌着、体をくるんだ布、棺は
すっかり血だらけだった。
両手、両足の古い爪と皮膚は
どちらもはがれ落ち、新しいものが
できていた。こうしたことから
本物のヴァンピールだとわかったので、
かれらは習慣に従って、その心臓を
杭で刺し貫いた。すると
うめき声がきこえ、おびただしく
出血した。

——アルノード・パオレについての記述「検査報告」

ここまでくればもう、アルノード・パオレについての記述が、墓のなかに二〇日か三〇日いたのちに発掘された死体の、十分に正確な報告であることがあきらかになったはずである。体の腐敗は埋葬によって遅れているが、進行していることは内圧がもっとも明瞭に示している——血液が鼻と口から押し出されている。爪ははがれて爪床がみえているのだが、これが「新しい爪」と解釈されている。スキンスリッペジが起こって表皮がむけ、下の「新しい」真皮がみえている。真皮の赤いのが、この体が吸血鬼の体であることの証拠とされている。赤＝血＝吸血鬼という等式である。

このようなことがらのなかには、吸血鬼が発掘されたときにはだいたいにおいて異常事として記録されているにもかかわらず、吸血鬼神話にほとんど影響を与えなかったようにおもわれるものがある（爪、皮膚）。しかし三つの現象——杭を打たれたときの吸血鬼のうめき声、「分解しないこと」、血液の存在——がきわめて多様な推量を生みだしてきた。

われわれはすでに「口についている血液」の現象を理解した。有名なパオレのうめき声に頭を悩ます必要もない。それどころか、杭を打たれたときに体が何の音も出さなかったとしたら、そのほうがおかしいだろう。杭が打ち込まれると、肺の圧縮が起こって、空気とガスがかなり烈しく声門を通って押し出されるので、発声の部位も音質も、生きている人間のうめき声に似た音響が生じるのである。

このことは、プロイセン王立科学院が一七三二年に「検査報告」を分析して、異常とされているいくつかの現象を説明した文書のなかで指摘されている。しかしこの分析は、無味乾燥なせいで、近年シュトゥルムとフェルカーがすぐれた吸血鬼文献集[★14]を編んでそこに採録するまでは無視されていた。吸血鬼のうめき声はつねにうめき声と解釈されるわけではない。わたしがみつけたある話はブタの悲鳴にたとえているし、[★15]アリベルト・シュレーダーが引用している一八世紀セルビアの話は同じ音響についてまた別のことを語っている。

　医師たちが検査して、二〇日間地中にあった四つの怪しい死体は腐敗していないことが確認された。ヴァンピールかまたは蛇[☆c]がそれらの死体を占領することをおそれて、村民は死体の首を切り落とし、男性には心臓に杭を打ち込んだが、このときなにかが壊れるような大きい音がした。それから死体をすべて焼却した。[★16]

まず首を切り落とされ、次に杭を打ち込まれた死体からどんな音が出るのか知るのはむずかしい。たぶんここに書かれているのは、ふくらんでいた体腔の裂ける音か、それとも肋骨の砕ける音かもしれない。いずれにせよ吸血鬼の「うめき声」はもっぱら杭を打つときのものであるらしい。つまり解

剖（「検査報告」のように）や斬首や焼却のさいには起こらない。おそらく後者の処置では胸腔に突然強い圧力がかかったりしないからだろう。

見たところ分解が始まっていないことは、民間伝承のなかで、発掘、および死体が活動不能になる過程を促進するさまざまな方法を必要と感じさせる一因となっている。死体はほっておけば、やがて安定するか、少なくとも急には何ごとも起こらない状態に達するだろう。バルカン諸国では、死体は数年後には骨しか残らなくなることが予期されており、その時点で墓を掘り起こし、遺骨を集めて最後の葬儀を行なう。そのあと遺骨は再度、納骨堂に納めたり、埋めたりして処理される。

掘り起こされたときに遺体がまだ完全には腐敗していないと、掘った人びとはたいそう悲しむ。ローリング・ダンフォースのギリシア田園地方の遺体発掘にかんする研究書にその一例が載っている。

しかし多数の女たちはエレニの遺体のみじめな状態をみて驚き当惑した。五年もたったのに、エレニの髪と服はなぜ分解しなかったのか。骨はなぜきれいに白くなっていないのか。これを自然の原因のせいにする女たちもいた。墓は非常に深く掘ってあった。墓地のへいぎわ[☆d]で日が当たらない位置だ。服はナイロンだ。それに反対の女たちもいて、体が完全に腐らず、骨が黒くてよごれているのは、生前に赦されない罪を犯した人間だと信じていた。[★17]

ここには同じ現象にたいする自然主義的説明と神話的説明とが並置されている[e]。後者は体の状態を、イデオロギーとは無関係な物理法則ではなく、意図的な道徳律から導き出してくる。

死体の「死後の生」のいくつかの面と、それらが生者にたいしてもつ意味とを考えてみれば、ギリシアの村人の悲嘆は理解できよう。第一に、黙って静かに分解してゆかずに醜悪になり、あさましい悪臭を発する、おぞましい死体に出会ったショックである[f]。次は、分解の結果がさまざまなことから死体の行動がさまざまになってくることにたいする困惑がある。死体がする可能性のあるあらゆることに慣れるというわけには、とてもゆかない。ギリシアではこのことはヴリュコラカスの呼称がいくつもあることに反映している。あきらかにそれらの語は、分解に関連する正常なできごとと語源的に関係している[g]。

悲嘆の理由の第三は感染の恐怖であるが、これはわれわれのよく知っているような形では表現されないだろう。カレリアでは、死者は「病気をうつす弾丸を射撃する[18]」といわれる。殺人も伝染することを忘れてはいけない。つまり一人が殺されれば、報復として殺される者が出てくるからだ。その次つぎの殺害犯人がわかっていれば、そのようなできごとは長年の相互の怨恨とよばれるだろう。犯人がわからなければ、死者が死者のなかから戻ってきて復讐すると考えられるだろう。ここから「他殺者は亡霊になる[19]」という命題が生まれる。

亡霊殺害の企ては、このような背景をもつものとして理解するようにしなくてはならない。すでにみたように、ときには吸血鬼自身の武器であるもの（口、舌、頭）が攻撃され、ときには、吸血鬼の内部にいるものを、それが何であるかはともあれ、「殺す」あるいは解放するために、杭が打たれる。しかしすべての場合に、吸血鬼の始末をつける必要が、葬りかたと死体処理法に大きい影響を与えている。それらの多くは、亡霊を無害にする試みとして理解しなくてはならない。

代表的な死体処理は左のとおりである。

土葬　のちに発掘することもしないこともある
洞穴や、岩や地面の割れ目のなかに置く
遺体を岩で覆う
遺体を柴で覆う
水葬
火葬
肉の除去（清掃動物——鳥、狼、犬、ワニなど——に遺体の肉を食わせる）
台のような物の上か木のうろの中に置く

化学的手段によるミイラ化
高温の砂に埋めるか、高温の大気中に放置することによるミイラ化
防腐処置をする
火で遺体を乾燥させる

以上の方法は、みたところ非常に多様なようだが、ふつうは二つのことのうちの一方をするだけである。すなわち第一に、遺体を一つの場所に固定して、友人や親戚に害を加えることのできない所で第二の生を終らせるか、あるいは第二に、体を行動不能にし、それ以上変化しないようにするか、である。どちらの場合も、遺体は最後には平衡状態にいたることが期待されている。したがって火葬とミイラ化は実際は同じ作用をするのである。すなわちどちらも、類比によって最初の死に続いて起こる死と無秩序の原因とみなされる、最初の死体のその後の変化を停止させるのである。

ファン・ヘネップによれば、「死体そのものの破壊（火葬、腐敗促進など）については、その目的は構成要素、つまり体と魂とを分離することである。そのあとに残る物（骨、灰）が死後、死者の新しい体になることはめったにない[20]」。問題は、死者の第二の、破壊的な生を終らせる必要性である。そのためには、死体の変化を妨げなくてはならない。

分解自体も、死体の第二の生を終らせる過程の一つだ（たとえば死体が骨になるまで十分長期間埋めておく場合）というのは、奇妙におもわれるかもしれない。人びとをこわがらせ、怪物を見たと信じさせるような過程がまさに、その怪物を行動不可能にさせる過程でもあるのだ。しかしわれわれは、この二つの現象――死体の醜怪さと、動かない骨への変化――を同一過程の両面と知っているが、かれらは知らなかった。われわれのインフォーマントにとっては、二つのできごとが起こるのである。邪悪な死体から怪物が作られる（分解の前半）か、あるいは良い死体が腐敗して無害な骨になる（分解の後半）かである。

インフォーマントもわれわれと同じように原因をさがす。しかしかれらがみつける原因は、非個人的な宇宙法則ではなく、好意か悪意かをもつ意志である。体が膨張するのではなく、なにかが膨らますのである。そのうえさらに二つの重要な認識上の偏見も、かれらの推論に影響を与える。第一に、二つのできごとがあいついで起こるなら、第一のものが第二のものの原因であるにちがいない。この《ポス》ことのあとで《ト・ホーク》、それゆえに《エルゴー》、このことのせいで《プロプテル・ホーク》。第二に、かれらはある型式を推論するために一定数のできごとを必要としない。一つで十分なのである。

このような知的習慣の結果、ヨーロッパの農民は死体を発見したとき、それになにかが起こっている、とは考えず、それがなにかを「している」と考えがちだった。しかも、死体のそのような行為と、自分が住んでいる社会で起こっている困ったこととを関係づけるだろう。ここから、死亡事件が続いて起こったときに墓の中の死体を調べることへは、ほんの一歩である。

やがてそのような死体は、人びとがそれを見てうろたえるような過程がまだ始まっていなくても、習慣的にあらかじめ殺害されることになった。他殺者（または魔女あるいは無法者）は、埋葬する前に杭を打たれ、あるいは火葬された。たとえばイレセクによれば、黒海沿岸のブルガリアの僻村の住民は「すべての死者を……吸血鬼にならないように火葬にした」[★21]。いい換えるなら、葬儀と埋葬の手続きは、危険な死体を速くかつ効率よく処理する必要から発達したのである。次の章ではこのような手続きのいくつかを考察し、それらと埋葬の必要条件との関係を考えてみよう。

☆a――しばしば子どもたちの埋葬儀式はかなりぞんざいで、成人の場合に要求されるものとはことなっている。たとえばインドでは、「二歳未満の子どもの体は焼かずに埋めてもよい」(Shastri, 3)。

☆b――メタンと霊とのこのような関係は、フィンランドのカルマの前提となっているようである。カルマは（わけても）「死体のにおい、埋葬地を支配している霊」と定義されている (Collinder, 42)。

☆c――蛇と吸血鬼との関係はユーゴスラヴィア独特のモティーフであるらしい。蛇が再生の一般的象徴であることからくるのであろう。蛇が脱皮すると、古いみすぼらしい蛇から新しいつやつやとした蛇に変身するようにみえるからであろうか。「吸血鬼」が蛇に関連づけられるのは、吸血鬼もやはり再生すると考えられているからかもしれない（事実、皮膚がむける）。フレーザー

(Frazer, [1913], 59 諸所) によれば、多くの文化で蛇は不死とみなされ、神話では、人間の命が有限になったことを説明する役割を与えられているようだ。たとえば、創造主の使いが混同して、脱皮する習性を獲得して不死になるのは人間ではなく蛇だ、と誤って告知した、という神話がある。

☆d――スヴェンソンによれば「骨の色は薄い灰白色から濃い黒褐色までさまざまで、それは、死者の年齢、土壌の種類と性質、その部分がなにかの形で包みこまれたり覆われたりしていたかどうか、あるいは埋葬前に体にたいして行なわれた処置すなわち火葬の有無と程度による」(Svensson, p.399)。

☆e――ヴィルケは、亡霊の色は死体の色と関係があるという。「死体ははじめは蒼白くみえる[必ずしもそうではないが]から、幽霊はふつう白くみえる。他方、分解が進むにつれて死体がしだいに変色すると、赤や黒の幽霊が現れる」(Wilke, Reallexikon, 7:259)。

　死体の変色の一部については、ソンプソンの『モティーフ・インデックス』に次のモティーフが列挙されている。四二二・二・一赤い亡霊、四二二・二・二緑色の亡霊、四二二・二・三灰色の亡霊。亡霊(と死体)は、『グレティルのサガ』のグラムのように濃い青のこともあれば、黒いこともある(Maundrel, 201)。

　ガイガーとランケに続いて、グレータ・グローバー＝グリュック(1983)も「生きている死体」という一般的な用語に反対した。そのような亡霊は、完全に物質的な肉体をもって出現するが、「蒼白さ、臭気、不動性、骸骨というような死体の特徴はめったにもっていないからである」(Greta Grober-Glück, p.150)。撞着語法に矛盾が含まれることを批判するのは公正ではないだろうという事実はともかく、この意見は、学者もインフォーマントたちと同じで、死体を発掘したときに出会う物とはことなる死体のありさまを予想しているということを、端的に示している。

☆f――書くもおぞましいことではあるが、死体は、棺のふたをとったときにみえる面はどこもまったくなんともなっていないようにみえても、闇と水分を必要とするウジがいるために底面の方は分解していることがある、ということを指摘したい。この状態が、前面は美しいが背面にはウジ虫がうじゃうじゃいる女性、という「死を記憶せよ《メメントー・モリー》」のモティーフが生まれる一因になったのではなかろうか。

☆g——そのような単語の分析については、「民間伝承研究誌」に載せたわたしの論文をみていただきたい。参考文献を見よ。

第17章

遺体処理とその問題

Body Disposal and Its Problems

上等の骸骨を作る骨もあり、速く
だれより速く灰になる体もある。
ヒドロップスで死んだヘラクレイトスが
すぐに燃えあがろうか。毒殺された
兵士の腹が破れて、二山の薪の火が
消えたとプルタルコスに書いてある。
――サー・トマス・ブラウン『ハイドリオタフィア』

かれは眠っているようだ。
もちが悪いと恥さらしだが、

季節は夏だ、氷は切らしてる……

――「あわれなジャドは死んだ」〈オクラホマ！〉

――――

サー・ジェームズ・フレーザーがほぼ世界中ひとしくあるという死体への恐怖は[★1]、遺体の処理とかなり重要な関係がある。処理法の選択を決める必要条件のなかに次の項目が含まれると予想できるだろう。

1．すばやく、死体が「行動する」チャンスをつかまないうちに実行しなくてはならない。
2．死体をできるかぎり速く行動不能にしなくてはならない。
3．死体にできるかぎりさわらずにすますのでなくてはならない。

伝染病流行時には第一と第三の要件が第二に優先するだろう。インドの下級賤民の習俗の研究書のなかでブリグスは「天然痘、ペスト、コレラで死んだ人の体はできるかぎりすばやく始末される。埋めることもある。たいていは焼かずに、なんの葬儀も行なわずに川に投げこむ[★2]」と書いている。

この観点からみると、昔の議論の一部が新しい意味をもってくることがある。火葬と防腐処理は根本的にことなる思想がもとになっている（一方は体を滅し、他方は保存する）ようだが、じつはある意味で同じことをするのである。すなわち両方とも体を行動不能にし、怪物への変身を妨げるのである。フォン・ネーゲラインは、ミイラ化の唯一の目的は、「死体にみいだされるべき生命をできるかぎり長く保つこと」★3だというが、まさにミイラ化がしないことこそ、死体に——どういう生命であれ——命を残すことなのだという事実を無視しているようだ。

たしかに体は、命の継続を保証するために残しておかれることがよくある。だがここでいう命とは、体の命ではないらしい。一般に体の分身《ダブル》は、体を保存すれば残っている。この分身——エジプトではカーという——が、鏡像、影、夢に現れる姿などに由来することはあきらかだ。これらは相互にはっきりと区別されず、ただ一つの重要で意味深い現象とみなしてもよいぐらいだ。意識がめざめているあいだは体をまねて動き、睡眠中は独立して行動し、死後も生き続ける（死者がわれわれの夢と記憶のなかに「生き続ける」ことに注意しよう）。この分身は、本体である体が年をとればともに老いるのであるから（鏡に顔を映してみればたしかめられる）、死体が変化するにつれて分身が怪物に変身してわれわれのまわりに戻ってくることを妨げるためには、死体をその死んだときの状態のままにとどめなくてはならない。そして分身は、体の外見が変化することによってしか老いないのだから、ミイラを造る文化はしばしば、体がどのようにみえるかということにもっぱら注意を向ける。すなわち体ではなく体の外見を保存しようとするのである。例外はあるが、一般には内臓は捨てられる。重要なのは外見だけであるから、しばしば彫像が、分身の姿をもとの形のままにとどめるための手段として、体と同じはたらきをすると考えられる。[☆a]

エミリ・ヴァーメルが指摘しているとおり、われわれは、さまざまな遺体処理形式の選択に、実際にあるだろう意味以上のものをさがしている。「ギリシア文化研究者は、さまざまな時代に土葬と火葬のどちらが主流かということにしたがって、それぞれの時代の人びとの魂《プシュケー》と体《ソーマ》の理解の仕方の相違をさぐろうと、長年努めてきた。しかしそういうことは問題ではないようだ」[★4]。問題なのは、分解、火葬、ミイラ化、いずれによってでもよいが体を安定させることだ、とわたしはいいたい。

エジプトではミイラ造りが採り入れられる以前は、ヨーロッパと同じように埋葬前に遺体の手足を切断していた。ヨーロッパのこの慣行が「死後の生」[★5]を妨げるためになされていたことは明白である。その遺体は仮に埋められて、肉が分解してしまうまで地中にあり、それから遺骨が掘り出され、洗われて改葬された——いい換えれば、これまでにみてきたバルカン諸国その他世界各地で行なわれていることと同じ処理である。ヴィーデマンはエジプトのこの処理を、死者の帰還を妨げる手段とみなした。ミイラ化同様、この手続きも、実際の体またはその分身または双方を抑制する方法とみなされていたのかもしれない。分身の形は体のありさまに依存するのだからである。

さまざまな遺体処理法を、主として死体への恐怖と、死体を無害にしようとする欲求とから生じた手続きとみなすことによって、吸血鬼現象が相当理解できるだろう。そのような方法にはいずれもそれぞれの利点と欠点がある。

火葬

火葬は、第一の条件であるすばやい処理にはあまり適さない。というのは、死体を薪で焼却するには、燃焼促進剤を用いても時間がかかるし、だれかが火の番をしなくてはならないからである。第二の条件は、火葬がもっともよく満たす。というのは、死体を完全に行動不能にし、無機物である灰にさえするので、死体はもはやなにごともまったくしなくなるからである。少なくとも北インドではこれが火葬の目的であることは、遺体を死後すぐに火葬にすることが大切である、そうしないと魂が戻ってくるかもしれない（そしておそらく、先に論じたようにして体に命を与える）からだ、とクルックが述べている[★6]ところから考えられる。また本書の前の部分で述べたが、黒海沿岸のブルガリアのいくつかの村では、「死者が吸血鬼化しないように」[★7]かつては必ず火葬にした。火葬を行なう文化には肉体をもつ亡霊がいないようだという観察があるが[★8]、インドの民間伝承には亡霊が多いのだから、そのような文化は亡霊を作らないために火葬を行なう、といってもよいかもしれない。

土葬

土葬も、とりわけ岩の多い土壌の所では相当な労力を使って墓を掘らなくてはならないので、どちらかといえば処理には時間がかかる。しかし熟練労働ではないから安上がりだし、ヨーロッパでは墓を掘るのはしばしば家族や友人である。

土葬は死体を徐々に行動不能にしてゆく。しかし死体はその場所に固定されるし、その過程の進行中人目から隠されているのであるから、だれかが掘り出さないかぎり、ふつうは住民から注目されることはない。すでにみてきたように、死体が地域のできごとに影響を及ぼすためには、墓を脱出することは必ずしも必要ではない。墓のなかから影響力を行使する亡霊は多い。一般に、浅い墓は吸血鬼化の原因になるが、深い墓は吸血鬼化を防止する。おそらく、深く埋められた死体のほうが埋められたままになっていて、注目されにくいからであろう。[★9]

土葬の場合は死体にさわることは一番少ない。ふつう死体を洗うが、しばしば実行者はそれを専門にする人である。水、手拭、石鹸は、危険があるかもしれないので捨ててしまう。

土葬には他にも不利益な点がある。まず、相当程度に労働集約的なので、伝染病流行期には実行不可能になるだろう。「一八五三年に（ニューオーリンズで）黄熱病が大流行したときは、墓掘人の不足が深刻になったほどで、この仕事をすれば時給五ドルになった」[★10]。土葬に伴うその他の問題としては、埋められた遺体がそのままにはなっていないこと、すなわち鹸化したりミイラ化したりして、長年変化しないかもしれないことがある。[☆b]

二次葬でも同じ問題が起こるうえ、さらに死体にずっと多くさわらなくてはならないし労力がずっと多く必要である。だがそのかわり遺体が結局無害になったことが確かめられる。ピーター・メトカーフはボルネオのある種族を研究して、遺体を処理する側の人びとからみると問題はどういうことになるかを、簡潔に分析している。「体が腐敗して乾いた骨だけが残るようになるにつれて、魂は徐々に霊的な形に変わってゆく。死体が形を失い、見るもいとわしくなり、ついに腐敗が完了すると、魂はすみかを失う。そのような魂はみじめなありさまで人間が住んでいる村落の周辺にひそみ、不安から、生きている人びとを病気にかからせるかもしれない[★11]」。ここから、体と魂は死後も生前と変わらず関係しあっていることがあきらかになる。両者の関係が、体が最後に行動力を失ったときに終るということから、ベラワン族は体の変化を他の力によって動かされるものとみなしている、と考えられる。そうだとするなら、アメリカの埋葬の習慣は行動力のない骨を行動する肉から離さないとメトカーフが話してきかせたときにかれらが驚いたのももっともである。「ベラワン族にとってアメリカとはゾンビ候補者に満ちた国である」[★12]。

しばしば割れ目、洞穴、その他既成の穴が遺体処理に利用される。こうすれば穴を掘る必要がなく、時間も労力も省けるからである。たとえばリヴィングストンが、南アフリカのある種族が死者の始末をつけるさいの見苦しいほどの急ぎかたのことを書いているが、かれらは墓を掘る手間を省くためにしばしばアリクイの穴のなかに死者を置きざりにするのである[★13]。

遺体に岩や柴をかぶせる

この遺体処理は迅速である。墓を掘る必要がなく、死体にさわる必要もほとんどないからである。しかも体は大気、ほどほどの気温、昆虫にかこまれているのだから、行動不能になるのも速いだろう。こうしたことを考慮すれば、この方法は、とくに危険の大きい(たとえば他殺者)死体の処理のためには魅力的であろう。その反面、この方法では遺体を大きい、意志の強い捕食動物から守ることはきわめてむずかしい。この難問が、このような場所へ岩や小枝を投げるという昔の伝統に反映しているのだろう。あるいはまたこの習慣は、このような遺体はやすらかに憩えないので、ときどきあらたに岩や柴をかぶせなくてはならないという発見から始まったのかもしれない。それに、もし遺体の平安が妨げられると、腐敗しかけたすさまじい状態で墓から出てくるかもしれないからである。

水葬（流れる淡水、よどんでいる淡水、よどんでいる塩水）

どういう仕方にせよ、水中に葬った遺体は土葬と同じようにみえなくなる。しかも非常に速いうえ、死体にさわる必要は最小限である。その反面、遺体が行動不能になるまでには、火葬や防腐処理の場合よりずっと時間がかかる。実際、鹸化していつまでも保存されるかもしれないのである。ときには、流水にただ投げ込むこともある。こうすれば死体は永遠に運び去られてしまうと予想するからだが、実際は、死体は腐敗すると浮かびやすくなるので、遠からぬ川岸に見るもおそろしいありさまで流れ着くだろう。この再登場を防ぐために、しばしば重い錘をつける。同じようにして海や湖にも投じられる。

この場合の主要な難問は、すでにみたとおり、遺体を水中にとどめておくには大変な重量の錘が要るということである。そして十分重い錘を使うとなれば、ただでさえ重い遺体に加えてその錘も、水ぎわまで運ばなくてはならない。それを水に投げこむだけでも――しかも水は相当深くなくてはならない、体はできるかぎり上をめざして浮かびあがるからである――大変な苦労だ。

湿原の泥炭地に葬るほうが、水葬より好都合だ。泥炭を切り出したくぼみがすでにあるから、そこに遺体を置けばよいからである。たとえばグローバル人は「泥炭を切り出した小さい穴のなかに置かれていた。それは当時新しく掘られたのではなく、すでに草などが生い繁っていた」★14。これで、必要な作業が削減される。それに伴って、死体のそばにいなくてはならない時間、埋葬のために必要な時間も短縮されるだろう。ただしこのような遺体は長もちしがちであり、とりわけ寒い季節に葬られた者は腐敗せず、かれらはじつは死んではいないという信仰を生むことになるだろう☆c。また、すでにみたように、もし遺体が膨張するなら（温暖な季節であれば）、水位があがったときには浮いてこないように固定しておかなくてはならない。

肉の除去

効率の観点のみから考えるなら、肉の除去は遺体処理法として効果的なほうだろう。遺体をただ動物が近づける場所に出しておくだけで、すばやく処理する――そしてすばやく行動能力を失わせる――ことができそうだ。しかし実際には、この処置はじつにきたないので、それを職業とする特殊なカーストを使うことになり、費用がかさむ。チベットの処理の仕方はとくに残忍である。鳥が肉を食べるのではなく、刃物をもった労働者が、遺体の骨から肉をひきはがす。[★15] サー・チャールズ・ベルは、チベットでは他の方法をあてにしにくいのでこの慣行が生まれたのだろうといっている。「この方法はチベットのような国では便利なのである。冬のあいだは地面が凍りついて堅いので土葬は困難である。石炭はなく薪も乏しいので火葬も困難である。川に葬れば飲用水が汚染される[★16]」。死体が永遠の厄介物であることがよくわかる。容易には始末がつかないのである。ついでにいうなら、鳥が体全体を食い尽くさないことがあれば、そのできごとは民間伝承によって解釈されることになる。「のろわれた者の体だけは鳥が避けると信じられている[★17]」。

骨から肉を切りとる慣行をローソンはギリシアで墓が発掘されたさいに観察して報告している。[★18] これを考慮するなら、人骨に傷跡があったときの推論は慎重にしなくてはならない。先年朝刊（「ロサンゼルスタイムズ」一九八七年四月一九日）で読んだところでは、イギリスの考古学者たちがサマーセットで発掘をして、「カニバリズムと関係がありそうな、石器による切傷」のついた、旧石器時代後期の骸骨を発見した。カニバリズムは稀だが、肉の除去はよくあるのだから、この現象の説明としては後者のほうが（ニュース価値は小さいとしても）いっそう論理的であるとおもわれよう。

W・アレンズは『食人神話』のなかでカニバリズムの証拠とされるものの「伝聞」的性質を指摘し

ている。肉の除去がときどきカニバリズムと解釈されているのではないだろうか。いい換えるなら、食人種族とおもわれている人びとの周辺に住む種族が、イギリスの考古学者と同じ仮定をして、敵の死体の骨から肉を切り離しているからには、その肉を食べているにちがいない、と考えるのではないか。アレンズは、カリブ族 Caribs という、その名から食人種 cannibal という語が作られた種族を調査したが、食人習慣の十分な証拠はみつけられなかった。かれらは、死者は肉を失うまでは魂の国に行かない、と信じていたという。★19 ギリシア人やチベット人と同じように、かれらも魂の旅立ちを保証するために、体から肉をはぎとったのかもしれない。この説明から、食人習慣の報告が多くはインフォーマント自身の種族ではなく近隣種族についての話であることが理解できるだろう。食人種といわれる人びとはつねにその習慣を否認して、しばしば別の文化の食人習慣を語るのである。この現象は、「友人の友人」が多くの珍しくも奇怪な、そして――残念ながら――確かめようのない冒険をしたという、都会の伝説の現象と似ている。

肉の除去が行なわれていた証拠は古くからある。アナトリアのチャタル・ヒュユク（紀元前六〇〇〇年ごろ）の壁画は、頭のない死体を襲うハゲワシを描いている。チャタル・ヒュユクのこの絵のなかには、人間の脚のようにみえる（逆向きに曲っている）もののついたハゲワシを描いたものがあって、これはハゲワシの仮装をした女祭司が葬儀（肉の除去？）を行なっているのかもしれない、といわれている

（図3）。★[20] しかもある壁には投石器のようなものをもつ人間が描かれていて、その人に向かってハゲワシが飛んでゆくのだが、シュッツとキューニヒはそれをハゲワシを呼ぶ道具と解釈し、笞を同じ目的に使う近代の例を引合に出している。★[21]

清掃動物としての鳥は、現在のトルコではもはやこの目的に使われていないようだが、黒海のアナトリア側からの一九世紀の報告をみると、人間の生態系にハゲワシがうまく適合していることがわかる。

この町でたびたびみかける、もっとも不愉快で、しかも人目を惹く光景の一つは、巨大な白いハゲワシの数と、おそろしい慣れ慣れしさである。かれらはすばやく熱心に道路清掃人の気分の悪くなるような職務をはたしている。夜は町［アマシャ］をとりまく山々の岩の割れ目や人目につかない所で眠り、昼間は家々の低い屋根に止まってごみを待ち構えているか、あるいは大きい美しい円を描いて何時間も翼を広げて舞いながら獲物をみつけたらとびかかろうとねらっている。トルコ人はかれらの邪魔をせず、むしろかれらが役にたつことを認めて、ときどき殺したばかりの鶏の頭やくず肉を投げてやって住居の近くにおびきよせるのである。★[22]

図3——ハゲワシが人体をついばんでいる壁画で飾られたチャタル・ヒュユク聖家の復原図。James Mellart, Earliest Civilizations of the Near East (New York: McGraw-Hill, 1965) のグレイス・ハクスタブルの装画によって、マーク・C・ストーンが描いたもの。

もしやチャタル・ヒュユクのハゲワシはギリシア神話のハルピュイアの起源ではないだろうか。リュディアのザンサスから出土したハルピュイアの墓（アナトリアにもある）には女性の顔をもつ鳥の姿のハルピュイアが描かれている。墓に描かれるということがかれらと死との定形的な関連を想起させる。[☆d]この解釈には、ハルピュイアについて報告されているさまざまな考えかたがまとめて理解できるという利点がある。ホメロスでは風と結びつけられている（『オデュッセイア』二・六六）――ハゲワシについてなら当然のことだろう――が、ヘシオドスでは風から区別されている。[☆e]アルゴ船乗組員の物語ではアナトリアの黒海の岸辺に住む盲目のピーネウスがハルピュイアたちに悩まされている。かれらは舞いおりてきてピーネウスの食事を奪いひどい悪臭を残してゆく。このハルピュイアの「原形は腐肉を食う鳥であろう」[★23]とローズは述べている。神話のハルピュイアの半分女性、半分鳥の姿は、肉の除去に結びついて――メラートの復原図の示すように――一部は鳥の扮装をした女性によって、一部は（あるいは元来は）実際のハゲワシによって実行された儀式から生まれたのかもしれない。[☆f]

民間伝承における清掃動物としての鳥の位置について第一〇章で述べたことに関連して、博識な考古学者マリヤ・ギムブタス氏に手紙を書いて文献の教示を請うたところ、思いがけないことに、右に述べたわたしのハルピュイア観が支持されていることを発見した。ギムブタス氏はちょうど世界考古学会議（サザンプトン／ロンドン）で発表したばかりの鳥の民間伝承にかんする長い論文を送ってくださったが、そこで氏は別の観点からハルピュイアにアプローチして、「古代ヨーロッパないしアナトリアのハゲワシの女神」あるいはなにかそのようなもの「の末裔であるにちがいない」という結論を述べていられる。[★24]

防腐処理とミイラ化

防腐処理を施せば、死体は急速に行動能力を失う。しかし防腐処理はきわめてきたなく時間のかかる大事業で、腸内細菌を除去するか殺菌し、血液を抜き取らなくてはならないので、だいたい専門家の手で行なわれる。したがって、もっとも必要なときに、もっとも不十分にしかできないということになる。たとえば伝染病流行時には、防腐処理の専門家は処理の必要な死体の数が多すぎてとても手がまわらなかったり、そもそもいやけがさすかもしれない。そして火葬と同じように費用がかさむので、支払能力のある親戚をもつ死体のための処理になりがちである。

一九世紀にある旅行者が、スウェーデンのラップ人が夏には風変わりな死者の葬りかたをすることを観察した。「遺体から内臓を気をつけてすっかり抜き取り、煙でいぶし、陽の照るところに吊るしておく、そのほうが動かすにも運ぶにも楽だからだ、とかれらはいう[★25]」。これは典型的なミイラ化の例である。内臓を抜き取るのは腐敗源をとり除くため、体を乾燥するのは行動能力を失わせるためである。乾燥させれば重量も軽くなるが、これは副次的なことだろう。体を乾燥するのは夏だけだというのだから、それは、体が腐って膨張するのは夏だけだからだろう。冬は低温が体の行動能力を失わせる。このような文化では、実際のところしばしば遺体を冬のあいだ凍らせておいて、暖かくなってから処理したのである。凍っているあいだは何をすることもできないのだから、暖かくなってはじめて死体が問題になったのである。現在でも遺体を「保存する」というときには「氷の上にのせておく《ケプト・オン・アイス》」というぐらいである。

　高温と低湿度と換気によっても遺体はミイラ化するだろう。さらさらした砂漠の砂に埋める場合がその一例である。しかし砂地は本来不安定な環境であるから、そのような遺体は地表に戻ってきて、みつけた人をこわがらせるかもしれない。死体を安定させることは、一面では好ましいが、その反面きわめておそろしいことでもある。まったくのところ、吸血鬼がわれわれに教えることがあるとするなら、それは、死体は腐敗過程にあるときはおそろしいが、腐敗しないなら、それもやはりおそろしいということなのだ。

これは特別な場合である。これを行なうのは、最初の処理が終ったあとで、腐敗が始まって「吸血鬼化」の状態にある死体にたいしてだからである。死体にさわるのはきたないしこわい、という特別な条件がある。したがって死体はふつう、さわることを最小限にとどめ、死体の「武器」（すなわち頭と口）を直接攻撃し、死体に命を与えていると想定される心臓を殺すようにし（胸に杭を打つ）、あるいは死体から霊、悪魔、魂、あるいは「空気」を放出する（腹部に杭を打つ）ようにして、「殺される」。例外は多いが、ふつうは、さわらなくてもすむように死体はその場に置いたままにされる。発掘が内密ではなく当局の命令で行なわれる場合は、住民の関心が集まるので死体が一定期間展示されることがあるだろう。ブレスラウの靴屋は二〇日間だった[☆g]。死体が掘り出されすらしないこともある。ヴゥカノヴィチによれば「ヴォクス地方（ユーゴスラヴィア）では、だれかが吸血鬼になったということが知られると、ムスリムのジプシーが墓に行って、先を鋭く尖らしたビャクシンの枝を墓の中心から死者の胃まで突き通して、二度と起きあがれないようにする」[★26]。このような処置は、死体にさわることを絶対的に最小限にして殺害することを可能にするだろう。死体があまり深く埋められていない――吸血鬼の特徴の一つ――ことも前提になる。

斬首でも死体にさわる必要はほとんどない。ふつう墓掘りの鋤を使うので、道具は手近にあるし、死体に近寄らなくても作業ができる。マイヤーが引用しているあるインフォーマント（ダンツィヒ地方）の話では、亡霊の血が皮膚につくと命を失うので、斬首には長い柄のついた鋤を使うのである。[★27]ただし切り落とした頭のほうは、体の届かない所へ移さなくてはならない。『グレティルのサガ』ではグラムの頭は体の臀部の後に置かれた。一般に頭は同じ墓にふたたび埋めるのだから（もう一つ掘る手間を省くためか?）、目的は、頭を亡霊から隠すことであるらしい。亡霊が頭を肩の上に戻したり、「無頭の騎手」のように頭を抱えて歩いたりさせないためである。一般には頭と体のあいだにごみを積んで隔てる。おそらく亡霊は自分の頭がすぐそばにあることに気づかないのだろう。すでにみたとおり、頭蓋骨が体の部分とは別に埋められたり、深さを変えて埋められたりしていたことを示す証拠はたくさんある。[★28]

一七世紀の吸血鬼についてのファルファゾアの話は、たぶんできごとを正確に描いているだろう。ジュウレ・グランドという名の吸血鬼を殺しに送り出された男たちが、吸血鬼を掘り出したが、逃げ帰った。「掘り出された死体の顔はまっかで、男たちをみてにやにや笑い口を開けた」。男たちは仕方なく戻って、先を尖らしたサンザシの杭で胃を突き刺そうとしたが、何度試みても杭ははね返されてしまった。そこで一人が「遠くからくわで頭を打ち落とそうとしはじめた。しかしその男があまりこわがってぐずぐずしていたので、他の男が替わって頭を打ち落とした。すると「死者は悲鳴をあげ、まるで生きているようにもがき、墓中が血だらけになった」[h]。ここから、殺害に加わった者たちが死体にさわることや血しぶきのかかることをおそれていたことがわかる。一つの方法（杭）がだめなら、別の方法で、とにかく死体を殺すのである。もし頭を切り落として効果がなかったなら（亡霊はそののち出現しなくなったと書かれているが）、おそらくかれらは死体を掘り出して、いやらしくおそろしい物にさわるという犠牲をはらってでも焼却したことだろう。

すでにみたとおり、墓のなかに死体とともにきまって発見される物には、厄除けを目的とする物がある。網とか、死体が膨張すれば突き刺されて穴があくような先の尖った物など、身体的拘束を意図する物もある。[i] このような物は、いったん副葬品にふさわしいと定められると、新解釈を加えられたり機能が失われたりしたのちも、長く使われる。こうしてたとえば網は、亡霊になにか無害な仕事を与える——一年に一つ結び目をほどく——物と解釈されたり、先の尖った物は火葬後の遺骨をいれるつぼにもともに納められたりすることがある。[29] 後者の場合などは、霊は尖った物をつねにこわがると考えられ、尖った物の本来の機能は忘れられてしまった、というところまで信仰が変化したかとおもわれるだろう。

しばしばそのような物自体がふつうは、死者と近い関係にあったという理由で危険視され、墓に残される。こうした習慣が生まれる理由の一部は、文化が伝染ということに気づきはしても理解していないことにあるとおもう。死者も、その体に触れた道具も、伝染性の病気による死者の場合は実際に危険であろう。しかし住民は死そのものが伝染すると考える。インド中央部についてのクルックの報告は、この見解を支持するものである。

死者とともに一定の道具その他、霊が別の世界に行っても必要とするような物を埋める、あるいは焼くことによって、死者の欲望への備えもしておく、ただしこの動機にはしばしば、死者の所有だった物を生き残っている者が使うのは縁起が悪いという感情がともなっている。この風習が体の復活とか魂の再来と関係があるとか、このような供物から死者が便益を得るだろう、というようなことは否定される。親戚が死んで得をしようとはおもわないから、死者の財産――衣服、用具、武器、所持していた貨幣――は炎に委ねるのだ、とかれらはいう――ただし死者の所有物でも未使用だった物はそうしない〔強調は本書筆者〕[★30]。

この区別は、物の使用を禁じるのは、死者が所有していたことではなく、実際に手を触れていたことだという考えかたにもとづくようである。

しばしばこのような物は壊されたり、なにかの形で使用できないようにされており[★31]、それについてさまざまな説明がなされる。武器が破壊されるのは、死者がそれを親戚にたいして使うといけないからだろう。フィンウゴル人の一部族がそのような物を壊すのは、「そうしないと死者が受けとろうとしないからである」[★32]。つまり所有者について死の国に入るためには、物のほうも殺されなくてはならないのである。たんに、だれも掘り出そうとしないように壊してしまうということもあるだろう。墓がそこにあるとわからないように表面を均らしておく習慣――一三世紀にタタール人についての報告がある[★33]――も機能は同じかもしれない。しかもこのような習慣は次つぎにじつにさまざまな形で正当化されるだろう。その機能が忘れられてしまっても、習慣は必ずしも絶えないからである。ただ別の理由づけを与えられて、存続するだろう。

☆a――複雑な問題を簡単にまとめてみた。この問題は将来別の書物で詳しく論じたいとおもっている。分身《ダブル》のさまざまな種類については第一八章をみよ。

☆b――イリノイ州の次の民間伝承にはこの現象が反映しているのかもしれない。「低地に死者を葬ってはいけないもう一つの理由は、墓に水が浸みこんで遺体を腐らせるという信仰である」(カリフォルニア大学ロサンゼルス校・民間伝承百科コレクション。Saxon, 345 も見よ。)

☆c――もっともよく知られているボグボディは冬か早春に殺されたものであることは明白である(胃の内容物から推論するに)。ここから、かれらは冬至の供犠として殺されたのかもしれないという仮説が生まれた（Glob, 27; Fischer, in Cockburn, 177)。もっともらしくはきこえるが、この見解は、遺体保存が選択的であるところから導かれたのではなかろうか。「遺体が温暖な気候のときにそこに置かれたとすれば、湿地の水が体内に浸み込むより先に腸管内の嫌気バクテリアが体内に破壊的な作用を及ぼしてしまっただろう、と考えられる」とフィッシャーはいっている（Glob, 27; Fischer, in Cockburn, 191)。もしそうであるとするなら、われわれにわかるのは、寒い時期に泥炭地に置かれた死体の胃の内容物だけなのであり、冬至説に有利な証拠だけが残っているのだということになる。

☆d——ハルピュイアと死との関連には十分な証拠がある。Vermeule, 145–177 および Weicker, 5 の諸所を見よ。

☆e——かれらは「吹く風や鳥とともに行く」（『神統記』l.268)。ハルピュイアの名はさまざまな資料にアエロー、オキュペテー、ケライノーと記されている。いずれも語源はあきらかで、ローズはそれぞれ「嵐の風」、「速い風」、「暗い女」と訳している(p.28)。

☆f——死体処理を職業とするカーストを生み出す一定の条件があるようだ。わけても相当な熟練を要し、中間状態の（もはや生きているときのままでもなく、まだ分解が完了して行動不能になってもいず、このうえなくきたない）死体をいじらなくてはならない技術だということが重要である。火葬、肉の除去、そして（とりわけ）防腐処理はふつう専門家に委ねられる。土葬はしばしば家族が行なう。アメリカではわれわれはエジプト方式を用いて、まず防腐処理をし、そのあとで土葬にしている。もっと変化すれば……

☆g——発掘された遺体はしばしばこのように展覧に供される。バルチュ（Bartsch, 366）はメクレンブルクの例を引いている。わたし自身はシュトラースブルクの聖トマス教会でガラスの棺に納められて展覧に供されていたミイラ化した死体を見たことがある（ギリシアの例については Lee, 132 も見よ)。ゲルシュケは、一九一六年にヤーコプスドルフで、一七五〇年ごろに斬首された有名な「吸血鬼」ヴォルシュレーガーの体（と頭!）を見たと書いている。ゲルシュケがその体を写真に撮ろうとおもって一九四〇年に再訪したときには、二週間前に埋められたあとだった（Gerschke, 90–91)。わたしの友人も子どものころのもっとも鮮明な記憶の一つとして、ロサンゼルスの聖ヴィビアナ教会でその聖女のミイラがやはりガラスの棺に納められているのをみたという。その友人の話では、そのような（つまり展覧されている）体はメキシコの教会では珍しくないそうだ。その他の例については Ariès, 385–88 を見よ。

☆h——死体の口が開いていて顔が赤いというのはまったく正常なことだろう。杭がはね返されたのは、おそらく（膨張した）体腔の弾性のせいだろう。打たれた体が動き、斬られたときに血を流すことにも、いまではもうわれわれは驚かないはずである。わたしの推論ではジュウレ・グランドの叫び声は死体が動かされたせいだろうとおもうが、死体の頭をシャベルで打ち落とすようなことをわたしがする折はまずないだろうから、この件にかんしてじつはあまり意見はいえない。

☆i——網が墓のなかにある理由はほかにもある。遺体を墓におろすためにも使われるだろう（Talbot, 221）。

第18章

死後の魂

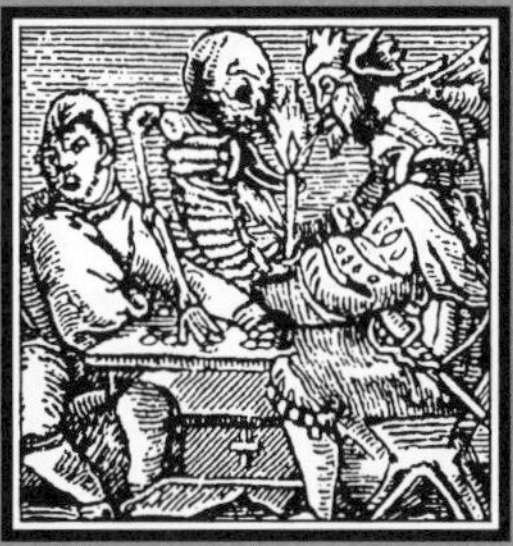

The Soul after Death

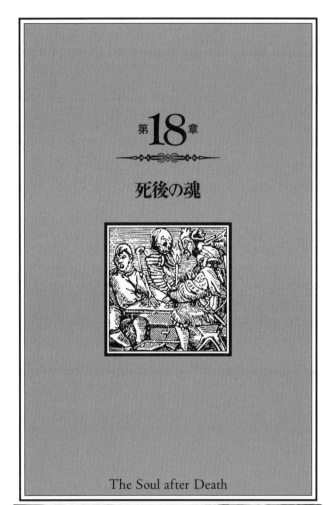

お休みなさい、神さま、
わたしの魂をお守りください、
もし眠っているあいだに死んだら、
わたしの魂を受けとってください。
――子どものための祈り

体は死後も「行動」し続けることをみてきた。このような機能は、体に生じる変化だけではなく、死に続くできごとからも推論される。みてきたとおり、インフォーマントたちは、ヴィールスや細菌ではなく、死自体がうつると信じている。かれらの生きる世界は非個人的な法則ではなく、個人的な関係によって支配されているのであるから、感染には意味と意図があり、感染の仕方は遺伝的素因とか家のなかにネズミノミがいることによるのではなく、価値と交互復讐に基づくとみなされがちである。

最近では、この状態にもっとも近いものがエイズの流行にみられるだろう。エイズの流行は、少なくとも現在のところこの病気の性質をほとんど知らない人びとを大変おそれさせ、パニックさえ起こしている。近ごろカリフォルニアでは、エイズ患者の隔離期間を定める法律を通そうとする試みがあった。この病気を制圧できるようになれば恐怖が消滅することは疑いない――しかし病気はすべて神秘であるような文明のなかで暮らすのは、どんな感じがするものだろう。おそらく――ヨーロッパで過去の時代になされたように――死者を潜在的な死の担い手として忌避することをわれわれは学ぶのではないか。

体は、焼却される場合のように、完全に行動力を失うこともあるのだから、体の死後の生と第二の死とのあいだには明確な区別があるにちがいない。後者は、体が何年も埋められているうちに徐々に「自然」死として起こることもあれば、焼却とか防腐処理のような化学的、物理的手段によってひき起こされることもある。

さて生きている体と死んだ体とを区別するものは、命を与える原理、すなわちわれわれが魂とよぶものを前者が所有することだろう。この原理は、息と同一視されることもよくある（たとえばラテン語の

「アニマ」)。おそらく、体が死ねば、そのもっとも直接的で明白な変化は呼吸しなくなることだからだろう。[a] 同じように、体は死後冷たくなるので、魂が火またはぬくもりと同一視されることもあるだろう。[1](トランシルヴァニアのザクセン人が死神に与えている名の一つに、冷たくする者《デア・カルトマハー》というものがある。[2]) われわれが死とよぶもののちに第二の生を経験している体にも、同様にそれが生きていることを説明する、命を与える原理があるにちがいない。きわめて多様な原理が存在する。そのような第二の生の魂を理解するには、これまでしてきたように、インフォーマントの目には何が映っていたのかと自問してみるのがよいだろう。

ホメロスが、議論のためのよい(多くの意味で典型的な)出発点を与えてくれる。死後、ホメロスのプシュケーは生者に現れるだろう。たとえばパトロクロスがアキレウスに、[3] エルペーノールがオデュッセウスに、[4] 現れる。ヴァルター・オットーが指摘しているとおり、このような魂は影に似て実質がないが、それ以外は、生きている人間そっくりの(等身大の)像である。[5]

等身大で非実質的なわれわれの体の像を、自然界で遠くまでさがしに行く必要はない。こうした物はすべて、どこかの文化圏において、人間の本質的な部分であり、死後も生き続けることができるとみなされてきた。

鏡像

アルフレド・メトローによれば「南米の相当数の部族で魂は影あるいは水ないし鏡に映る映像と同一視されている。魂、心臓、脈拍の観念が同一語で表現されることがある」[★6]。ここでは影と像がただの光学的現象ではなく、人間の本質的な部分として認識されている。そしてアニマと同じように、魂あるいは生命の原理が、死の瞬間に終るもの（この場合は脈拍）と同一視されている。

類似の概念はヨーロッパの民間伝承にもある。ただし、インフォーマントに魂について問う民俗学者は、わたしが多面性原理とよぶもの——魂は必ずしもただ一つの表現形をもつのではなく、多様な可能性をもって現れてくる——に出会う可能性が大きいことに注意しよう。しかもこのような概念は同一文化内でも社会によってことなるだろう。たとえばトランシルヴァニアのザクセン人のなかでも、魂の概念は一〇個以上も報告されている[★7]。魂とは不可視の霊である、あるいは白くて非物質的な（そして形のない）もの、あるいは白布で吊るされている霊（おそらく死後のことで、経帷子をいうのだろう）、あるいはそれが宿っている体に似た形、あるいはただの息、影、光、たいまつ（誕生日のろうそくはこの信仰の名残りとみなされてきた）[★8]、あるいは白い鳩、蜜蜂、蚊である。持主が悪人なら、魂は小さい黒犬の姿で地上をさまよわなくてはならないだろう。しかし罪のない子どもの魂は天使になるだろう。

民間信仰では鏡を割るのは不吉である。鏡は映った像として人の魂を内部にいれることができる、という信仰から生まれた観念であろう。たとえばブルームが引用しているギリシアのインフォーマントは「鏡が割れるのは不吉だと考える人びとがいる、鏡は人の魂をもっているかもしれないので、もしそうなら、鏡が割れるときその人も死ぬからだ」という。[★9] 写真が出現して、魂はまた別の面を手にいれた。同じインフォーマントが、「写真を撮られることをこわがる人びとがいる。ギリシア北部の農民がそうだ。写真を撮られると、その人に魂を取られるかもしれないとおもっているのだ」という。[☆b]フォン・ネーゲラインがこの信仰の例を多数あげている。[★10]

ヨーロッパにはこの考えかたの痕跡が多数残っている。もっとも広く行なわれているのは、人が死んだら鏡を壁のほうに向ける風習である。フォン・ネーゲラインはこの信仰が広く分布していることを立証した。[★11] 通常は、死者が戻ってこないようにする、あるいはひき続き死者が出ないようにするためだと説明される。ブルガリアなど、地域によっては、容器にはいっている水を捨てることを重視する、ということをみてきた。[★12] ひょっとするとこの風習も、像を映すことのできる物はなんでもとり除くことの必要性から生じたのかもしれない。つまり、魂はその体を去るときに、(像を映せる)水を魂の容れ物に好適であると考えて、そのあたりにとどまるかもしれない、と信じるからである。この解釈は、水を捨てなくても覆いをするだけで十分とされるという事実と、魂は水浴びをするという信仰があるというヴァカレルスキの報告によって、いっそう説得力をもってくる。[★13]

ルーマニアでは水の容器を覆わなくてはいけない、「そうしないと、魂は非常に水が好きなので、水のはいっている容器にとびこんで、そこで溺れるかもしれないからだ[14]」とカベイが報告している。たぶん魂が好水性だといわれるのは、水さえあればそこに映る映像と結びつけられているからだ。このことはまた、発掘後、空になった墓のなかに水をいれた容器を残すという、マケドニアから報告されている慣行の理由も説明するだろう[15]。もし魂がまだ存在していて、骨（いまでは教会にある）について行こうとするようなことがあれば、この水が魂をつかまえて墓にとどめておくだろう、というねらいかもしれない。ブルガリアでは墓に水差しを残しておく。「このような容器を十字架にもたせかけてあるのが、ブルガリアの墓地ではどこでもいつでもみられる[16]」。同じようにハンガリーでは、悪い魂が死体に入りこんで膨張させ、悪臭を作り出すというのだが、棺台の下に水の容器を置けば、それを防ぐことができる[17]。第七章でみたとおり、東プロイセンでも同じ慣行が報告されている。どちらも、水が魂をつかまえることを目的とするのかもしれない。

これは、霊は水を渡ることができないという信仰からの当然の帰結であろう。自分の映像は自分の魂であると考えるなら、なんといってもやはり、水をのぞきこんだときそこにただちに映像が現れることは重要だとおもうだろう。この信仰の結果として、ヨーロッパに広くみられる風習の一つは、死体と死亡地点とのあいだに水を注ぐ慣習である。先に述べたことだが、東プロイセンなどの地域では、死体を洗った水《ライヒェンヴァッサー》を、葬列の出発時に棺とその家とのあいだに流して死にたいする障壁を造り、それからその容器を割った。そのなかに魂が残っている可能性があるからかもしれない[18]。同様に、ラウジッツのヴェンド人は埋葬からの帰途、水を渡るという。死者の魂は水に阻まれて戻れないのである[19]。死者を――とくに平安を得ていない死者を――島に葬る習慣も、霊は水を渡れないという信仰のさらに別の結果であろう。この習慣には他の利点もある。つまり島は隔離されているので、死体が動物によって荒らされないのである[20]。

セルボクロアティアでは若死にした死者の墓を、鏡をはじめさまざまな物で飾るというシュネーヴァイスの観察も、魂としての映像説をある程度支持する[21]。シュネーヴァイスによれば、家のなかの鏡には覆いをかけ、水はこぼさなくてはならない[22]。だが鏡は、早すぎる死にかたをした死者のための副葬品としてとくに指定される。もうわかっていることだが、このような死者は潜在的に危険である。鏡は副葬品としても家のなかでも完全に同じはたらきをするのだろう――すなわち魂をつかまえるのである。相違は、家のなかには魂をとどめておきたくないということだ。魂が長く残っていなくてはならないのなら、本来いるべき場である墓にいさせよう。セルボクロアティアの、墓に死者の肖像を飾る習慣の背後にも類似の理屈が隠れているのだろう[23][☆c]。

鏡に覆いをしたり壁のほうに向けたりするのとちょうど同じように、死者の眼を閉じたり覆ったりする。眼も像を映し、したがって魂をつかまえる可能性があるからかもしれない。死体の眼をのぞきこむと、自分自身の縮小版がみえるだろう。そしてこの映像は、死体のなかでただ一つの動く物だろう。こういった状況では、死者にみつめられないようにすることがきわめて重要になってくる――アイスランドの伝説の一つが、死んだ父のあとをついて行く男のことを書いているが、その父は座位で運ばれており、だれかをみつめることがないように、頭部に布を被せてあるというぐらいだ。[★24] 葬儀の習慣のなかでは、死者の目を閉じてやるか、なにか（あるいは硬貨、あるいは小さい布切れ、あるいは石）で覆うことに、この信仰が現れている。[★25] まぶたをろうで封じたり、針で止めつけるというような極端な方法もある。グローバー＝グリュックのいうとおり、このような方法を採るところに、その処置の重要性がみてとれるのである。[★26]

最後に、来世についてのかなり変わった信仰の一つが、映像に由来するかもしれない。ストラによれば、「シベリアの人びとの多くが『あの世』は文字どおりこの世を鏡に映したとおりのものだと考えていた。この世の生とくらべると、あらゆるものが逆になっている」。[★27] この信仰はある程度理解できる。というのは、霊は水や鏡に映った姿としてわれわれに示されるのであり、これが、死後行く世界だというのだからである。たとえば、山が湖に映るとどのようにみえるか、思い浮かべてみよう。その像は、(1)実際の山より実質性が稀薄である（ホメロスの影が実際の人間にくらべて実質性が稀薄であるように）、

(2)山の下にあり、(3)逆さである。向こう側の世界は「下」にある。この場合は、ニーダムが指摘するように埋められた体は下方へ行くからというだけではなく、[★28]山の像は、実際の山が地上高くそびえているのとちょうど同じだけ地下深く沈んでいるようにみえるからである。非常に多くの文化で死者は霊界に行くには水を渡らなくてはならないとされているのは、この視点からの当然の帰結であろう。

霊界は鏡像のような関係にあるという観察結果からまた別の信仰も出てきているようだ。われわれがもう知っているとおり、霊界に到るには「正常」とは逆の(左回りの)運動によらなくてはならない。黒ミサは後から逆に唱える。霊界の目にみえる現れがわれわれの住む世界とは正反対なので、類推によって、正常とは逆の運動によってしか近づけないと考えられるのかもしれない。危険な――あの世に行きたがらない――死者を墓に俯せに(つまり正常とは逆に)寝かせることによって平安に憩うよう説き伏せられるだろうという考えかたの形成にも、この観念が影響したかもしれない。先述した報告(衣服を裏返しに着た双児は吸血鬼を見ることができる)にも了解できる面はある。つまり霊界と同じようにこのような双児はたがいに裏返しの分身だからである。

多数の文化が魂を、ほんのかりそめに体に付着しているだけだとみなしている。睡眠中や無意識時にも、死んだときと同じように完全に体から離れて行ってしまうという魂の習性がその証拠とみなされる。このような状態のときに生じる変化――反応がなくなる、呼吸と脈拍が停まったり遅くなったりする――は、一時的あるいは永久に、魂が離脱したせいだとされる。魂と体の像とを同一視するなら、魂は、他者が夢をみているときにその心のなかにたびたび侵入するとみなされる。

そういうわけで、死者が生き続けると信じられる理由の一つは、死後もかれらの像が夢と記憶に現れるということなのである。死者の像は偶有性ではなく本質的属性であると考えられる。像は人間の本質である。それが他者の心のなかに存在するということは、体と魂が分離していることの証拠である。眠っている人をいきなりめざめさせるのはよくないとする文化があるのはこのためである。つまり、その人は夢をみているかもしれない、急にめざめると魂が体に戻るのがまにあわないかもしれない。そうすればその人は死ぬからである。[☆d]

インドでは、クルックによれば「死者の霊は夢に現れる」[★29]。ホメロスでも同じことが起こることをすでにみた。眠りこんだアキレウスの前に死んだパトロクロスが現れる。ギリシア文学では死者はしばしば像《エイドロン》として現れる。「検査報告《ウイースム・エト・レペルトウム》」も、スタナッカがめざめて、九週間前に死んだ男に襲われたと話した、と述べている。すなわちその事件は睡眠中に、たぶん夢をみていたときに、起こったのである。同様にシュレージエンの靴屋の話でも、「一番〔幽霊に〕悩まされたのは、激しい労働のあとで休もうとしている人びとだった。幽霊は、ときにはその人びとのベッドのところに来て、ときには実際にベッドに横になりさえして、窒息させようとするようだった」[☆e]。つまり、幽霊を一番よくみたのは眠っている人、あるいは眠ろうとしている人である。そのうえ幽霊は音をたてて人びとをめざめさせたのだが、このことも、事件と睡眠および夢との結びつきを想わせる。このように考えるなら、死後多くの人びとを「悩ました」アルノード・パオレの話にも類似の現象が認められるし、ペーター・プロゴヨヴィッツも「睡眠中の〔犠牲者の〕ところへやってきた」のである。妻を訪ねていってオパンキを求めたというのも、他の犠牲者を訪ねたときと同じ心霊的な平面のことだと考えてよいだろう。夢に現れる人間の像は一種の魂と考えられるのだから、人びとは死んだペーター・プロゴヨヴィッツの夢をみて、夢のなかでかれがしたことと自分の病気とを関係づけた、と推理しても大胆すぎはしないだろう[☆f]。

ヨーロッパの民間伝承ではあきらかに、夢は、夢に現れた人物の訪問とみなされた。たとえばポズナインで採録された次の話を、それ以外にどう解釈すればよいのだろう。

昔ヤラツェヴォの貧しい靴屋の妻が死んだ。葬式の日の朝、靴屋は、葬式のための用事があるので、四時に起こすよう徒弟に命じておいた。ところが徒弟は寝すごしてしまった。すると死んだ妻が四時きっかりにやってきて、氷のように冷たい死の手で耳を四回殴った。徒弟はめざめ［強調は本書筆者］、驚きおそれてベッドからとび出した。[30]

亡霊が現れたのは徒弟が眠っているときだが、できごとは夢ではなく現実のこととして語られている。ヨーロッパの民間伝承には、死者の訪問だけを除けば、あとはなにもかもいかにもありそうなことだという話はいくらでもある。このような話では訪問はたいてい夜の睡眠中である。犠牲者は意識を失っていたが、朝になってめざめると記述されていることが多い。できごとが睡眠中に起こった証拠をみつけるには注意をはたらかさなくてはならない。フェケンシュテットは、夫が死んで埋葬した女性の話を語っている。「しかし死者は妻にやすらぎを与えず、夜ごとにやってきて苦しめた」[31]。妻は救いを求めて牧師のところに行った。牧師は赤いリボンに聖水をふりかけることを勧めた。「そのリボンの一本を、寝るとき［強調は本書筆者］首に結ぶようにいわれた」。つまり亡霊は睡眠中に現れるわけだ。ところが語り手にとって亡霊はあまりにも現実的なので、睡眠中であるとはっきり述べる必要を感じないのである。フェケンシュテットは、夫の「ベッドのすぐ近く」に現れる死んだ女性のことも語っているが、ここでも暗黙裡に、できごとは夫の睡眠中に起こったと了解されているようだ[32]。同じくフェケンシュテットは、墓掘人が墓地の古い骨を疎略に扱う話も語っている。「その日の晩、墓掘人がベッドに入ると［強調は本書筆者］、死人が現れて、骨を墓に戻してほしい、そうでないと平安が得られないから、とたのんだ[33]」。同じようにある女性が戻ってきて息子につきまとう。「その後死者は夜ごとに来て、眠っている息子の上に［強調は本書筆者］身をよこたえて血を吸い、それからまた姿を消した[34]」。いずれもできごとは夢のなかで起こるようだ。ついでだが、このような話では、息子は呪術的な手段に頼るよう勧められて、母親の訪問の結果から回復することがよくある。別の言いかたをすれば、回復して夢をみなくなるのである。

このようなできごとがじつは悪夢だったことをしばしばわれわれは自分で突きとめなくてはならないが、ときには、亡霊が夢に現れた、とはっきりきかされもする。男が死んで亡霊になる話をブルームが引用している。「男は死んでヴリコラクスになり、婚約者と三人の兄弟に姿をみせた」。ここでは現れかたについては何もいわれていない。しかしそのあとでヴリュコラカスはインフォーマント自身に現れる。「その夜わたしは寝て夢をみた。夢でヴリコラクスがわたしのところに来た[35]」。できごとは現実として語られているが、夢で起こることである。あきらかに、夢のできごとが現実として知覚されているのである。

インフォーマント自身はできごとを経験したはずのない話もある。通例そのような話は論理的説明を与えるように修正されており、その説明はたいてい道徳的な性質のものだ。たとえば、ある御者が、（死んだ）主人に約束したにもかかわらず主人の馬の世話をしなかったところ、夜死者が現れて締め殺した。[★36] 夜の亡霊は、犠牲者が睡眠中にしかみないということですでに疑わしいのだが、このような話ではまさに信用がおけない。たとえばいまの話でいうなら、インフォーマントはどのようにしてこれを知ったのだろうか。他に目撃者がいたとはいわれないし、御者はこの経験ののちまで生きてはいなかったのである。

　このような話は、一見了解不可能なことがらを意味のわかるものにするために作られたのであろう。たとえば問題の人物がふまじめな、あるいは犯罪的な、あるいは利己的なことをなにかしたあとで急死したとすれば、一般にその死はその行為の結果と考えられる。[☆g] 右の御者の話では、主人の亡霊は、さもなければ説明のつかない死の理由づけのために付けたされたのであろう。この方策を選ばないなら、災厄はまったくでたらめに、人間の論理性とは完全に無関係に起こることがある、と考えることになる――この哲学が普及したことは、歴史上ついぞないのである。たとえばキリスト教世界では、このような考えかたを教え導く神という概念と調和させることは困難であろう。

　最後に、亡霊の出現する環境としての夢の機能は、スラヴのモーラの話にもっともあきらかにみて

とれる。ジャン・メイチャルによれば、

魂がモーラになるというのはスラヴの一般的信仰である。モーラとは男または女の生き物で、その魂が夜になると体から脱け出し、残された体は死んだようになる。そのような体には魂が二つあって、眠っているときにその一方が体を残して出てゆくとも信じられる。……モーラはさまざまな形をとって、夜に人びとのすまいに近づき、窒息させようとする。……はじめは心地よい睡眠を送り、人びとが眠ってしまうと、おそろしい夢でこわがらせ、首を絞め、血を吸う。[★37]

これが悪夢／悪霊経験の人格化と呼吸停止の結合したものであることは、議論の余地もないぐらいである。[★38] 実際語源的にも、モーラ **mora** は英語の **nightmare** の **mare**、ドイツ語の **Mahr**、フランス語の **cauchemar**（いずれも悪夢）と同族語の関係にある。ここでも悪夢は、睡眠中の人の心中の心理的現象ではなく、外界の力とみなされている。例によって夢は意図的であって、でたらめではない。夢は他者の悪意と関係があるのであって、昨晩寝る前に食べた物や、疲労や不安と関係があるのではない。そのうえ悪夢は呼吸停止（われわれならこちらを悪夢の原因とみなすだろうが）と吸血の責任も問われる。吸血鬼に関連して先にみたとおり、吸血とは病気がひき起こす結果の解釈である。ここでは推論は、血を失えば人は死ぬのだから、それなら死んだ人は血を失ったにちがいない、ということだろう。わたしの感じでは、呼吸停止と吸血という概念は突然の死と徐々に起こる死——卒中や心臓発作と消耗性疾患——との区別を示すのである。呼吸停止というのは事実にもとづく解釈であるようだ。つまりめざめたときに息が詰まったとか首を締められた（これは呼吸停止に伴ってふつうに起こる夢の現象である）と報告する人びとがいるのだから、睡眠中に急死した人はきっと、首を締める者をやめさせるのがまにあわなかったにちがいない、と考えるのである。

● 影 ●

レイモンド・ジェイムソンによれば「しばしば『魂』とよばれる生命の本質は影に内在するという信仰は世界中、タスマニア、アフリカ、南北アメリカ、アジア、ヨーロッパから報告されている」[★39]。たとえばナイジェリアのある部族の信仰について、タルボットは「生きている人間の影は、じつは、いまのところその人の内部の狭い場所に圧縮されている魂の形である」[★40]と報告している。ギリシア語（*σκιά*）もラテン語（umbra）も影にたいする魂のこの関係を示している。[☆h] オウィディウスはプルートーを影たちの王《ウムブラールム・レクス》とよんでいる。[★41] エジプト新王国時代には「死者の魂が影と同一視されていることは明白であり、後者は体のシルエットによって、あるいは日傘の象形文字によって象徴される」[42]。

ルーマニアの民間伝承では、建造物の耐久性を保証するために人間の影をつかまえて固定することがある（本書第五章を見よ）。影を取られた人は死後吸血鬼になる。同じようにユーゴスラヴィアではムスリムのジプシーの一部は、吸血鬼は死者の影だと信じているといわれる[43]。

多数の文化、とくに北ユーラシアの文化の一部が、影と鏡像を魂と結びつけていることはまちがいない。このことをもっとも明瞭に示しているのはツングース語族で、しばしば同一単語が「魂」、「影」、「映像」の意味で用いられる[44]。ハーファによれば、モルドヴァ族は同じ単語で「魂」（または霊）、「形」、「写真」を表す[45]。影と像はやはり人間の一部であって、ただの光学現象ではない。像の種類の相違は区別されないようだ。たとえばニューギニアのキワイ・パプア族のあいだでは「キワイ族は魂を表すのに urio という語を用いる。この語は影、水に映った像、あらゆる画像をも意味する」[46]そうだ。このような現象が重視されるとき、そこには死の経験も重ね合わされている。

☆a――ここから、動物にも魂があると信じられる理由がわかる（Leach, 1050; Paulson, 84 および Caland, 494 も見よ）。動物も（死ぬまでは）呼吸し、映像も影もあり、夢に現れることがある。生命の原理としての呼吸という概念は、呼吸の乱れ――あくび、しゃっくり、いびき——はなんでも心配する伝統に反映しているだろう。

☆b——この問題を考えるうちにわたしは、ナルキッソスの話はのちの新解釈で、元来の話は、自分の映像をこまかく調べることによって魂を失うということなのではないかとおもいついた。その後、フレーザーが一九二二年にこの仮説を提出していることを発見した（Frazer, p.223）。

☆c——もしほんとうに水が像を映すから重要なのであるとするなら、この観点から墓の副葬品の歴史を考えてみることが有効であるかもしれない。たとえば青銅器時代のキクラデス文明のフライパンは、水をいれて映す原始的な鏡と解釈されているが、これが墓で発見されるのは、死者の魂をそこにとどめておく潜在力をもつからかもしれない。水の普遍的な二つの機能——死体を腐らせることと死者を封じ込めておくこと——を表現しているとおもわれる話（オハイオ）がある。「埋葬後、ギリシア人は陶器のかめに水を満たして、それを死者の出た家の石段の上で割る。これには、死者の魂を清浄に保つことと、その家が死を免れるようにすることの二重の目的がある」（Puckett［1981］, 2:1141）。墓のなかでもどこに鏡を置くかは、今後研究する価値のある問題である。ヘイズ（Hayes, 1:301）は、エジプトのミイラの顔の前に銅鏡があったことを述べている。リ（Li, 295 諸所）は中国の墓で多数の青銅鏡が発見されたことを詳しく論じている。

☆d——睡眠中に死ぬ人がいるところからこの信仰が生まれたのかもしれない。その魂が体に戻らなかったのは、突然めざめさせられたからか、あるいは（ときどき報告があるのだが）体の位置が変わってしまったからである。この信仰が実際に応用されることがある。トリールでは魔女が眠っているあいだにその体の位置を変えることによって、殺すことができるといわれた。魂はその口を通って体に戻る道をみつけられないだろう（Kyll,［1964］, 179）。アメリカではこの信仰が少し形を変えていまも語られることがある。「夢遊病者を急におこしてはいけない、さもないと死んでしまうだろう」（Puckett［1981］, 2:1141）。インドネシアの類似の信仰については Sell, 58 を見よ。睡眠は危険かもしれない——睡眠は死に近く、魂は危い状態にあるという考えかたは、初めに掲げた子どものための祈りにも潜んでいるようだ。現在知られている最古の形は一二世紀に作られたものである。

☆e――これを読むと、夢魔そのものというよりはむしろデイヴィド・J・ハフォードが『夜やってくる恐怖』(David J. Hufford, The Terror that Comes in the Night) で分析している悪霊経験のようである。この経験中は、「めざめ」、なにかが近づく感じがし、重みがのしかかるような気がするが、動くことも叫ぶこともできない。しばしばこの経験は極度に疲れきっている人に起こり、犠牲者はひとしく、経験中にめざめたと信じている。わたしの知人である科学者の意見では、この現象は、脳のあちこちの部分が同時にではなく次つぎにめざめるところから生じるのだろう。そう考えれば、めざめているのに運動能力が失われているという犠牲者の感覚は説明がつくだろう。

☆f――ユーゴスラヴィアのポドリマでは、人間には魂が二つあって、眠っているとき、一方は外に出ているという (Vukanovic [1958], 24)。これは、睡眠中に他の人びとの像の訪問を受ける――すなわちその人びとについての夢をみる――ことがあるが、その夢に現れた人びとのほうは、一時的に魂を失っても生きているという事実の合理化であろう。

☆g――無文字社会では、できごとはただ「起こ」りはせず、意図的にひき起こされるのであることを、再度強調しなくてはならない。ブルームが顕著な例を引用している。「それからしばらくして、その男はロバに乗って険しい岩山を越えようとしていた。そのとき神の力が男を押したので、ロバから落ちてひどい怪我をした」(p.78)。事故の原因は岩山の険しさではなく、その男の以前の行為(妹が修道女になることを禁じたのである)だ、というわけである。このような考えかたは、死にかかわることがらにもっとも明白に出てくる。事故死という概念はたいていの社会には無縁なものである。もしだれかが死ぬなら、それはほかのだれかが殺したからである (Lévy-Bruhl, 361; Sell, 2 参照)。

☆h――わたしは魂という語を命を与える原理、あるいはジェイムソンのいう「生命の本質」を表す類概念として使う。もちろん、われわれの「魂」はかれらの「魂」ではない。レヴィ=ブリュール (Lévy-Bruhl, 358) が、魂 (âme) という語を使うのはうまくないといいながら、数ページ後でこの語を使い、「これより良い語がないからこの語を使う」(p.363) と述べていることが、このディレンマの好例だ。わたしも、もっと良い語がないのでこの語を使っている。アンカーマン (Ankermann, 129) もこのディレンマに注意を促している。

第19章

体と魂を離しておく

Keeping Body and Soul Apart

死を説明するために、命を与える原理というものを人びとが仮定し、それを一般に各種自然現象と結びつけていることをみてきた。息の有無、体温、夢の像、映像、影の存在――これらはいずれも、体を動かし、死ねば機能を停止する、あるいは去ってしまう自動制御装置の一種と解釈されるだろう。読者は、映像や影が死亡時に去るということは立証できないと反論されるかもしれないが、ここでは光学的事実と民間伝承にかんする事実とはまったく一致しないのである。ペーター・シュレーミールのように影を失うかもしれないという信仰は広い範囲にある（なんといっても真昼には影が小さくなることはだれでも見て知っているのだ）。[★1]ベネットによればポーランドでは魂は「息、あるいはもっと凝集した形では吹いてくる霧として描かれ、あるいは幽霊または霊として思い描かれる。また影と同一視されるので、魂をもたない殺人犯は影がないことによって発見されるであろう」。[★2]さらに各種「分身《ダブル》」は無文字社会では相互に明確に区別されず、霊界のさまざまな表現形とみなされる。アンダマン諸島では魂の目にみえる形が映像であり、夜、夢をみているとき魂は体を置いて外に出ているのである。[3] ここでは(世界中同じだが)、夢の像は映像と融け合っているだけでなく、心中の現象ではなく外から侵入してくるものとみなされている。このような融合は、ロシアで子どもが鏡をのぞきこむことを禁止するところにも認められるだろう。鏡をみつめた子はやすらかに眠れないだろう。[4] 同じようにハンガリーの民間信仰は鏡をのぞきこむと悪い夢をみるだろうという。[5] 工業化以前の文化には高品質の鏡がなかったので、鏡像は水面の映像と同じように安定せず形はゆがんでたえず変化している、ということを忘れてはならない。したがって鏡像には、はじめわれわれがおもうより、夢の像と一致するところが多いのである。

しばしば複合魂(以下を見よ)によって、体がこのような面(影と像)をもつことが説明される。ラップ人のある共同体は、人が死ぬとき「息の魂」は去るが、もう一つの、ストラが「自由な影の魂」とよんでいる魂はしばらくのあいだ残っていて、ある意味で体に命を与え続けると考える。[6] このことは、死後の体が命を得ると考えられることだけでなく、死んでも体に影があることの説明にもなる。

魂を仮定することによって死以前の生が説明されるのとちょうど同じように、死後の生も説明されるのである。もし体が生き返るとするなら、それはどれかの魂の活動の結果生じることであるにちがいない。ヨーロッパの民間伝承にはこのような魂の種類がじつに多い。わたしはその一覧表を作るつもりはないが、一定の傾向には注目してもよいだろう。

魂はただ一つしか想定されていないこともしばしばある。体が死ねば離脱するが、また戻ることに決める。体を蘇生させて亡霊を作る。それゆえ人びとはしばしば、魂が確実に死の場所を去るような処置をするのである。戸と窓を開け、魂をつかまえるおそれのあるもの（たとえば反射面）には覆いをする。ときには、魂がどこかの隅に隠れている可能性を排除するために、家を掃き出す。[7] ヴァカレルスキによれば、ブルガリアでは、魂は四〇日間地上をさまよって体に戻ろうとするが、体が腐敗状態にあるのをみると、飛び去ると信じられている。[8] 体がまだ腐敗していなければ、たぶんそれは、魂が早く戻ってきすぎてしまったことの証拠なのである。同じように、北インドでは、クルックによれば、死体を速く火葬にすることが大切だった。そうしないと魂が戻ってくるかもしれないからである。[9] わたしは他のところで述べたことがあるのだが、ここから、火葬の背後にある論理的理由は、体の蘇生を妨げること——つまり体が行動できないようにすることだ、と考えられそうである。ヴィーデマンがエジプトの火葬を論じる箇所で述べているとおり、「死者の灰とともに魂は天へ昇ってゆく」[10] のである。ヘルヴァルトはヘルツゴヴィナの吸血鬼を焼却する習慣を説明して、「火炎が体を焼きつくして骨だけにしてしまえば、魂も焼け出されて、最終的に平安をみいだす」という。[11] この死体処理法は、体に命を与える原理を無力化する、あるいは解放することを目的とする。そうすれば体の機能は停止せざるをえない。

死後の体の機能が第二の「魂」の行動として説明されることは全世界共通である。魂の一つは死亡時に出てゆくが、もう一方が死体のなかに残って、なおしばらく命を与えている。だがそれもやがては出てゆく、あるいは死んでしまう。「この者たち〔吸血鬼〕には魂が二つある。その一方だけが死に、もう一つは死体のなかに残っている」[12]とあるシュレージエンの資料はいう。この魂は、もともとの魂が死後戻ってきたと考えられるのであれ、第二の魂とみなされるのであれ、一般に、体の腐敗が完了したときに立ち去る。体がもはや機能しなく――形や色を変えたり臭ったりしなく――なれば、体に命を与える原理が立ち去ったので、もはや生きている者にたいして不親切なことはできないと考えられる。ルーマニアの民間伝承でみたように、体に命を与えるのは第二の魂ではなく、第二の心臓だといわれることもある。死体を生かすのは体自体ではなく、外部の力だといわれることもある。ハンガリーでは邪悪な魂が死体にもぐり込むのであり、スラヴの民間伝承では吸血鬼を作るのは悪魔であろう。

どういう仕組がはたらくにせよ、分解は、体を鎮静させる手段の一つとみなされる。フォン・ネーゲラインの指摘によれば、スラヴ人は、魂と生きている者たちとの交渉は完全な分解をまってはじめて終ると考えていた[13]。モルドヴァ人の信仰について、死者の霊は体そのものとこのうえなく緊密に結びついており、「体は死後も、死体が存在するかぎり神秘的な生を生き続けるのである」[14]とハーファはいう。つまり死体の「生」は、それが行動しなくなるときに終るのである。墓には穴が残され、それには死者がその穴から外を見るため、あるいは魂の脱出路、という二つの説明がある、ともハーファは述べている。[15]後者の解釈から判断すると、魂は死後ただちに去るのではなく、死体が墓に入ってから——おそらく安定したときに——去るらしい。

変化し続けるのは骸骨ではなく肉なのだから、肉の除去処理のように、肉を端的に骸骨からとり去ることがしばしば行なわれる。そうしたとき、死者は真に完全に死んだものとみなされる。たとえばカリブ族は、「〔死者は〕肉を失うまでは魂の国には行かないと信じている」[16]とラフィトは述べている。同じくシュネーヴァイスによれば、死体を発掘する慣行の起源は、「死体が完全に分解したのちでなくては魂は彼岸に行けないという信仰に」[17]ある。さらにブルームは、「〔ギリシアでは〕人が死んでもその魂はすぐに地上を去りはせず、四〇日間その家のまわりに浮かんでいる、その間に望むらくは体が『分解』すれば、そのとき霊は解放されて地上を去る」[18]と述べている。すでにみたとおり、このような予想は、「死後も生きる」体の存在を保証するようなものだ。というのは、体は埋められれば、完全に腐朽するには四〇日よりずっと長い時間を要するだろうからである。

さらに、死体が分解することが大切なのだから（分解しなければ死体は戻ってきてわれわれにつきまとうのだから、掘り起こさなくても死体の状態がわかるような方法が工夫されたのは当然である。スイスからは、死者の体を洗った布を木の枝に掛けて見張っていればよい、という報告がある。布の腐朽と死体の腐朽が照応すると考えられたのである。[19] 同じようにドイツのボヘミア地方では、遺体が寝かされたわらが分解するにつれてそれと同じように墓のなかの死体が分解すると信じられた。[20] そのわらを、死者が「平安を得る」[21] 過程を速めるために燃してもよかった。ランケは同じ信仰の他の例を多数あげている。[22] ストラはこの信仰と副葬品を壊す風習とを関係づけている。「さまざまな品物を壊す処置は、それらをいっそう速く腐朽させることにもなった」[23]。葬儀の一部として動物の犠牲を捧げる習慣も、この信仰によってある程度説明されるだろう。つまり動物の肉がはぎ取られるように、死者の肉もはぎ取られるというわけだ。ブリヤート族は、供犠の馬の肉を清掃動物が食べれば吉兆とみなした。[24] 肉が食われる過程が死体の分解と重ね合わせられたのかもしれない。死体は墓によって食い尽くされるまでは平安を得ないのである。供犠がどんな馬でもよいのではなく、死者が所有していた馬だという条件には、この二つの過程のあいだの関係が前提となっている。

同じようにスコルトのラップ人には、トナカイに死者の名をつけて、それからそれを殺し、「埋葬に続く記念の食事」[25] の席で食べる風習があった。トナカイは死者の性別と身分に相応するように選ばれた。「既婚男性には去勢した雄、未婚男性には去勢しない雄、未婚女性には雌の幼獣、既婚女性には仔を産んだことのある雌[★26]」。この場合も、トナカイはまず命名と選択によって死者に結びつけられ、ついで、共感呪術によって、もっとも重要な死体の分解を促進するためであるかのように、食べられるのである。[☆a]

葬儀のことを考えると、最初は、
分離の儀礼が中心的要素で、
それに反して移行と統合の
儀礼はあまり念入りに
定められてはいないだろうと
予想する。ところがデータを
調べてみると、分離儀礼は
数が少なく単純なのに、一方
移行儀礼は、一種の自律性を
認めなくてはならないほど
長く続き、複雑なことがある。

そればかりか、死者を
死者の国に統合する
葬儀は、もっとも入念に
組立てられ、最高の
重要性を与えられている。
——アルノルト・ファン・ヘネップ『通過儀礼』

ファン・ヘネップの意見はたしかに正確であるし、問題の点を考察してみれば驚く理由もないのだ。人の死がどれほど悲劇的であるとしても、その死者がまた他の人間をつれてゆくことのほうが、やはりはるかに悲劇的であろう。移行儀礼と統合儀礼は、そういう事態を妨げることを意図する。

服喪の習慣は、死体が危険だと考えられる期間とある程度一致するようである。[★27] たとえばダンフォースは、あるギリシアの女性は五年間喪服を着ており、そののちに娘の遺骨が発掘された、と述べている。[★28] ダンフォースの指摘によれば「ギリシア語の納骨堂という語は『眠る』という動詞から派生して、文字どおり眠るための場所を意味する。ここで重要なのは、やすらかな眠りという、死の積極的な意味が、墓のなかで分解しない遺体ではなく、納骨堂に納められた遺骨と結びついていることである」[29]。体がまだ変化し、分解し続けているあいだは、まだこの世とかかりあいになっており、潜在的に災厄の原因である。それを終らせるには、死体が行動できないようにしなくてはならない。その過程は、化学薬品か火によって促進しないかぎりは、肉が腐って骨から離れるまでは完了しない。

ここで服喪の機能を簡単に考察してみたい。服喪をわれわれは死者のための悲しみと敬意の表現であると考えるが、多くの文化では礼儀ではなく必要事とみなされる。自発的に行なわれるのではなく、組織され、しばしば職業としての泣き男、泣き女が雇われる[30]。ヨーロッパでは服喪期間中はつねとはことなる色の衣服を身につけた（地域と時代によるが、白または黒である）。この慣行はアメリカでは現在は象徴的なものになっている（たとえば、団体競技の職業選手は、所属する組織に死者が出たとき、しばしば黒い腕章をつける）。しかしシュネーヴァイスの主張するように、この伝統はおそらく元来は別の機能をもっていたのである。「喪服と髪形の変化は、元来は遺族をそれと見分けられないようにすることを目的としていた[31]」。すなわち、死者が夢魔として、あるいは流行病として戻ってこようと考えたときに、その犠牲者となるべき者が外観を変えていれば見分けられないだろう、というのである。泣き女が（フォークトラントで）「厚塗りした顔をかきむしり、被った偽毛を引き抜く[32]」とケーラーは書いている。一般に死者は、生前もっとも身近にいた者にとってもっとも危険なのであるから（ランフトが一七三四年に指摘したことだが[33]、問題になるのはあきらかに、血縁関係ではなく、生活の近さである）、もっとも長期間服喪の義務があるのは、まさにその者たちである。たとえばギリシアのポタミアでは「女性が喪服を着る期間は主として死者との関係によって決まる。寡婦は生涯、あるいは再婚するまで喪服を着なくてはならない。ただし夫の遺骨を発掘する前に再婚してはならない」[★34]。ポタミアで服喪期間と、死者の最初の埋葬から発掘までの期間（やはり五年）とが一致するのは、たしかにただの偶然の一致ではない。遺骨が発掘され、行動能力がない――肉が完全に消失している――ことがわかれば、もはや外観を変える必要はない。同じ村で、「非常に若い死者、あるいはとくに悲劇的な死にかたをした死者が出ると、服喪期間は通常より長くなりがちだ」[★35]ということも、偶然の一致ではない。このような人びとが死者のうちでもっとも危険だということを、われわれはすでに知っている。おそらくその死にかたの多くは感染しがちだからである（たとえば流行病や殺人）。もし発掘された体が一部分解していたなら、「そのままもう一度埋められ、境界線上の期間が、体が完全に分解するまで延長される」[★36]。すなわち喪服着用は、体が完全かつ異論の余地なく死んでしまうまで続く。そこで脅威は終り、生は常態に復すのである。

☆a――トナカイが死者とともに霊界にはいってゆくという意図もあったかもしれない。ラップ人の信仰では、新しいトナカイを古いトナカイの骨から創造することができるのだった。

結論

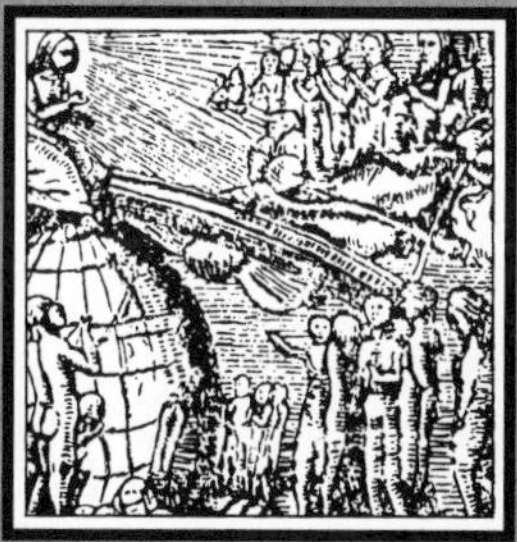

Conclusion

この者がやすらかに憩いますよう《レクイエスカト・イン・パーケ》

——ローマの墓碑銘

民間伝承というものはだいたいにおいて、単純な経験談として語られるのではなく、認識のフィルターをいくつも通ってくるので、語られているできごとは「実際にあった」ことであってもくり返し語り継がれるうちにのちには、われわれが現実だとおもうようなこととは似たところのないものになってしまう。できごとを形成するのはさまざまな過程である。一つには、できごとは非個人的な法則ではなく生きている力がもたらすものとみなされる、ということがあるだろう。死体の発見と結びついた特定のできごとは、とくに新解釈を受けやすい。それは、そのできごとが不完全にしか経験されないことになりがちだからである。たとえば一つの過程が一つの画面として経験されることがあるだろう。体が現れてくる。だがそれを発見する人びとは、過程の一段階しかみない――手が一本地面から突き出ている、あるいは体が地面から出かけている、あるいは動物が体を食べている――そして次にこれが超自然的できごととして語られる。それは罪人の手だ。体は出てきて生きている者を襲う。動物は吸血鬼を殺している。一つのできごとが多様な形の民間伝承を生む。それらをそれぞれ意見をもつ人が造りなおす――動機づけをして首尾一貫性をもたせ、それを次に過程として語る――と、もとのできごととは認められないような形になってしまう。いい換えるなら、まず証拠が解釈され、次にその解釈で証拠の不足が補われるのである。

このようにしてヨーロッパの吸血鬼が生まれたのであることは明白だ。死体はたしかに膨張し、口から血を流す――インフォーマントのいうとおり――が、そのような運動が分解の証拠としてではなく、死体が生者から血を吸った結果だとみなされる。ことなる文化に属する人びとによってこのような造り変えが行なわれれば、できごとはことなる構造のなかに置かれる。その話の起源は吸血鬼の話と同じかもしれないが、民俗学者はその死体を「吸血鬼」だと考えるわけにはゆかない。たとえばインドネシアのガレラ族は、死の国である種の死者――急死した者たち――は血を飲む習性によって他の死者から区別される、という。[★1] これは、死にかたの相違という事実にもとづく区別であるようだ。死体のなかには――たとえばなにかで傷ついて、しばらく発見されずにあったもの――唇に血がついていて、血を吸っていたと信じられるものがあることを、考慮している。[a] 死者が血を求めるという信仰は世界中共通であり、死者に血の犠牲を、あるいは赤土のようにあきらかに血の代用品である物を供える風習はここからくるのかもしれない。

しかし吸血鬼ないし亡霊は、肉体以外の形もいろいろとるようだ。死は一人の人間がもつさまざまな面をすべて消滅させるのではないからだろう。とりわけ死者の像は、夢に現れれば、死者の訪問と解される。死者の伝説にはさまざまな形の像――影、映像、記憶――が登場する。記憶のなかの死者の像は、夢とちがって生者の意志に従うのであるから、民間伝承に驚くような形で反映することは少ないが、ないわけではない。たとえばヴォグール族は、「ふつうの人間の運命は、死んで死者の国に行き、それから『第二の死』を死ぬことである。死者の記憶が生きている者のあいだで薄れてゆくと、故人は最後の死を『死ぬ』という。[2] エミリィ・ヴァーメルによれば「ギリシア人は体と魂、腐ってゆくなくてはならない肉と、死体を残して、記憶によって活気づけられうる人格の溜まり場に去ってゆく風＝息＝魂とを明確に区別していた」。[3] モイリによれば、「最近の死者とずっと前の死者とは広い地域で、ひょっとすると世界あまねく区別されているかもしれない」。[4] 前者は一般に危険だが、後者はそうではない。[b] 体が安定し、像が遠のいてしまえば、死者はもはや危険ではない。遺骨の扱いに気を使わなくてもよい。[5]

類比を広げて、病気と死の責めを死者が負わされる。いい換えれば、死は死者からくる。死者は嫉妬、怒り、あるいは憧れから、生者を自分たちの国につれてゆこうとする。これを妨げるために、生者は——適切な葬儀によって、死体をもう一度殺すことによって、あるいはまた供犠によって——死者を無害化し、あるいは宥めようとする。こうしてついに死者は無力になる。この状態は、全世界共通して、死者が夢に侵入してこなくなるというだけでなく、変化を停止して、行動力のない骨になる時点と一致するようだ。むき出しの骸骨——われわれの文化では、まさに死の恐怖の象徴そのもの——が、死体がついに安全な物になり、生きている者が害を受ける危険を脱したことの証拠とみなされるような文化があるのだ。

☆a——ペターソンがラップ人の信仰について、「一般に、死者の運命を定めるのは倫理的な価値ではなく死にかただ」(Pettersson, p.146) と述べているが、その理由がここからわかる。なんといっても「死者の運命」は観察されうる(たとえば血を吸っているかどうかによって)のであり、観察されることは、その人が善人だったか悪人だったかによってではなく、どんなふうに死んだかによって、決まるのだからである。

☆b——一般に、もっとも有力な人びと——たとえば偉大な指導者——ほど、死後災厄をひき起こす可能性も最大であるようだ。おそらくこれは類推(生前と同じように、死後も)によると同時に、このような人びとはふつうの人よりも社会の記憶に長く残るからでもあろう。

訳者あとがき

本書の原題は『吸血鬼、埋葬、死――民間伝承と実像』(Paul Barber, *Vampires, Burial, and Death――Folklore and Reality*. Yale University Press, 1988) である。訳題は、オカルトや怪奇文学愛好者のための本という誤解を招かないよう、工作舎の編集者が慎重に選んだ。著者はイェール大学でドイツ語ドイツ文学の博士号を取得し、一時プリンストン大学とオクシデンタルカレッジでドイツ語と民俗学の教員を務めたが、現在はカリフォルニア大学ロサンゼルス校ファウラー文化史博物館準研究員、ライター、ときにオクシデンタルカレッジの教壇に立つ。

民俗学の研究を、研究対象とする地域や社会に赴いて行なう調査・記録と、それらの資料の分析・理論化に分けるなら、ここで著者がしているのは後者だが、この人はただの書斎派の学者ではない。狩猟ガイドについて動物の死骸を見て歩いたり、数万羽の鶏を埋めた地面が火山のように爆発したという記事を読めば早速養鶏業者の話をききに行ったり、棺製造業者に何度でも疑問を問い合わせたりするぐらい活動的だし、その鶏噴火事件も、そもそも一八世紀ヨーロッパに生まれた吸血鬼熱も、マスコミがこしらえあげたものだというかとおもえば、序論では学者の形式主義を槍玉にあげるぐらい挑発的だし、韻文でもない引用文をやたらに改行してエピグラムと称して章や段落の冒頭を飾るぐらい人を食ってもいる。そして非情なジョークを随所にちりばめる。じつはこうした要素が、著者のいうとおり決して愉快どころではない腐りかけた死体や何度も殺される死体の、えんえんと続く話の風通しを多少よくしているようでもある。こんなことから書きはじめてしまったが、これは決していいかげんな本ではない。著者のしていることを一言で説明するなら、吸血鬼伝説の非神話化といえよう。法医学の知見によって謎を解明する着眼が話題を呼んで、書評に多く取り上げられただけでなく、民俗学者、医学者の称賛を受けて、すでにペーパーバックも出ている。

著者が「亡霊／吸血鬼」という類概念でよぶものは、たんに血を吸うという特性によって集められているのではなく、死後肉体をもって地域社会に戻ってきて迷惑行為をし、とりわけ多数の住民に次つぎに死をもたらすことによって社会不安をかきたてる死体である。このような概念の発生を、不可解でおそろしい事態を前にした過去の人びとの合理化の努力に著者はみる。合理化とは、あることがらに当人の世界観と矛盾しない説明を与えることによって、そのことがらを世界に統合することである。原因のわからない不幸に出会ったとき、ひとはその原因を突きとめ除去しなくては安心できない。病気と死について、現在知られているような科学的知識をもたなかった過去の人びとは、死を死者のせいにし、とりわけ腐敗過程がなかば進んで見るもおそろしい姿を示している死体を発見したとき、それをスケープゴートに仕立てた。さらにそこから逆の推論によって、生前からアウトサイダーであった者や、世のつねとは異なる死にかたをした者がそのような奇怪な死体になると考えられ、該当する死者の墓が掘り返され、死体の状態が確められた。著者は多数のインフォーマントから得た情報に基づいて、このように吸血鬼の概念の成立を再構成してみせる。

本書ではヨーロッパの吸血鬼を論じるが、同種の現象はほぼ世界中にみられると序論は述べている。日本ではどうであろうか。生霊、死霊、動物霊信仰があり、流行病や天変地異のさいに修験者を集めて加持祈禱を行なわせたことは周知のとおりであるし、非業の死をとげてまつられぬ死者がたたるという御霊信仰もよく知られているが、これらは、肉体をもってこの世に戻ってきた亡霊であるらしくはない。肉体をもつとは、端的にいって、その肉体を維持するために栄養摂取を必要とするということであり、だからこそ吸血行為があるのだが、まさにそのようなものとしての吸血鬼伝承が日本各地にあって広く知られているということがないのはなぜか。火葬を行なう文化には一般に肉体をもって戻ってくる亡霊が存在しない、という本文中の考察がこの疑問に答を与えるようだ。ここでいう火葬とは火葬それ自体ではなく、肉をもっとも完全に消滅させる手段を意味している。著者の説にしたがって考えるなら、腐敗を促進させる要素としてあげられている水分、適温、微生物、昆虫が申分なくたっぷり備わっている日本の風土では、死体の腐敗、白骨化はすみやかに進行して、災厄と関連づけられるような不審な腐敗の遅滞を示す死体に、吸血鬼伝承が形成されるほど頻繁に地域住民が出くわすことはなかったのだろう。

著者は第一章を「一七〇〇年代初期のヨーロッパの人びとは吸血鬼という話題に非常に興味をもっていた」と書き出している。だがこの吸血鬼の流行は同じ世紀の後半には、吸血鬼信仰よりずっとはでな歴史をもちずっと多数の生きている人間を犠牲にしてきた魔女信仰とともに、知識人や都市の市民のあいだでは衰退する。この啓蒙の時代の人びとにとっては、第四章でトゥルンフォールが早くもしているように、吸血鬼現象を心理学や病理学によって説明し、無知な民衆の迷妄とみなすことのほうが合理化だったのである。次に吸血鬼が流行するのは一九世紀のロマン主義、ゴシック小説の時代だが、これはすでにフィクションとオカルトの吸血鬼である。しかし民間伝承の吸血鬼はこのような流行以前も以後もいわゆる無文字社会に生き続けた。今世紀にはいっても墓が発掘された事例が報告されているという。

アメリカのある書評は「本書の主要な価値は、世界を説明するわれわれの能力がどれほど進んだか、そしてそのおかげで、少なくともいくつかの恐怖からわれわれがどれほど解放されたかを想わせてくれることだ」と述べているが、わたしはそれほど楽天的ではない。たしかに知識はふえたが、エイズに関連して著者が警告しているように、ただちに解決策のみつからない状況では容易にパニックに陥ってスケープゴートを求める人間の基本的心性は変わっていないのではないか。われわれが歴史からなにかを学びうるとするなら、それは、判断と行動においていささかなりともよりいっそう理性的になること以外ではないとおもう。

一九九〇年六月二〇日

新装版への訳者あとがき

新装版が出されるということで、あらためて通読し、いろいろと思うことがあった。

折から政府はウクライナの地名のいくつかを従来のロシア語名からウクライナ語名に改めた。とってつけたようなタイミングでも、地名、人名はその国の呼称に従うという原則が実行されるにしくはない。

本書三六〇頁にみえるダンツィヒは、この地域を含むポーランドの一部がドイツ領だった時代のドイツ語名で、現在はグダニ(ン)スクと表記される。同じように民族名も、その人びとの自称する名でよばれる。著者が用いる英語名でジプシー、ドイツ語でもフランス語でもそれぞれ別の名でよばれてきた民族の呼称は、現在は世界中でロマ、あるいはロマニである。わたし自身久しくロマと書いてきて、三十余年前にわが手が書いた「ジプシー」にここでまみえようとは思いもかけなかった。また「ギリシア」の表記は演劇の分野などでは使われるが、日本では国名は「ギリシャ」に一定しているであろう。

疎漏ながら、再読して引っ掛かったことをいくつか記して、ご宥恕をお願いする。

著者は一九九八年刊行の本書でエイズに言及して、十分な情報が欠けるとき、現代でもひとは不安と恐怖に駆られ、自分が見た局面を説明できる答えを得ようとしてスケープゴートを発見するとみている。コロナ禍といわれる状況が世界中で続くこの二〇二二年、隔離と行動規制を課され、誤情報と偽情報にさらされて、その責任を負わせるべき対象を必要とする人びとの心に、隣人や外国人にたいする差別、非難が生まれる。

暗合するかのように、一九九一年一二月に消滅したソ連邦を構成していた国家の一つであるロシア（の現大統領）が、すでに過去のものになったと信じられていた侵略戦争を復活させて、われわれは不安と恐怖に覆われ、対処法を模索している。生き返った戦争はふたたび殺して完全な死体にして埋葬しなくてはならない。だが、戦争の世紀といわれた二〇世紀からさらに進化した兵器と情報手段によってそれが可能であるとは考えられない。

容易に解決策のみつからない事態は際限なく生じてくるだろう。そのような事態の一つに直面したとき過去の人びとがとった行動を、著者は数多の文献を渉猟してあきらかにしてみせた。本書が三十余年ぶりに生き返って、いっとき、この人びとに照らして自分の心と行動を省みることを思い出させてくれるなら、意義あることと思う。

二〇二二年四月五日

★ 2 ——Pettersson, 140.

★ 3 ——Vermeule, 7.

★ 4 ——Meuli, 321.

★ 5 ——（行動能力を失った）体が疎略に扱われる現代の例（マダガスカルから）については Attenborough, 214, 216 を見よ。

★ 1 ——Jameson (Leach [1972], 1000). Negelein (1902), 18 も見よ。
★ 2 ——Benet, 242.
★ 3 ——Camerling, 28-29.
★ 4 ——Ralston, Roheim, 7 による。
★ 5 ——Roheim, 173 諸所。
★ 6 ——Stora, 217.
★ 7 ——Köhler, 254 ; Benet, 244.
★ 8 ——Vakarelski, 310.
★ 9 ——Crooke (1926), 185.
★10——Wiedemann (1900), 16.
★11——Hellwald, 371.
★12——Kühnau (1910), 170.
★13——Negelein (1901), 20 ; Ebert, 279 および Castrén (Karjalainen, 1960 に引用) も見よ。
★14——Harva (1952), 24.
★15——Harva (1952), 47.
★16——Van Gennep, 148 による。
★17——Schneeweis (1961), 103.
★18——Blum and Blum, 314.
★19——Ranke, 346.
★20——Ranke, 347.
★21——John, 170 ; Csiszàr, 199 (ハンガリー) も見よ。
★22——Ranke, 347.
★23——Stora, 183.
★24——Harva (1938), 299.
★25——Stora, 247.
★26——Stora, 247.
★27——Ranke, 87.
★28——Danforth, 14.
★29——Danforth, 61.
★30——Köhler, 255.
★31——Schneeweis (1961), 106. 服喪の解釈のまとめについては Meuli, 334 を見よ。
★32——Köhler, 255.
★33——Ranft, 82.
★34——Danforth, 54.
★35——Danforth, 54.
★36——Danforth, 53.

結論

★ 1 ——Theo Körner (Sell, 57). Sell, 72, 274 も見よ。

★13——Vakarelski, 303.
★14——Cabej, 224.
★15——Schneeweis (1961), 103.
★16——Vakarelski, 309.
★17——Csiszár, 200.
★18——Schnippel, 394-98.
★19——Samter, *Geburt, Hochzeit, Tod,* 85-86. カリフォルニア大学ロサンゼルス校民間伝承百科コレクションのファイルより。
★20——Stora, 128-29 (ラップ人); Schmidt, 168 (ギリシア人); Lawson, 368 (ギリシア人).
★21——Schneeweis (1961), 104. マダガスカルの墓の副葬品としての鏡については Attenborough, 209 を見よ。
★22——Schneeweis (1961), 89.
★23——Schneeweis (1961), 104.
★24——Mogk (1919), 108 による。
★25——Stora, 218-20.
★26——Grober-Glück (1981), 442.
★27——Stora, 197, 199
★28——Needham, 79.
★29——Crooke (1926), 187.
★30——Knoop (1893), " Wiedererscheinende Tote, " no. 13.
★31——Veckenstedt (1883), 264.
★32——Veckenstedt (1883), 264.
★33——Veckenstedt (1883), 266. 墓地で発見された骨は大切にしなくてはいけないとしばしばいわれる (Strackerjan, 154)。
★34——Veckenstedt (1883), 268.
★35——Blum and Blum, 75.
★36——Veckenstedt (1883), 264.
★37——Machal, 228.
★38——夢魔としての吸血鬼については Seyfarth, 22-23 に簡潔な記述がある。
★39——Raymond Jameson (Leach [1972], 1001).
★40——Talbot, 231.
★41——*Metamorphoses* 7. 1. 249.
★42——Müller, 174.
★43——Vukanovic (1958), 23.
★44——Paulson (1960), 97, 87ff. ; Harva (1938), 252-53 も見よ。
★45——Harva (1952), 20-21.
★46——Landtman, 269.

第19章

★10——Saxon, 339.
★11——Metcalf (Lehmann and Myers, 313).
★12——Metcalf (Lehmann and Myers, 313).
★13——Lévy-Bruhl, 363 による。
★14——Glob, 20.
★15——Habenstein and Lamers, 83.
★16——Bell, 84.
★17——Habenstein and Lamers, 83. Robert, 1 : 69 も見よ。
★18——Lawson, 540-41.
★19——Lafitau (van Gennep, 148 による).
★20——Mellaart, 101.
★21——Schüz and König (1973), 197.
★22——Hamilton, 372 このハゲワシは清掃動物のエジプトハゲワシ (ネオフロン・ペルクノプテルス) かもしれない。この鳥がこのような行動をすることは Robert Grubh (Wilbur, 109) が記述している。
★23——Rose, 29.
★24——Gimbutas (1986), 7.
★25——Hogguér (Stora, 106 による).
★26——Vukanovic (1959), 118.
★27——H. Meyer, 165.
★28——Pauli (1978), 146-47.
★29——Haase, 298.
★30——Crooke (1926), 232.
★31——Wirth, 156 ; Karjalainen, 147.
★32——Holmberg, 34.
★33——Harva (1938), 317.

第18章

★ 1 ——Haase, 332 ; Kahle, 9.
★ 2 ——Wilslocki (1893), 198.
★ 3 ——Iliad 23. l. 65.
★ 4 ——Odyssey 11. l. 51.
★ 5 ——Otto, 21ff.
★ 6 ——Alfred Métraux (Leach [1972], 1051).
★ 7 ——Wilslocki (1893), 193-94.
★ 8 ——Kahle, 24.
★ 9 ——Blum and Blum, 78.
★10——Von Negelein (1902), 10.
★11——Von Negelein (1902), 22-24. アメリカの例は Puckett (1981), 2 : 1219 を見よ。
★12——Vakarelski, 303, 312.

★14——Löwenstimm, 93-106 ; Klapper (1909), 74-75.
★15——Mannhardt, 259.
★16——Holmberg, 37.
★17——たとえば Uhlik, 42 を見よ。

第16章

★ 1 ——Karjalainen, 115.
★ 2 ——Mansikka, 23.
★ 3 ——Svensson, 401 ; 396 も見よ。
★ 4 ——Reiter (Haussig), 201.
★ 5 ——Cozannet, 202 ; Trigg, 123 も見よ。
★ 6 ——Cozannet, 203.
★ 7 ——Maximoff, 65.
★ 8 ——Hunter, 343. Hallet, 91 も見よ。
★ 9 ——Summers (1968), 269-70 による。
★10——Tallar, 69.
★11——Cremene, 89.
★12——この問題のもっと詳しい分析は Gaute and Odell, 69-73 を見よ。
★13——*Mercure Galant* (Hock, 33-34 による).
★14——Sturm and Völker, 457 ; Ranft, 185-86 も見よ。
★15——Wuttke, 222.
★16——Schroeder, 45-46.
★17——Danforth, 22.
★18——Stora (Honko を引用), 202.
★19——Strackerjan, 1 : 154 ; Vakarelski, 30.
★20——Van Gennep, 164.
★21——Jirecek, 101.

第17章

★ 1 ——Frazer (1933). Wiedemann (1917), 24-25 および Steinmetz (Meuli, 306 に引用) も見よ。
★ 2 ——Briggs, 106.
★ 3 ——Von Negelein (1901), 28.
★ 4 ——Vermeule, 2.
★ 5 ——Leca, 1-2. Wiedemann (1917) はエジプトの「吸血鬼」を詳しく分析している。Wainwright, 11-15 も見よ。
★ 6 ——Crooke (1926), 185.
★ 7 ——Jirecek, 101.
★ 8 ——Hock, 1 ; Burkhart, 250 ; W. Hertz, 126 ; Andree, 81.
★ 9 ——Wilke (Ebert, 7 : 260).

第14章

★ 1 ――Hartmann, 7.
★ 2 ――カリフォルニア大学ロサンゼルス校、民間伝承百科コレクション、未刊行資料。
★ 3 ――Parikh, 159.
★ 4 ――Von Haller, 109.
★ 5 ――Masters, 79.
★ 6 ――Schlenther, 37, 41, 42, 71, 120, 121.
★ 7 ――岩については『グレティルのサガ』72、柴については Zelenin, 327 を見よ。ともに世界中普遍的なモティーフ。
★ 8 ――Creighton, 2 : 167 による。
★ 9 ――Özgüç, 78ff ;Pettersson, 176 も見よ。
★10――Servius ad Aen. 6 : 154 (Ebert [1921] p. 4 による)
★11――Mellaart, 86-87.
★12――Von Negelein (1935), 2 : 124. Machal, 231 ; Zelenin, 328 ; および Paul Geiger, 158 も見よ。
★13――Söderman, 283.
★14――Brouardel, 87 ; 類似の話については Parikh, 165 を見よ。
★15――Grenz, 258 ; Haase, 310-11 も見よ。
★16――Saxon, 337.
★17――Creighton, 1 : 161.
★18――*Los Angeles Times,* 1 November, 1985.
★19――Ranft, 50.
★20――Christian Fischer (Cockburn and Cockburn), 178.
★21――Glob, 45.

第15章

★ 1 ――Grimm, 1 : 87.
★ 2 ――Grimm, 1 : 357.
★ 3 ――Mant, 151.
★ 4 ――Parikh, 159.
★ 5 ――Brouardel, 85.
★ 6 ――Parikh, 165 ; Spitz and Fisher, 361.
★ 7 ――Schneeweis (1961), 9 ; Vukanovic (1958), 23 ; Schmidt, 168 ; Trigg, 154 ; Hock, 27 ; Burkhart, 221 ; Lawson, 368.
★ 8 ――Burkhart, 219, 238 ; McNally and Florescu, 150.
★ 9 ――Murgoçi, 332 ; Weslowski, 209 も見よ。
★10――Robbins, 492 による。
★11――Drechsler, 317-18.
★12――Burkhart, 225.
★13――Burkhart, 239.

★44——Parikh, 155.
★45——Buchholz, 28.
★46——De Groot, Willoughby-Meade, 245–46 による。
★47——Ponsold, 294.
★48——Parikh, 156.

第13章

★ 1 ——Dobeneck, 2 : 103–6. 著者は、この話はヴェルトハイムからテューービンゲンに送られてきたが、日付はないという。出典表示は次のとおりである（わかりにくい）。「(Thes. pr. p. 83 und Schottel de singular. Germ. jurib. C. Ⅲ. vom Bahrrechte, # 22), 'Bahrrecht' で行頭字下げ」。Harsdörffer, Der grosse Schau-Platz (1644) pp. 190–96 にこの話が入っている。
★ 2 ——Hellwald, 370.
★ 3 ——Mant, 152.
★ 4 ——Strackerjan, 154. Puckett (1981), 2 ; 1240（「ある人が浅い墓に埋められるなら、その魂は天国に行かないだろう」［ボヘミア人インフォーマント、オハイオ］）; Grober-Glück (1981), 439（厄除けとしての深い墓）; および Schoetensack, 526 も見よ。
★ 5 ——Hecker, 49.
★ 6 ——Blum and Blum, 52.
★ 7 ——Swieten, 20.
★ 8 ——Habenstein and Lamers, 252 ; Tilney, 223.
★ 9 ——Habenstein and Lamers, 207.
★10——Klapper (1909), 86 による。
★11——Sturm and Völker, 526.
★12——Brouardel, 86. Ariès, 476 も見よ。
★13——Gottfried, 9.
★14——Dr. Terence Allen.
★15——Ponsold, 290.
★16——Dr. Terence Allen.
★17——Ramos (1969), 245.
★18——カリフォルニア大学ロサンゼルス校・民間伝承百科コレクションの『ミシシッピ州案内』p.29による。
★19——*Portland Oregonian,* 5 June 1986.
★20——Gottfried, 112.
★21——Robbins, 524 による。
★22——Turi, 90.
★23——Lewy, 35.
★24——Grober-Glück (1983), 154.
★25——Tilney, 219.

★5——Glaister, 117.
★6——Ponsold, 296.
★7——Cockburn and Cockburn, 1.
★8——Mant, 152 ; Parikh, 167 および Gaute, 351-52 も見よ。
★9——Cockburn and Cockburn, 177.
★10——Evans, 40-41.
★11——Evans, 40.
★12——Evans, 57.
★13——たとえば Andree, 84, n. 3 を見よ。
★14——Vukanovic (1958), 25.
★15——Schmidt, 162.
★16——Fischer (Spitz and Fischer), 20.
★17——Sturm and Völker, 459 による。
★18——Smith, 88 ; Quibell, 70.
★19——B. Meyer, 165 はこのような話を二つ引用している。
★20——Glaister and Rentoul, 121.
★21——Glaister, 120.
★22——Summers (1960), 118.
★23——Summers (1960), 120.
★24——Summers (1960), 6.
★25——Sell, 29 (インドネシアの例).
★26——Summers (1968), 200, 201 による。
★27——Habenstein and Lamers, 406.
★28——Trigg, 157,
★29——Klapper (1909), 85, 86.
★30——Summers (1968), 237 も見よ。
★31——Glaister, 115-16.
★32——Ponsold, 292.
★33——Mant, 139.
★34——Summers (1968) は血を流す死体にかんして Phillip Rohr を引用し、またベーコンとジェームズ王を引合いに出している。(pp. 192, 213, n. 69)。Le Braz, 1 : 48 も見よ。
★35——Ponsold, 292.
★36——Mant, 147.
★37——Bartsch, 2 : 93.
★38——Paul Geiger, 161 ; Ernest Jones (Frayling), 319 ; Hertz, 125.
★39——Pausanias, 533.
★40——Page, Garland, 76 による。
★41——Stein, 36 ; Bahr and König, 112 も見よ。
★42——Klapper (1909), 86 ; Toeppen, 106.
★43——Glaister, 114.

mötör, 127 も見よ。
★27——Karjalainen, 192.
★28——Veckenstedt (1880), 354.
★29——Polson, 6.
★30——Van Lawick-Goodall, 120.
★31——Rose, 135.
★32——W. Hertz, 41.
★33——W. Hertz, 41.
★34——Leach, 1180.
★35——Leach, 928.
★36——Mansikka, 105.
★37——Crooke (1926), 234.
★38——Mellaart, 86, 88, 90, 101 を見よ。
★39——Beitl (1933), 187.
★40——Lilek, 211.
★41——Vukanovic (1960), 52.

第11章

★ 1 ——H. Meyer, 166 は「生きながら埋葬」説は信じられないことを指摘している。Masters, 25 も見よ。
★ 2 ——Hartmann, 47 ; 4, 9, 10, 45, 46 も見よ。
★ 3 ——Illis, 23-26. この論文はポルフィリン症患者の写真を数葉載せている。
★ 4 ——Leatherdale, 41.
★ 5 ——Dolphin, 2.
★ 6 ——Dolphin, 2.
★ 7 ——Tallar, 13 ; Fritsch, 32.
★ 8 ——Jirecek, 100 ; Vukanovic (1960), 46,55.
★ 9 ——Jirecek, 100.
★10——Meuli, 311.
★11——Meuli, 312.
★12——Fritsch, 56-59.
★13——Fritsch, 72.
★14——Tallar, 68.

第12章

★ 1 ——Ponsold, 291. 死後皮膚の色が変わる理由をすべてかぞえあげようとしているのではない。少数の例で十分なはずである。
★ 2 ——Glaister and Rentoul, 117.
★ 3 ——Evans, 56.
★ 4 ——Evans, 54.

★83——Grenz, 256-58 ; Pauli (1975), 179 ; Dieck, 47ff.
★84——Blum and Blum, 71.
★85——Blum and Blum, 73. ノルウェーの例については Christiansen, 36 も見よ。
★86——Vakarelski, 307.
★87——Fischer, 183 (Cockburn)

第10章

★ 1 ——W. Hertz, 127.
★ 2 ——Mogk (1919), 108 もみよ。
★ 3 ——Trigg, 150. ただしトリグによればジプシーの吸血鬼は、アイスランドの亡霊と同じく「大きい音をたてる」ことに注意せよ。
★ 4 ——Mannhardt, 264, 268 ; Bächtold-Stäubli, 818-19.
★ 5 ——Zedler, 46 : 478.
★ 6 ——Hock, 31-32.
★ 7 ——Lilek (ボスゴニアとヘルツゴヴィナの例), 209, 211.
★ 8 ——Lambertz, 489.
★ 9 ——Mech, 186.
★10——Van Lawick-Goodall, 138.
★11——Schaller, 269.
★12——Hammerstein, 図版 93, 94, 128, 133, 136, 139, 222, 230a.
★13——Vaillant, 1.
★14——Andree, 84, ; Hellwald, 369.
★15——Creighton, 2 : 171.
★16——Creighton, 2 : 165.
★17——Schüz, 130; 106, 108 も見よ。Schüz ([1966] 738) が引用している18世紀の話では、半分野生化した犬の群が軍隊のあとをついていって死体を食べる。Grünhagen ([1884] 253) は18世紀のシュレージエンの類似の状況をあげている。こちらは流行病で放置されていた死体が犬に食われた。
★18——Tilney, 223. Smith and Dawson はエジプトの昔の話を述べている。「[墓の] 戸が開いていたので、保存のよかった死体を狼が襲い、体の一部を食った」(p.69)
★19——Eisel, 376.
★20——W. Hertz, 88.
★21——Weitershagen, 29.
★22——Robbins, 560.
★23——W. Hertz, 63 ; Vukanovic (1960), 49 および Strauss, 189 も見よ。
★24——Trigg, 155.
★25——Vukanovic (1957), 129.
★26——Shneeweis (1961), 8-9; ルーマニアの類似の信仰については Dö-

★47——Vakarelski, 307 ; 他の例については Brown, 35 を見よ。
★48——Mannhardt, 262.
★49——Löwenstimm, 97.
★50——Tallar, 54.
★51——Vakarelski, 239.
★52——Freudenthal, 101.
★53——Evans, 83.
★54——Polson, 115.
★55——Polson, 119.
★56——Evans, 86.
★57——Polson, 84.
★58——Shastri, 21.
★59——Shastri, 24.
★60——Klapper (1909), 75-76.
★61——Klapper (1909), 77, 78, 80.
★62——Lauterbach, 27 ; なかなか燃えなかった亡霊の別の話については Swieten, 22 も見よ。
★63——Polson, 84.
★64——Filipovic, 69.
★65——Rau, 245.
★66——Rau, 245.
★67——Meaney, 16.
★68——Jewitt, 140.
★69——Kurtz and Boardman, 73.
★70——Wuttke, 222. もちろんこれは疫病についてのさまざまな民間の説明のうちの一つでしかない。
★71——Hecker, 48.
★72——Pauli (1975), 174 ; (1978), 60ff.
★73——Pauli (1975), 177 ; (1978), 61 ; 死後切断された旧石器時代の頭蓋骨については Levy, 66, 69 も見よ。
★74——Ashbee, 83.
★75——Leca, 1.
★76——Leca, 2. Burkhart, 250 に引用されているヴィーデマンによれば、古代エジプトの斬首は「吸血鬼信仰が残っている諸国における死体の処理と完全に一致する」。
★77——Meaney, 20.
★78——Bartsch, 98 ; Wirth, 160, Mansikka, 20 も見よ。
★79——Hertz, 125.
★80——Karjalainen, 193.
★81——Hellwald, 370.
★82——Garland, 6 による。

ルク)
★10——W. Hertz, 124.
★11——Krauss (1908), 130.
★12——Vukanovic (1958), 30.
★13——Vukanovic (1959), 114.
★14——Burkhart, 224.
★15——Frayling, 220.
★16——Vukanovic (1958), 30.
★17——*Grettir's Saga,* 36.
★18——Maurer (W. Hertz, 19 による);Mogk (1897), 266 も見よ。
★19——Leach, 253.
★20——Barber, 22.
★21——Veckenstedt, 355.
★22——Alseikaite-Gimbutiene, 128.
★23——Klapper (1909), 75.
★24——Vukanovic (1959), 117.
★25——Cajkanovic (Sjoberg による序つき), 260
★26——Cajkanovic, 260.
★27——Reiter, 201.
★28——Vukanovic (1959), 117.
★29——Cozannet, 203.
★30——Cozannet, 203 ; Vakarelski, 310 および Lauri Honko, 352 (Haussig) も見よ。
★31——Filipovic, 65 (胃);Löwenstimm, 99, Bächtold-Stäubli, 815 (口).
★32——Mannhardt, 260.
★33——Perkowski (1972), 23.
★34——Knoop (1893), 139.
★35——Vukanovic (1959), 117 ; (1960), 45 ; Burkhart, 222 および Trigg, 156 も見よ。
★36——Bargheer, 37.
★37——Stetson, 9.
★38——Zelenin, 329 ; Haase, 329-30.
★39——Löwenstimm, 102-3.
★40——Haase, 302.
★41——Cabej, 224.
★42——Vakarelski, 303.
★43——Vakarelski, 309.
★44——Lemke, 1 : 56.
★45——Lemke, 3 : 51.
★46——*Grettir's Saga,* 72.

★20——Childe, 14.
★21——たとえば Rohde. Childe, 14 が反駁している。
★22——Vakarelski, 305, 307 ; Schneeweis (1961), 9, 87 も見よ。
★23——Schneeweis (1961), 88.
★24——Hock, 127 ; Burkhart, 250 ; W. Hertz, 126.
★25——Lawsoa, 364. のちに述べるが、インドもこの原則の例外である。
★26——Childe, 14 ; Kurtz and Boardman, 177.
★27——Lawson, 364.
★28——Masters, 74.
★29——Danforth (1982), 53.
★30——Vakarelski, 305.
★31——Schneeweis (1961), 10. 類似の話については Baroti, 220 も見よ。
★32——Petrovic, 17.
★33——カリフォルニア大学バークレー校民俗学文書館所蔵のジャクリン・ガーナーによるタイプ原稿に引用されている、姓名の記載されていないインフォーマント。
★34——Burkhart, 234.
★35——Andree, 84.
★36——Andree, 84, n. 3 ; Jaworskij, 332-33.
★37——Perkowski (1972), 23, 25.
★38——Bargheer, 78.
★39——Lemke, 1 : 57.
★40——Knoop (1885), 166.
★41——Schneeweis (1931), 103.
★42——Reiter (Haussig, 201).
★43——カリフォルニア大学バークレー校民俗学文書館
★44——Westermarck, 1 : 307.
★45——Summers (1960), 179 ; Vukanovic (1960), 47 ; Lawson, 367.
★46——Krauss (1908), 129. Reiter, 201 ; Vukanovic (1960), 49 ; Trigg, 153 も見よ。

第9章

★1——Vukanovic (1958), 30.
★2——Schneeweis (1961), 9.
★3——Reiter (Haussig, 201) ; Krauss (1908), 130 ; Hellwald, 367.
★4——Lambertz, 489.
★5——Stetson, 7 ; Hellwald, 369.
★6——Krauss (1908), 130 ; Ralston, 413.
★7——Stetson, 7.
★8——Reiter, 201.
★9——Vakarelski, 239 (ブルガリア) ; Bohnenberger, 220 (ヴュルテンベ

★54——Schneeweis (1961), 88.
★55——Krauss (1908), 127.
★56——Trigg, 156.
★57——Karoly, 99-100.
★58——Honko (Haussig, 352).
★59——Vakarelski, 306.
★60——Haase, 309.
★61——Cremene, 84.
★62——Wlislocki, *Sachsen,* 195-96.
★63——Vakarelski, 303.
★64——Trigg, 153.
★65——Andree (Pauli [1975], 174). Gimbutas, 126 も見よ。
★66——実例については Dieck, 50-126 を見よ。背中で両手を結ばれている死体の例については Drechsler, 317 を見よ。
★67——P. Geiger, 163.
★68——P. Geiger, 163.
★69——Grimm, 1 : 298.
★70——W. Geiger (1960), 53.
★71——P. Geiger, 156 ; Löwenstimm, 101.

第8章

★ 1——Cajkanovic, 265.
★ 2——Bartsch, 2 : 100.
★ 3——Vakarelski, 312 ; Hock, 27. Jellineck (p. 323) は、同じ理由で頭を先にして死体を運び出す文化もあることを指摘している。
★ 4——Drechsler, 320.
★ 5——Cremene, 84.
★ 6——Lemke, 2 : 280.
★ 7——Vakarelski, 302.
★ 8——Cremene, 86.
★ 9——Danforth, 37.
★10——Cremene, 86.
★11——Cremene, 87 ; Senn, 71.
★12——Pauli (1975), 147, 149 ; (1978), 55.
★13——Schneeweis (1961), 103.
★14——Sinitsyn, 153.
★15——Blum and Blum, 319.
★16——Schneeweis (1961), 9.
★17——W. Hertz, 127.
★18——Cremene, 89.
★19——Lauli Honko (Haussig, 352).

★16——Cozannet, 209.
★17——フレーランド (Cockburn, 135) も見よ。
★18——Schneeweis (1931), 112.
★19——Perkowski (1972), 29.
★20——Beitl (1933), 187.
★21——Abbott, 219.
★22——Abbott, 220.
★23——Bartsch, 2 : 96.
★24——B. Meyer, 164.
★25——Perkowski (1972), 23.
★26——Kmietowicz, 161 ; Faivre, 83.
★27——Wuttke, 222.
★28——Löwenstimm, 96.
★29——Mannhardt, 260.
★30——Reiter (Haussig, 201).
★31——Drechsler, 319.
★32——Spindler, 191.
★33——Schullerus, 125 ; Wlislocki *(Sachsen)*, 194. Scheeweis (1961), 88 も見よ。
★34——Dömötör, 251-52.
★35——Tilney, 221.
★36——Cremene, 84.
★37——Reiter (Haussig, 201). Gerschke (92) はプロイセンで発見された骸骨の首の上方に大鎌があったことを記している。
★38——Perkowski (1982), 313.
★39——Vakarelski, 305.
★40——Balassa and Ortutay, 673-74.
★41——Wlislocki, *Sachsen*, 187.
★42——Haase, 301.
★43——Eisel, 375.
★44——Eisel, 375.
★45——Westermarck, 2 : 451.
★46——Westermarck, 2 : 491.
★47——Haase, 298-99.
★48——Lemke, 1 : 57 ; ギリシアの類似の習慣については Sanders (1962), 271 も見よ。
★49——Cremene, 89.
★50——Wlislocki, *Magyaren*, 134.
★51——Reiter (Haussig, 201).
★52——Grenz, 260-62.
★53——Cremene, 89.

★ 2 ——Leo Allatius, Lawson, 366-67 より。
★ 3 ——Burkhart, 217.
★ 4 ——Vukanovic (1958), 23.
★ 5 ——*Grettir's saga,* 72.
★ 6 ——Sanders (1962), 273.
★ 7 ——Bächtold-Stäubli, 813.
★ 8 ——Senn, 66.
★ 9 ——もう一つの有名な吸血鬼（1336年）は「雄牛のようにふくれあがった」と記述された。Andree, 82-83, n. 4.
★10——Andree, 88.
★11——カリフォルニア大学バークレー校。民俗学文書館。
★12——Reiter, 200.
★13——Perkowski (1972), 22.
★14——Wuttke, 222.
★15——Creighton, 1 : 122 ; Hecker, 25.
★16——Burkhart, 219.
★17——Cremene, 85.
★18——Bächtold-Stäubli, 814.
★19——Burkhart, 238 ; Wlislocki (Sachsen), 190.
★20——オクスフォード英語辞典 (O.E.D.) “white-livered.”
★21——Summers (1960), 201.
★22——Knoop (1906), 96 を見よ。
★23——Zelenin, 394.
★24——Mannhardt, 270.

第7章

★ 1 ——Vildomec, 78.
★ 2 ——Lawson, 405-6.
★ 3 ——Mannhardt, 260-61.
★ 4 ——Knoop (1885), 164.
★ 5 ——Perkowski (1972), 22.
★ 6 ——Kurtz and Boardman,212.
★ 7 ——Cremene,90.
★ 8 ——Perkowski (1982),313.
★ 9 ——Knoop (1885), 164.
★10——Vakarelski,302.
★11——Cajkanovic, 263.
★12——Cremene, 88.
★13——Vakarelski, 305.
★14——Maspero, 107.
★15——Bernd and Bernd, 410.

★32——Blum and Blum, 78.

★33——Vakarelski, 312. 北京から来たある友人と話していて、たまたまこの信仰のことをきいた。de Groot, 1 : 43 を見よ。

★34——Weigand, 122. Cremene, 84 は、遺体を墓地に運ぶ途中、葬式の馬車の車輪のあいだを犬か猫が通ると、吸血鬼化が起こりうる、という。

★35——Cremene, 84.

★36——Blum and Blum,73.

★37——Ralston, 412.

★38——Cremene, 31, 82. ブルガリアの類似の話については Andree, 84 を見よ。

★39——Haase, 328.

★40——Zelenin, 329.

★41——Cajkanovic, 266. Mackensen, 9 も見よ。

★42——Vakarelski, 304.

★43——Vakarelski, 306-7.

★44——Löwenstimm, 98-100.

★45——Danforth, 39, 42, 52.

★46——Jaworskij, 335.

★47——Blum and Blum, 75 ; Lawson, 370-75.

★48——Weigand, 122.

★49——Cremene, 85.

★50——Vukanovic (1958), 25.

★51——Senn, 66. 出典は Schneeweis (1961)。

★52——Bargheer, 88. ジプシーの信仰では死産した子どもはムローになる。プロイセンでは鬼火になる。Cozannet, 209 ; Lemke, 3 : 50.

★53——Blum and Blum, 71.

★54——Lee, 127.

★55——Burkhart, 245.

★56——Vukanovic (1958), 24 ; Honko, *Wörterbuch,* 352 ; Perkowski (1972), 29 も見よ。

★57——Strackerjan, 154.

★58——Dömötör, 107. ハンガリーの亡霊も墓地、古城、廃墟に現れる。

★59——Schneeweis (1931), 100 ; Löwenstimm, 95 ; Vakarelski, 308.

★60——Strum and Völker, 524.

★61——Cremene, 84. 出典は Gorovei.

★62——Knoop (1885), 167.

★63——Bargheer, 77.

第6章

★1——Tallar, 63, 71-72. 著者は18世紀のドイツの医師で、墓の発掘を五回目撃した。ここでは吸血鬼のことを血を吸う者《ブルートザウガー》とよんでいる。

★8——たとえば Kittredge, 178 ; Puckett,(1981), 2 : 1228 を見よ。

第5章

★1——Löwenstimm, 102.
★2——Köhler, 258. 出典は Hahn, *Geschichte von Gera,* 2 : 882.
★3——Cremene, 85.
★4——Burkhart, 216.
★5——Burkhart, 216.
★6——Cremene, 38.
★7——Bargheer, 88.
★8——Cremene, 38.
★9——W. Hertz, 123.
★10——Cremene, 38 ; Senn, 61.
★11——Mackenzie, 92-94.
★12——W. Hertz, 123 ; Burkhart, 238. Vildomec (Polish folklore), 78; Drechsler (Silesian), 319 も見よ。
★13——Jaworskij, 331.
★14——Cremene, 89.
★15——Burkhart, 225.
★16——Mannhardt, 260 ; Cremene, 37.
★17——Perkowski (1972), 26.
★18——Cremene, 37.
★19——Mannhardt, 260, 263. 首のみみずばれも吸血鬼化の素因といわれる。Tetzner (Kashubes), 461-62.
★20——Mannhardt, 261 ; "Die alte Welmsche", 262. カナダのカシューブ人についての類似の報告が Perkowski (1972), 22 にある。Wilhelm Hertz, 127 にアイスランドについて類似の報告がある。
★21——Lemke, 1 : 57.
★22——Cremene, 38.
★23——Cremene, 101 ; Haase, 296
★24——Mannhardt, 260. The Schotts, 298 は「人びとは首にある吸血鬼の咬み傷を本質的な印とはみなさない」と書いている。吸血鬼が首を咬むことがあると述べている資料は、民間伝承では、これまでのところこれ一つしかわたしは知らない。
★25——Löwenstimm, 96.
★26——Mannhardt, 264.
★27——Mannhardt, 270.
★28——Cremene, 100.
★29——Sturm and Völker, 525 ; Leatherdale, 33.
★30——Vukanovic (1958), 21.
★31——Bartsch, 2 : 89.

原註

●

序論

★ 1 ——中国については Willoughby-Meade, 245 ; インドシナについては Sell, 43 ; フィリピンについては Ramos (1969), 238.

第 1 章

★ 1 ——Görres, 275 ; Filipovic, 64.
★ 2 ——Grenz, 263-65 より。出典は Ranft, *De masticatione mortuorum*. 1728 年版。
★ 3 ——Yovanovich, 311.
★ 4 ——Horst, I : 253.
★ 5 ——Calmet, 31-32.
★ 6 ——Ernest Johnes (Frayling), 326 ; Gottfried, 112.
★ 7 ——Gottfried, 114.
★ 8 ——Vukanovic (1959), 111-12.

第 2 章

★ 1 ——Grässe, 2 : 176-79.
★ 2 ——Klapper (1909), 86.

第 3 章

★ 1 ——Glaister and Rentoul, 121.

第 4 章

★ 1 ——Lee, 127.
★ 2 ——Trigg, 150.
★ 3 ——たとえばリチャード神父の話 (Summers [1968], 231) を見よ。
★ 4 ——本書第 9 章に1913年の訴訟の例を示す。今世紀にも杭を打ったことはある。セルビアの例 (1923) をカイカノヴィチ (Cajkanovic) が述べている。
★ 5 ——Stetson, 9.
★ 6 ——Schneeweis (1961), 10. おそらくワインが使われるのは、宗教上の重要性によるのであろう。
★ 7 ——Singer, 3 : 636.

パノフスキー，E.　『イコノロジー研究――ルネサンス美術における人文主義の諸テーマ』　浅野徹＋阿天坊燿訳　1987　美術出版社
レッドフィールド，R.　『未開世界の変貌』　染谷臣道＋宮本勝訳　1978　みすず書房
シンガー，C.　『技術の歴史』　八杉龍一郎訳編　1978　筑摩書房
ストーカー，B.　『吸血鬼ドラキュラ』　平井呈一訳　1971　東京創元社
トンプソン，S.　『民間説話――理論と展開』　荒木博之他訳　1977　社会思想社
タイラー，E. B.　『文化人類学入門』　星野恒彦＋塩田勉他訳　1973　太陽社

【その他の関連図書】

アリエス，P.　『死と歴史――西欧中世から現代へ』伊藤晃・成瀬駒男訳　1983　みすず書房
デ・ホロート，J. J. M.　『中国の風水思想――古代地相術のバラード』　牧尾良海訳　1986　第一書房
マスペロ，H.　『道教』〈東洋文庫329〉　川勝義雄訳　1978　平凡社
栗原成郎　『スラブ吸血鬼伝説考』　1980　河出書房新社

———. *Volksglaube und Volkbrauch der Siebenbürger Sachsen*. Berlin, 1893.
Wright, Thomas. *Essays on Archaeological Subjects, and on Various Questions Connected with the History of Art, Science, and Literature in the Middle Ages*. 2 vols. Vol. 1: *On Saints' Lives and Miracles*. London, 1861.
Wuttke, Adolf. *Der deutsche Volksaberglaube der Gegenwart*. Hamburg, 1860.
Yovanovitch, Voyslav M. *'La Guzla' de Prosper Mérimée*. Paris, 1911.
Yudin, S. S. "Transfusion of Stored Cadaver Blood." *Lancet* 2 (1937): 361–66.
Zandee, Jan. *Death as an Enemy, According to Ancient Egyptian Conceptions*. New York: Arno Press, 1977.
Zedler, Johann Heinrich. *Grosses vollständiges Universal-Lexikon*. Graz: Akademische Druck- u. Verlagsanstalt, 1962. Vol. 46: "Vampyren; vol. 44: "Toden (Schmatzen der)." [Reprint of 1745 ed.]
Zelenin, Dmitrij. *Russische (Ostslavische) Volkskunde*. Berlin and Leipzig, 1927.
Zender, Mathias. *Atlas der deutschen Volkskunde*. Marburg: N. G. Elwert, 1958-.
———. *Sagen und Geschichten aus der Westeifel*. Bonn: Ludwig Röhrscheid Verlag, 1966.
Zingerle, Ignaz. *Sitten, Bräuche und Meinungen des Tiroler Volkes*. 2d ed. Innsbruck, 1871.
Zopf, Johann Heinrich. *Dissertatio de vampyris serviensibus*. Duisburg, 1733.

【邦訳のあるもの】

ブリッグス，G. W.　『不可触民の民俗と宗教――皮革カースト、チャマールの世界』　渡辺建雄訳　1989　人文書院
ブルヴァン，J. H.　『消えるヒッチハイカー――都市の想像力のアメリカ』　大月隆寛他訳　1988　新宿書房
フランクフォート，H．　『古代オリエントの神話と思考――哲学以前』　山室静＋田中明訳　1987　社会思想社
フレーザー，J. G.　『火の起源の神話』　青江舜二郎訳　1971　角川書店
フレーザー，J. G.　『金枝篇』　永橋卓介　岩波書店
ゴーテ，J. H. H. ＋オーデル，R．　『殺人紳士録』　河合修治訳　1986　彌生書房
グリム兄弟　『グリム　ドイツ伝説集』　桜沢正勝＋鍛治哲郎訳　1987　人文書院
ヘディン，S．　『ヘディン探検紀行全集15・探検家としてのわが生涯』　深田久弥他監　1979　白水社
ヘーシオドス　『仕事と日々』　松平千秋訳　岩波書店
ホメーロス　『イーリアス』　呉茂一訳　岩波書店
ホメーロス　『オデュッセイアー』　呉茂一訳　岩波書店
ニーダム，J．　『中国の科学と文明５・天の科学』　藪内清他監　1976　思索社
ノグチ，トーマス・T．＋ディモーナ，ジョセフ．　『検死官―― Dr. 刑事トーマス野口』　佐瀬稔訳　講談社　1984
オウィディウス　『変身物語』　中村善也訳　1984　岩波書店

Thompson, Stith. *Motif-Index of Folk-Literature.* 5 vols. Helsinki: Suomalainen tiedeakatemia, 1932–35.
Tillhagen, C. H. "Funeral and Death Customs of the Swedish Gypsies." *Journal of the Gypsy Lore Society* 31 (1952): 29–54.
Tilney, Philip V. R. "Supernatural Prophylaxes in a Bulgarian Peasant Funeral." *Journal of Popular Culture* 4:1 (1970): 213–29.
Timm, Klaus. "Blut und rote Farbe im Totenkult." *Ethnographische-Archäologische Zeitschrift* 5 (1964): 39–55.
Toeppen, M. *Aberglauben aus Masuren.* Danzig, 1867.
Tournefort, M. Pitton de. *Relation d'un voyage du Levant.* Vol. 1. Paris, 1717.
Toynbee, J. M. C. *Death and Burial in the Roman World.* Ithaca: Cornell University Press, 1971.
Tozer, Henry Fanshawe. *Researches in the Highlands of Turkey.* London, 1869.
Trigg, Elwood B. *Gypsy Demons and Divinities: The Magic and Religion of the Gypsies.* Secaucus, N.J.: Citadel Press, 1973.
Turi, Johan. *Turi's Book of Lappland.* London: Harper & Brothers [ca. 1910].
Tylor, Edward B. *Primitive Culture.* Vol. 2. London, 1871.
Uhlik, Rade. "Serbo-Bosnian Gypsy Folktales, N. 4." *Journal of the Gypsy Lore Society* 19 (1940): 42–49.
Vaillant, Pierre. "La danse macabre de 1485 et les fresques du charnier des Innocents." In *La mort au moyen âge: Colloque de l'Association des Historiens médiévistes français réunis à Strasbourg en juin 1975 au Palais universitaire.* Strasbourg: Librairie Istra, 1977.
Vakarelski, Christo. *Bulgarische Volkskunde.* Berlin: de Gruyter Verlag, 1968.
Valvasor, Johann Weichard, Freiherr von. *Die Ehre des Herzogthums Krain.* Vols. 2 and 3. 1689; reprint, Laibach-Nürnberg, 1877.
Van Gennep, Arnold. *The Rites of Passage.* Trans. by Monika B. Vizedom and Gabrielle L. Caffee. 1908; reprint, Chicago: University of Chicago Press, 1960.
Veckenstedt, Edmund. *Die Mythen, Sagen und Legenden der Zamaiten.* Vols. 1 and 2. Heidelberg, 1883.
———. *Wendische Sagen, Märchen und abergläubische Geschichten.* Graz, 1880.
Vermeule, Emily. *Aspects of Death in Early Greek Art and Poetry.* Berkeley and Los Angeles: University of California Press, 1979.
Vildomec, Veroboj. *Polnische Sagen.* Intro. and notes by Will-Erich Peuckert. Berlin: Erich Schmidt Verlag, 1979.
Virgil. *Aeneid.* Cambridge, Mass., and London: Loeb Classical Library, 1974.
Vukanovic, T. P. "The Vampire." *Journal of the Gypsy Lore Society* 36 (1957): 125–33; 37 (1958): 21–31; 38 (1959): 111–18; 39 (1960): 44–55.
Wainwright, G. A. "The Ritual of Dismemberment." In W. M. Flinders Petrie et al. *The Labyrinth Gerzeh and Mazghuneh.* London, 1912.
Weicker, Georg. *Der Seelenvogel in der alten Litteratur und Kunst.* Leipzig, 1902.
Weigand, Gustav. *Volksliteratur der Aromunen.* Leipzig, 1894.
Weitershagen, Paul. *Zwischen Dom und Münster.* Cologne: Greven Verlag, 1959.
Weslowski, Elias. "Die Vampirsage im rumänischen Volksglauben." *Zeitschrift für österreichische Volkskunde* 16 (1910): 209–16.
Westermarck, Edward. *Ritual and Belief in Morocco.* Vol. 2. London, 1926.
Wiedemann, A. *Die Toten und ihre Reiche im Glauben der alten Ägypter.* Leipzig, 1900.
———. "Der 'Lebende Leichnam' im Glauben der alten Ägypter." *Zeitschrift für rheinische und westfälische Volkskunde* 14 (1917): 3–36.
Wiegelmann, Günter. "Der 'lebende Leichnam' im Volksbrauch." *Zeitschrift für Volkskunde* 62:2 (1966): 161–83.
Willoughby-Meade, G. *Chinese Ghouls and Goblins.* New York, 1928.
Wlislocki, Heinrich. *Volksglaube und religiöser Brauch der Magyaren.* Münster, 1893.

1982.
Seyfarth, Carly. *Aberglaube und Zauberei in der Volksmedizin Sachsens*. Leipzig, 1913.
Shastri, Dakshina Ranjan. *Origin and Development of the Rituals of Ancestor Worship in India*. Calcutta, Allahbad, and Patna: Bookland Private Limited, 1963.
Shrewsbury, J. F. D. *A History of Bubonic Plague in the British Isles*. Cambridge: Cambridge University Press, 1970.
Singer, Charles, et al. *A History of Technology*. 4 vols. New York and London: Oxford University Press, 1954–58.
Singh, Purushottam. *Burial Practices in Ancient India*. India: Prithivi Prakashan, 1970.
Sinitsyn, I. V. "Finds of the Pre-Scythian Era in the Steppes of the Lower Volga." *Sovetskaya Arkheologija* 10 (1948): 148–60.
Smith, G. Elliot, and Warren R. Dawson. *Egyptian Mummies*. London: George Allen & Unwin, 1924.
Söderman, Harry. *Modern Criminal Investigation*. 4th ed. New York: Funk & Wagnalls, 1952.
Soldan, W. G., and H. Heppe. *Geschichte der Hexenprozesse*. Revised by Max Bauer. Hanau: Müller and Kiepenheuer, 1968.
Spindler, Konrad. *Die frühen Kelten*. Stuttgart: Reclam Verlag, 1983.
Spitz, Werner U. and Russell S. Fisher, eds. *Medicolegal Investigation of Death*. 2d ed. Springfield, Ill.: Charles C. Thomas, 1980.
Stein, Barthel. *Descripcio tocius Silesie et civitatis regie vratislaviensis*. Breslau, 1902. [This is a modern printing of a sixteenth-century account of Silesia that was lost, then rediscovered and published in 1722.]
Stetson, George, "The Animistic Vampire in New England." *American Anthropologist* 9:1 (1896): 1–13.
Stoker, Bram. *Dracula*. Oxford and New York: Oxford University Press, 1983.
Stora, Nils. *Burial Customs of the Skolt Lapps*. F. F. Communications no. 210. Helsinki, 1971.
Stout, Earl J. *Folklore from Iowa*. New York: American Folklore Society, 1936.
Strackerjan, L. *Aberglaube und Sagen aus dem Herzogthum Oldenburg*. Vol. 1. Oldenburg, 1867.
Strauss, Adolf. *Die Bulgaren*. Leipzig, 1898.
Stuhlman, C. W. "Die Bauern in Mecklenburg." *Globus* 13 (1868): 212–14.
Sturm, Dieter, and Klaus Völker. *Von denen Vampiren oder Menschensaugern*. Munich: Carl Hanser Verlag, 1968.
Summers, Montague. *The Vampire: His Kith and Kin*. New York: University Books, 1960.
———. *The Vampire in Europe*. New York: University Books, 1968.
Svensson, Arne, Otto Wendel, and Barry A. J. Fisher. *Techniques of Crime Scene Investigation*. New York and Oxford: Elsevier, 1981.
Swieten, Gerhard van. V*ampyrismus*. In Mayer, Andreas Ulrich, *Abhandlung des Daseyns der Gespenster*. Augsburg, 1768.
Talbot, P. Amaury. *In the Shadow of the Bush*. London, 1912.
Tallar, Georg. *Visum Repertum Anatomico- Chirurgicum oder gründlicher Bericht von den sogenannten Blutsäugern*. Vienna and Leipzig, 1784.
Temme, J. D. H. *Die Volkssagen von Pommern und Rügen*. Berlin, 1840; reprint, Hildesheim: Georg Olms Verlag, 1976.
Tettau, W. J. A., and J. D. H. Temme, eds. *Die Volkssagen Ostpreussens, Litthauens und Westpreussens*. Berlin, 1837.
Tetzner, Franz. *Die Slawen in Deutschland*. Braunschweig, 1902.
Thomas, Thomas M. *Eleven Years in Central South Africa*. 1872.

Rodd, Rennell. *The Customs and Lore of Modern Greece*. London, 1892.
Rohr, Philip. *De masticatione mortuorum*. Leipzig, 1679.
Rose, H. J. *A Handbook of Greek Mythology*. New York: E. P. Dutton, 1959.
Sanders, Irwin T. *Balkan Village*. Lexington: University of Kentucky Press, 1949.
———. *Rainbow in the Rock*. Cambridge: Harvard University Press, 1962.
Sanderson, Stewart F. "Gypsy Funeral Customs." *Folklore* 80 (Autumn 1969): 181–87.
Sartori, Paul. "Das Wasser im Totengebrauche." *Zeitschrift des Vereins für Volkskunde* 18 (1908): 352–78.
———. "Feuer und Licht im Totengebrauche." *Zeitschrift des Vereins für Volkskunde* 17 (1908): 360–86.
Saxon, Lyle, et al. *Gumbo Ya-Ya: A Collection of Louisiana Folk Tales*. Boston: Houghton Mifflin Company, 1945.
Schell, O. "Reste des Vampyrglaubens im Bergischen." *Zeitschrift des Vereins für rheinische und westfälische Volkskunde* 18 (1921): 21–29.
Schlenther, Ursula. *Brandbestattung und Seelenglauben*. Berlin: Deutscher Verlag der Wissenschaften, 1960.
Schmidt, Bernhard. *Das Volksleben der Neugriechen und das hellenische Alterthum*. Vol. 1. Leipzig, 1871.
Schneeweis, Edmund. *Feste und Volksbräuche der Lausitzer Wenden*. Leipzig, 1931; reprint, Nendeln, Lichtenstein: Kraus Reprint, 1968.
———. "Fremde Beeinflussungen im Brauchtum der Serbokroaten." *Revue Internationale des études balkaniques* 1 (1934–35): 173–79.
———. *Serbokroatische Volkskunde*. Berlin: de Gruyter Verlag, 1961.
Schnippel, Emil. "Leichenwasser und Geisterglaube in Ostpreussen." *Zeitschrift des Vereins für Volkskunde* 20 (1910): 394–98.
Schoetensack, Otto. "Über die Bedeutung der 'Hocker'-Bestattung." *Zeitschrift für Ethnologie* 33 (1901): 522–27.
Schott, Arthur and Albert. *Walachische Mährchen*. Stuttgart and Tübingen, 1845.
Schreuer, Hans. *Das Recht der Toten*. Stuttgart, 1916.
Schroeder, Aribert. *Vampirismus*. Frankfurt am Main: Akademische Verlagsgesellschaft, 1973.
Schüz, Ernst. "Berichte über Geier als Aasfresser in Abessinien aus dem 18. und 19. Jahrhundert." *Anzeiger der ornithologischen Gesellschaft in Bayern* 7 (1966): 736–38.
Schüz, Ernst, and Claus König. "Geier und Mensch, mit Deutung archäologischer Funde in Kleinasien." *Bonner zoologische Beiträge* 24 (1973): 192–203.
———. "Old World Vultures and Man." In *Vulture Biology and Management*. Ed. Sanford R. Wilbur and Jerome A. Jackson. Berkeley and Los Angeles: University of California Press, 1983.
Schulenburg, Wilibald von. *Wendisches Volksthum*. Berlin, 1882.
Schullerus, Adolf. *Siebenbürgisch-sächsische Volkskunde im Umriss*. Leipzig, 1926.
Schwebe, Joachim. *Volksglaube und Volksbrauch im Hannoverschen Wendland*. Cologne and Graz: Böhlau Verlag, 1960.
Schwebel, Oskar. *Tod und ewiges Leben im deutschen Volksglauben*. Winden, Westphalia, 1887.
Searight, Sarah. *New Orleans*. New York: Stein and Day, 1973.
Seifart, Karl. "Hingerichtete Thiere und Gespenster." *Zeitschrift fur Deutsche Kulturgeschichte* (1856): 424–32.
Seligmann, S. *Der böse Blick und Verwandtes*. Berlin, 1910.
Sell, Hans Joachim. *Der schlimme Tod bei den Völkern Indonesiens*. 'S-Gravenhage: Mouton & Co., 1955.
Senn, Harry A. *Were-Wolf and Vampire in Romania: East European Monographs*. Boulder,

———. "Seelenvorstellungen und Totenglaube bei nordeurasischen Völkern." *Ethnos* 25 (1960): 84–118.
Pausanias. *Description of Greece*. Vol. 4. Cambridge, Mass., and London: Loeb Classical Library, 1975.
Perkowski, Jan Louis. "The Romanian Folkloric Vampire." *East European Quarterly* 16:3 (Sept. 1982): 311–22.
———. "Vampires, Dwarves, and Witches among the Ontario Kashubs." Ottawa: Canadian Centre for Folk Culture Studies, 1972.
———. *Vampires of the Slavs*. Cambridge, Mass.: Slavica Publishers, 1976.
Pettersson, Olof. *Jabmek and Jabmeaimo: A Comparative Study of the Dead and the Realm of the Dead in Lappish Religion*. Lund: C. W. K. Gleerup, 1957.
Petrovic, Alexander. "Contributions to the Study of the Serbian Gypsies, #9." *Journal of the Gypsy Lore Society* 16:1, 2 (1937): 9–26.
Petzoldt, Leander. *Deutsche Volkssagen*. Munich: C. H. Beck Verlag, 1970.
Petzoldt, Leander, ed. *Schwäbische Sagen*. Düsseldorf: Eugen Diederichs Verlag, 1975.
Philippson, Ernst. *Germanisches Heidentum bei den Angelsachsen*. Leipzig, 1929.
Pohl, Erich. *Die Volkssagen Ostpreussens*. 1943; reprint, Hildesheim: Georg Olms Verlag, 1975.
Polivka, G. "Über das Wort 'Vampyr.'" *Zeitschrift für österreichische Volkskunde* 7 (1901): 185.
Polson, C. J. *The Scientific Aspects of Forensic Medicine*. Edinburgh: Oliver & Boyd, 1969.
Polson C. J., R. P. Brittain, and T. K. Marshall. *The Disposal of the Dead*. New York: Philosophical Library, 1953.
Ponsold, Albert. *Lehrbuch der gerichtlichen Medizin*. 2d ed. Stuttgart: Georg Thieme Verlag, 1957.
Prokop, O. *Lehrbuch der gerichtlichen Medizin*. Berlin: VEB Verlag, 1960.
Puckett, Newbell Niles. *Folk Beliefs of the Southern Negro*. 1926; reprint, Montclair, N.J.: Patterson Smith, 1968.
———. *Popular Beliefs and Superstitions*. Ed. Wayland D. Hand, Anna Casetta, and Sondra B. Thiederman. Boston: G. K. Hall and Company, 1981.
Putoneus [Johann Christoph Meinig]. *Besondere Nachricht, von denen Vampyren oder so genannten Blut-Saugern*. Leipzig, 1732.
Quibell, M. J. E. *Tomb of Yuaa and Thuiu*. Cairo, 1908.
Ralston, W. R. S. *The Songs of the Russian People*. London, 1872.
Ramos, Maximo. "Belief in Ghouls in Contemporary Philippine Society." *Western Folklore* 28:3 (1968): 184–90.
———. "The *Aswang* Syncrasy in Philippine Folklore." *Western Folklore* 28:4 (1969): 238–48.
———. *The Creatures of Midnight*. Quezon City, Philippines: Island Publishers, 1967.
Ranft, M. Michael. *Tractat von dem Kauen und Schmatzen der Todten in Gräbern*. Leipzig, 1734.
Ranke, Kurt. *Indogermanische Totenverehrung*. F. F. Communications no. 140. Helsinki, 1951.
Rau, Santha Rama. "Banares, India's City of Light." *National Geographic* 169 (1986): 214–51.
Redfield, R. *The Primitive World and Its Transformations*. Ithaca: Cornell University Press, 1953.
Reinsberg-Düringsfeld, ———. "Aberglauben der Küsten- und Inselbewohner Dalmatiens." *Globus* 17 (1870): 380–82.
Reuschel, Karl. Review of Hock's *Vampyrsagen*. *Euphorion* 8 (1901): 734–38.
Robert, Cyprien. *Les slaves de Turquie*. Vol. 1. Paris, 1844.

Morley, John. *Death, Heaven, and the Victorians*. Pittsburgh: University of Pittsburgh Press, 1971.

Morris, R. J. *Cholera 1832. The Social Response to an Epidemic*. London: Croom Helm, 1976.

Moszynski, Kazimierz. "Slavic Folk Culture." Trans. Jan Perkowski. [Orig. pub. Cracow, 1938.] In Perkowski, *Vampires of the Slavs*.

Müller, W. Max. *Egyptian Mythology: The Mythology of All Races*. 1918; reprint, New York: Cooper Square Publishers, Inc., 1964.

Murgoçi, Agnes. "The Vampire in Roumania." *Folklore* 37 (1926): 320–49.

Nandris, Grigore. "The Historical Dracula: The Theme of His Legend in the Western and in the Eastern Literatures of Europe." *Comparative Literature Studies* 3:4 (1966): 367–96.

Naumann, Hans. *Primitive Gemeinschaftskultur*. Jena, 1921.

Needham, Joseph. *Science and Civilization in China*. Vol. 5. Cambridge: Cambridge University Press, 1974.

Negelein, Julius. "Bild, Spiegel und Schatten im Volksglauben." *Zeitschrift des Vereins für Volkskunde* 5 (1902): 1–37.

———. "Die Reise der Seele ins Jenseits." *Zeitschrift des Vereins für Volkskunde* 11 (1901): 16–28; 149–58.

———. *Weltgeschichte des Aberglaubens*. Vol. 2: *Haupttypen des Aberglaubens*. Berlin and Leipzig: de Gruyter Verlag, 1935.

Nield, Ted. "An Iron Age Murder Mystery." *Sciences* (May-June 1986): 4–5.

Nilsson, Martin P. *Geschichte der griechischen Religion*. Munich: C. H. Beck Verlag, 1955.

———. *Greek Popular Religion*. New York: Columbia University Press, 1940.

Ninck, Martin. *Die Bedeutung des Wassers im Kult und Leben der Alten*. Leipzig, 1921.

Nodier, Charles. *Infernaliana*. 1822; reprint, Paris, 1966.

Noguchi, Thomas T., with Joseph DiMona. *Coroner*. New York: Simon and Schuster, 1984.

———. *Coroner at Large*. New York: Simon and Schuster, 1985.

Oinas, Felix. *Essays on Russian Folklore and Mythology*. Columbus, Ohio: Slavica Publishers, 1984.

Olsen, Jack. *The Man with the Candy: The Story of the Houston Mass Murders*. New York: Simon and Schuster, 1974.

Opler, Morris E. "Myth and Practice in Jicarilla Apache Eschatology." *Journal of American Folklore* 73 (Apr.–June 1960): 133–53.

Otto, Walter. *Die Manen*. 3d ed. Darmstadt: Wissenschaftliche Buchgesellschaft, 1962.

Ovid. *Metamorphoses*. Cambridge, Mass., and London: Loeb Classical Library, 1960.

Özgüç, Tahsin. *Die Bestattungsbräuche im vorgeschichtlichen Anatolien*. Ankara, 1948.

Page, D. L. *Greek Literary Papyri*. Vol. 3. Cambridge, Mass., and London: Loeb Classical Library, 1941.

Panofsky, Erwin. "Father Time." In *Studies in Iconology*. New York: Harper Torchbooks, 1962 [Orig. publ. Oxford: Oxford University Press, 1939.]

Parikh, C. K. *Parikh Text Book of Medical Jurisprudence and Toxicology*. 3d ed. Bombay: Medical Publications, 1979.

Pashley, Robert. *Travels in Crete*. Vol. 2. London, 1837.

Pauli, Ludwig. *Der Dürrnberg bei Hallein III: Auswertung der Grabfunde*. Munich: C. H. Beck Verlag, 1978.

———. *Keltischer Volksglaube*. Munich: C. H. Beck Verlag, 1975.

Paulson, Ivar, Ake Hultkrantz, and Karl Jettmar. *Die Religionen Nordeurasiens und der amerikanischen Arktis*. Stuttgart: W. Kohlhammer Verlag, 1962.

in Vaults and Catacombs." *Lancet* (1851): 125–26.
Lewy, H. "Morgenländischer Aberglaube in der römischen Kaiserzeit." *Zeitschrift des Vereins für Volkskunde* 3 (1893): 23–40.
Li, Xueqin. *Eastern Zhou and Qin Civilizations*. Trans. K. C. Chang. New Haven and London: Yale University Press, 1985.
Liebrecht, Felix. *Zur Volkskunde*. Heilbronn, 1879.
Lilek, Emilian. "Familien- und Volksleben in Bosnien und in der Herzegowina." *Zeitschrift für österreichische Volkskunde* 6 (1900): 202–25.
Littlejohn, Harvey. *Forensic Medicine*. London, 1925.
Loorits, Oskar. "Eine Beschreibung der livischen Beerdigungsbräuche." *Zeitschrift für Volkskunde* 51 (1955): 252–58.
———. *Estnische Volksdichtung und Mythologie*. Tartu, 1932.
Löwenstimm, Aug. *Aberglaube und Strafrecht*. Berlin, 1897.
Lucas, A. *Ancient Egyptian Materials and Industries*. 2d ed. London: Edward Arnold and Co., 1934.
Lyncker, Karl. *Deutsche Sagen und Sitten*. Cassel, 1854.
Machal, Jan. *Slavic Mythology*. Boston, 1918.
Mackensen, Lutz. *Geister, Hexen und Zauber in Texten des 17. und 18. Jahrhunderts*. Dresden, 1938.
Mackenzie, Andrew. *Dracula Country: Travels and Folk Beliefs in Romania*. London: Arthur Barker Limited, 1977.
Malinowski, Bronislaw. *Magic, Science and Religion and Other Essays*. Glencoe, Ill.: Free Press, 1948.
Mannhardt, W. "Über Vampyrismus." *Zeitschrift für deutsche Mythologie und Sittenkunde* 4 (1859): 259–82.
Mansikka, V. J. *Die Religion der Ostslaven*. Helsinki, 1922.
Mant, A. Keith, ed. *Taylor's Principles and Practice of Medical Jurisprudence*. 13th ed. Edinburgh, London, Melbourne, and New York: Churchill Livingstone, 1984.
Maspero, Henri. *China in Antiquity*. Trans. from the French by Frank A. Kierman, Jr. 1965; reprint, Amherst: University of Massachusetts Press, 1978.
Masters, Anthony. *The Natural History of the Vampire*. New York: G. P. Putnam's Sons, 1972.
Maundrell, Henry. *A Journey from Aleppo to Jerusalem in 1697*. 1703; Beirut, 1963: reprint of 1810 ed.
Maximoff, Matéo. "The Tribe of the Miyeyesti." *Journal of the Gypsy Lore Society* 28 (1949): 61–65.
Meaney, Audrey. *A Gazetteer of Early Anglo-Saxon Burial Sites*. London: George Allen and Unwin, 1964.
Mech, David L. *The Wolf: Ecology and Behavior of an Endangered Species*. Garden City, N.Y.: Natural History Press, 1970.
Menghin, Wilfried. *Kelten, Römer und Germanen*. Munich: Prestel-Verlag, 1980.
Metcalf, Peter. *A Borneo Journey into Death*. Philadelphia: University of Pennsylvania Press, 1982.
Meuli, Karl. *Gesammelte Schriften*. Vol. 1. Basel and Stuttgart: Schwabe & Co., 1975.
Meyer, Carl. *Der Aberglaube des Mittelalters und der nächstfolgenden Jahrhunderte*. Basel, 1884.
Meyer, Elard Hugo. *Mythologie der Germanen*. Strasbourg, 1903.
Meyer, Hans B. *Das Danziger Volksleben*. Würzburg: Holzner-Verlag, 1956.
Mogk, Eugen. "Altgermanische Spukgeschichten." *Neue Jahrbücher für das klassische Altertum, Geschichte und deutsche Literatur* 22 (1919): 103–17.
———. "Gestalten des Seelenglaubens; Gespenster." In *Grundriss der germanischen Philologie*, pp. 264–67. Strasbourg, 1897.

Hinterpommern. Posen, 1885.
Koch, William E. *Folklore from Kansas*. Lawrence, Kans.: Regents' Press, 1980.
Köhbach, Markus. "Ein Fall von Vampirismus bei den Osmanen." *Balkan Studies* 20 (1979): 83–90.
Köhler, J. A. E. *Volksbrauch, Aberglauben, Sagen und andere alte Überlieferungen im Voigtland*. Leipzig, 1867.
Köröshazy, Ferenz. *Die Vampyrbraut*. Trans. from Hungarian. Weimar, 1849.
Krauss, Friedrich. *Slavische Volksforschungen*. Leipzig, 1908.
———. "Vampyre im südslawischen Volksglauben." *Globus* 61 (1892): 325–28.
Kühnau, Richard. *Schlesische Sagen*. Vols. 1 and 2. Berlin, 1910–11.
———. "Über Weisse Frauen und die symbolische Bedeutung der weissen und schwarzen Farbe." *Mitteilungen der hessischen Gesellschaft für Volkskunde* 15 (1913): 186–207.
Kuhn, Adelbert. *Sagen, Gebräuche und Märchen aus Westfalen*. Leipzig, 1859.
Kunt, Ernö. *Volkskunst ungarischer Dorffriedhöfe*. Budapest: Corvina Kiadó, 1983.
Kurtz, Donna C., and John Boardman. *Greek Burial Customs*. Ithaca: Cornell University Press, 1971.
Kyll, Nikolaus. "Die Bestattung der Toten mit dem Gesicht nach unten." *Trierer Zeitschrift für Geschichte . . .* 27 (1964): 168–83.
———. *Tod, Grab, Begräbnisplatz, Totenfeier*. Bonn: Ludwig Röhrscheid Verlag, 1972.
Landtman, Gunnar. *The Kiwai Papuans of British New Guinea*. London, New York: Johnson Reprint Corporation, 1970. [Orig. pub. London: Macmillan and Co., 1927.]
Lange, Erwin Rudolf. *Sterben und Begräbnis im Volksglauben zwischen Weichsel und Memel*. Würzburg: Holzner-Verlag, 1955.
Lauterbach, Samuel Friedrich. *Kleine Fraustädtische Pest-Chronica*. Leipzig, 1701.
Lawson, John Cuthbert. *Modern Greek Folklore and Ancient Greek Religion*. Cambridge, 1910.
Leach, Maria, ed. *Standard Dictionary of Folklore, Mythology and Legend*. New York: Funk & Wagnalls, 1972.
Leake, W. M. *Travels in Northern Greece*. Vol. 4. London, 1935; reprint, Amsterdam, 1967.
Leatherdale, Clive. *Dracula: The Novel and the Legend*. Wellingborough, Northamptonshire: Aquarian Press, 1985.
Le Braz, Anatole. *La légende de la mort*. 2 vols. Paris: Honoré Champion, 1945.
Leca, Ange-Pierre. *The Egyptian Way of Death (Les Momies)*. Trans. by Louise Asmal. New York: Doubleday & Company, 1981.
Lee, B. Demetracopoulou. "Greek Accounts of the Vrykolakas." *Journal of American Folklore* 55 (1942): 126–32.
Lehmann, Arthur C., and James E. Myers, eds. *Magic, Witchcraft, and Religion*. Palo Alto and London: Mayfield Publishing Company, 1985.
Lemke, G. *Volksthümliches in Ostpreussen*. Mohrungen, 1884.
Lentz, W. "Sitten, Gebräuche und Anschauungen, besonders im Lumdatal." *Hessische Blätter für Volkskunde* 6:2 (1907): 97–121.
Le Roux, C. C. F. M. *De Bergpapoea's van Nieuw-Guinea en hun woongebied*. Vol. 2. Leiden, 1950.
Levy, G. Rachel. *Religious Conceptions of the Stone Age and Their Influence Upon European Thought*. New York and Evanston: Harper and Row, 1963. [Orig. pub. as *The Gate of Horn* (London: Faber & Faber Limited, 1948).]
Lévy-Bruhl, Lucien. *Les fonctions mentales dans les sociétés inférieures*. 1910; reprint, Paris, 1951.
Lewis, Waller. "On the Chemical and General Effects of the Practice of Interment

———. *The Odyssey*. Vols. 1 and 2. Ed. and trans. A.T. Murray. Cambridge, Mass., and London: Loeb Classical Library, 1919.
Horst, Georg Conrad. *Zauber-Bibliothek*. Vols. 1, 4, and 5. Mainz, 1821, 1823, 1825.
Hugger, Paul. "Die Beerdigung der Selbstmörder im Kanton St. Gallen." *Schweizer Volkskunde* 51 (1961): 41–48.
Humphreys, S. C., and Helen King, eds. *Man and Immortality: The Anthropology and Archaeology of Death*. London: Academic Press, 1981.
Hunter, John. *African Rifles and Cartridges*. 1948; reprint, Highland Park, N.J.: Gun Room Press, 1977.
Illis, L. "On Porphyria and the Aetiology of Werwolves." *Proceedings of the Royal Society of Medicine* 57 (Jan. 1964): 23–26.
Izikowitz, Karl Gustav. *Fastening the Soul*. Göteborg, 1941.
Jakobson, Roman. *Selected Writings*. Vol. 4: *Slavic Epic Studies*. The Hague and Paris: Mouton & Co., 1966.
Jansen, Hans Helmut, ed. *Der Tod in Dichtung, Philosophie und Kunst*. Darmstadt: Steinkopff, 1978.
Jaworskij, Juljan. "Südrussische Vampyre." *Zeitschrift des Vereins für Volkskunde* 8 (1898): 331–36.
Jenny, Urs. "Auf der Vampir-Welle." *Merkur* 8 (1968): 762–64.
Jensen, Adolf. *Mythos und Kult bei Naturvölkern*. Wiesbaden: Franz Steiner Verlag, 1951.
Jewitt, Llewellynn. *Grave-Mounds and Their Contents: A Manual of Archaeology*. London, 1870.
Jirecek, Constantin. *Das Fürstenthum Bulgarien*. Vienna, 1891.
John, Alois. *Sitte, Brauch und Volksglaube im deutschen Westböhmen*. Prague, 1905.
Jungbauer, Gustav. *Deutsche Volksmedizin*. Berlin and Leipzig: de Gruyter Verlag, 1934.
Kahle, B. "Seele und Kerze." *Hessische Blätter für Volkskunde* 6:1 (1907): 9–24.
Kampffmeyer, G. "Ein alter Bericht über litauische Totengebräuche." *Globus* 69 (1896): 375.
Kanitz, F. *La Bulgarie Danubienne et le Balkan*. Paris, 1882.
Karjalainen, K. F. *Die Religion der Jugra-Völker*. F. F. Communications no. 41. Helsinki, 1921.
Károly, Sebestyén. "Speerhölzer und Kreuze auf dem Széklerboden." *Anzeiger der ethnographischen Abteilung des ungarischen National-Museums* 3:2 (1905): 98–102.
Kiej'e, Nikolas. *Japanese Grotesqueries*. Rutland, Vt., and Tokyo: Charles E. Tuttle Company, 1973.
Kittredge, G. L. *Witchcraft in Old and New England*. 1929; reprint, New York: Atheneum, 1972.
Klapper, Joseph. "Die schlesischen Geschichten von den schädigenden Toten." *Mitteilungen der schlesischen Gesellschaft für Volkskunde* 11 (1909): 58–93.
———. *Schlesische Volkskunde auf kulturgeschichtlicher Grundlage*. Breslau, 1925.
Kleinpaul, Rudolf. *Die Lebendigen und die Toten in Volksglauben, Religion und Sage*. Leipzig, 1898.
Klimkeit, Hans-Joachim, ed. *Tod und Jenseits im Glauben der Völker*. Wiesbaden: Otto Harrassowitz, 1983.
Kmietowicz, Frank. *Slavic Mythical Beliefs*. Windsor, Ontario: F. Kmietowicz, 1982.
Knoop, Otto, "Sagen aus Kujawien." *Zeitschrift des Vereins für Volkskunde* 16 (1906): 96–97: "Vampyrsagen."
———. *Sagen und Erzählungen aus der Provinz Posen*. Posen, 1893.
———. *Volkssagen, Erzählungen, Aberglauben, Gebräuche und Märchen aus dem östlichen*

Hallet, Jean-Pierre, with Alex Pelle. *Animal Kitabu*. New York: Random House, 1967.

Hamilton, William J. *Researches in Asia Minor, Pontus and Armenia*. London, 1842; reprint, 2 vols. Hildesheim: Georg Olms Verlag, 1984.

Hammerstein, Reinhold. *Tanz und Musik des Todes*. Bern and Munich: Francke Verlag, 1980.

Hand, Wayland D., ed. *The Frank C. Brown Collection of North Carolina Folklore*, vol. 7. Durham, N.C.: Duke University Press, 1964.

Hansen, Jens P. Hart, Jørgen Meldgaard and Jørgen Nordqvist. "The Mummies of Qilakitsoq." *National Geographic* 167 (February 1985): 190–207.

Hanus, J. J. "Die Wer-Wölfe oder Vlko-dlaci." *Zeitschrift für deutsche Mythologie und Sittenkunde* 4 (1859): 193–201.

Harrington, M. Raymond. "An Abenaki 'Witch-Story.'" *Journal of American Folklore* 14 (1901): 160.

Harsdörfer, Georg Philipp. *Der grosse Schau-Platz lust- und lehrreicher Geschichte*. Frankfurt, 1664.

Hartmann, Franz. *Premature Burial*. London, 1896.

Harva, Uno. *Die Religion der Tscheremissen*. Porvoo, 1926.

———. *Die religiösen Vorstellungen der altaischen Völker*. F. F. Communications no. 125. Helsinki, 1938. [Orig. pub. in Finnish in 1933.]

———. *Die religiösen Vorstellungen der Mordwinen*. F.F. Communications no. 142. Helsinki, 1952.

Hastings, James, ed. *Encyclopedia of Religion and Ethics*. Vol. 4: *Death and Disposal of the Dead*. Edinburgh, 1911.

Haupt, Karl. *Sagenbuch der Lausitz*. Leipzig, 1862.

Haussig, Hans Wilhelm, ed. *Wörterbuch der Mythologie*. Vol. 2. Stuttgart, 1973. Slavic Mythology: Norbert Reiter. Finnish: Lauri Honko. Baltic: Jonas Balys and Harolds Biezais. Albanian: Maximilian Lambertz.

Havekost, Ernst. *Die Vampirsage in England*. Halle, 1914.

Hayes, Wm. *The Scepter of Egypt*. Vol. 1. New York, 1953.

Hecker, J. F. C. *Die grossen Volkskrankheiten des Mittelalters*. 1865; facsimile reprint, Hildesheim: Georg Olms Verlagsbuchhandlung, 1964.

Hedin, Sven. *My Life as an Explorer*. Trans. Alfhild Huebsch. New York, 1925.

Hellwald, Fr. *Die Welt der Slawen*. Berlin, 1890.

Henne am Rhyn, Otto. *Die deutsche Volkssage*. Vienna, Pest, and Leipzig, 1879.

Herrmann, Joachim, ed. *Die Slawen in Deutschland*. Berlin: Akademie-Verlag, 1970.

Hertz, Robert. *Death and the Right Hand*. Trans. Rodney and Claudia Needham, intro. by E. E. Evans-Pritchard. Glencoe, Ill.: Free Press, 1960. [Essays orig. pub. in French, 1907, 1909.]

Hertz, Wilhelm. *Der Werwolf*. Stuttgart, 1862.

Hesiod. *The Homeric Hymns and Homerica*. Ed. and trans. Hugh G. Evelyn-White. Cambridge, Mass., and London: Loeb Classical Library, 1914; reprint, Cambrige, Mass., and London: Leob Classical Library, 1977.

Hess, J. J. *Von den Beduinen des innern Arabiens*. Zürich and Leipzig: Max Niehans Verlag, 1938.

Hock, Stefan. *Die Vampyrsagen und ihre Verwertung in der deutschen Litteratur*. Berlin, 1900.

Hösch, Edgar. *Orthodoxie und Häresie im alten Russland*. Wiesbaden: Otto Harrassowitz, 1975.

Holmberg, Uno. See Harva, Uno.

Homer. *The Iliad*. Vols. 1 and 2. Ed. and trans. A. T. Murray. Cambridge, Mass., and London: Loeb Classical Library, 1925.

la Faculté des Lettres de Bordeaux 4 (1902): 300–301.
Garland, Robert. *The Greek Way of Death*. Ithaca: Cornell University Press, 1985.
Gaute, J. H. H., and Robin Odel. *Murder 'Whatdunit'*. London and Sydney: Pan Books, 1982.
Gavazzi, Milovan. "The Dug-out Coffin in Central Bosnia." *Man* 53:202 (1953): 129–30.
Geiger, Paul. "Die Behandlung der Selbstmörder im deutschen Brauch." *Archiv für Volkskunde* 26 (1926): 145–70.
Geiger, Werner. *Totenbrauch im Odenwald*. Lindenfels, 1960.
Gencev, Stojan. "Gemeinsame Elemente im Brauchsystem von Bulgaren und Russen: Das rituelle Wärmen der Toten mit Feuer." *Ethnologia Slavica* 8–9 (1976–77): 227–34.
Gerschke, Leo. "Vom Vampirglauben im alten Westpreussen." *Westpreussen-Jahrbuch* 12 (1962): 89–94.
Gimbutas, Marija. "Birds, Animals, Amphibians and Insects of the Old European Goddess of Death and Regeneration." Paper delivered at the World Archaeological Congress, Southampton and London, 1–7 Sept. 1986.
Glaister, John, and Edgar Rentoul. *Medical Jurisprudence and Toxicology*. 12th ed. Edinburgh and London: E. & M. S. Livingstone, 1966.
Glob, P. V. *The Bog People. Iron-Age Man Preserved*. Trans. Rupert Bruce-Mitford. New York: Ballantine Books, 1969.
Görres, Joseph von. *Die christliche Mystik*. Regensburg, 1840.
Gottfried, Robert S. *The Black Death: Natural and Human Disaster in Medieval Europe*. New York: Free Press, 1983.
Grässe, J. *Sagenbuch des preussischen Staats*. Glogau, 1868.
Grenz, Rudolf. "Archäologische Vampirbefunde aus dem westslawischen Siedlungsgebiet." *Zeitschrift zur Ostforschung* 16:2 (1967): 255–65.
Grimm, Jakob and Wilhelm. *Deutsche Sagen*. 2 vols. 1816; reprint, Frankfurt: Insel Verlag, 1981.
Grinsell, L. V. "Early Funerary Superstitions in Britain." *Folk-Lore* 64 (1953): 271–81.
———. "The Breaking of Objects as a Funerary Rite." *Folklore* 84 (1973): 111–14.
Grober-Glück, Gerda. "Der Verstorbene als Nachzehrer." In Zender, *Atlas* (1981): 427–56.
———. "Volksglaubensvorstellungen über die scheidende Seele." *Jahrbuch für Volkskunde* 6 (1983): 149–81.
De Groot, J. J. M. *The Religious System of China*. The Hague, 1892–1910.
Grünhagen, C. *Geschichte Schlesiens*. Gotha, 1884.
———. *Schlesien unter Friedrich dem Grossen*. Vol. 2. Breslau, 1892.
Guiart, Jean, ed. *Les hommes et la mort: Rituels funéraires à travers le monde*. Paris: Muséum national d'histoire naturelle, 1979.
———. *Rites de la mort: Exposition du Laboratoire d'Ethnologie du Muséum d'Histoire Naturelle*. Paris, 1979.
Györffy, Stefan. "Gross-Kumanische Kopfhölzer." *Anzeiger der ethnographischen Abteilung des ungarischen National-Museums* 6 (1907): 88–99.
Haase, Felix. *Volksglaube und Brauchtum der Ostslaven*. 1939; reprint, Hildesheim and New York: Georg Olms Verlag, 1980.
Habenstein, Robert W., and William M. Lamers. *Funeral Customs the World Over*. Milwaukee: National Funeral Directors Association of the United States, 1963.
Haller, Albrecht von. *De partium corporis humani praecipuarum fabrica et functionibus*. Bern and Lausanne, 1768.

Durey, Michael. *The Return of the Plague: British Society and the Cholera, 1831–2*. Dublin: Gill and MacMillan Humanities Press, 1979.
Durham, Edith. "Of Magic, Witches and Vampires in the Balkans." *Man* 23 (1923): 189–92.
Ebert, Max. "Die Anfänge des europäischen Totenkultes." *Prähistorische Zeitschrift* 13–14 (1921–22): 1–19.
Ebert, Max, ed. *Reallexikon der Vorgeschichte*. Vols. 7, 13. Berlin, 1926, 1929.
Eisel, Robert. *Sagenbuch des Voigtlandes*. Gera, 1871.
Eschker, Wolfgang, ed. *Mazedonische Volksmärchen*. Düsseldorf: Eugen Diederichs Verlag, 1972.
Evans, W. E. D. *The Chemistry of Death*. Springfield, Ill.: Charles C. Thomas, 1963.
Eylmann, Erhard. *Die Eingeborenen der Kolonie Südaustralien*. Berlin, 1908.
Faivre, Tony. *Les vampires*. Paris, 1962.
Fatteh, Abdullah. *Handbook of Forensic Pathology*. Philadelphia and Toronto: J. B. Lippincott Co., 1973.
Faye, Andreas. *Norske Folke-Sagn*. Oslo, 1948.
Fehrle, Eugen. *Feste und Volksbräuche*. Kassel, 1955.
Feilberg, H. F. "Die Sage von dem Begräbnis König Erik Ejegods von Dänemark auf Cypern." *Zeitschrift des Vereins für Volkskunde* 5 (1895): 239–46.
———."Der Vampyr." *Am Ur-Quell* 3 (1892): 331–35.
Feist, Sigmund. *Kultur, Ausbreitung und Herkunft der Indogermanen*. Berlin, 1913; reprint, Hildesheim: Georg Olms Verlag, 1964.
Filipovic, Milenko. "Die Leichenverbrennung bei den Südslaven." *Wiener völkerkundliche Mitteilungen* 10 (1962): 61- 71.
Fischer, Adam, and Tadeusz Lehr-Splawinski. *The Cassubian Civilization*. London, 1935.
Fischer, Helmut. *Erzählgut der Gegenwart: Mündliche Texte aus dem Siegraum*. Cologne: Rheinland-Verlag, 1978.
Fortis, Alberto. *Viaggio in Dalmazia*. 1774; reprint, Munich: Verlag Otto Sagner, 1974.
Fox, Denton, and Hermann Pálsson. *Grettir's Saga*. Toronto: University of Toronto Press, 1974.
Folklore Archives, UC Berkeley. Material under headings of "Superstition, Romanian"; "Superstition, Serbo-Croatian"; "Superstition, Polish"; "Superstition, German."
Frankfort, H. and H. A. *Before Philosophy*. Harmondsworth, Middlesex: Penguin Books, 1963. [Orig. pub. Chicago: University of Chicago Press, 1946.]
Frazer, J. G. *The Belief in Immortality and the Worship of the Dead*. 3 vols. London, 1913.
———. *The Fear of the Dead in Primitive Religion*. London: Macmillan and Co., 1933.
———. *The Golden Bough*. 1922; reprint, New York: Macmillan Company, 1963.
Freistedt, Emil. *Altchristliche Totengedächtnistage und ihre Beziehung zum Jenseitsglauben und Totenkultus der Antike*. 1928; reprint, Münster: Aschendorffsche Verlagsbuchhandlung, 1971.
Freudenthal, Herbert. *Das Feuer im deutschen Glauben und Brauch*. Berlin and Leipzig: de Gruyter Verlag, 1931.
Fritsch, Johann Christian. *Eines Weimarischen Medici muthmassliche Gedancken von denen Vampyren, oder sogenannten Blut-Saugern*. Leipzig, 1732.
Gábor, Szinte. "Speerhölzer oder Kopfhölzer (Grabstelen) im Szeklerlande." *Anzeiger der ethnographischen Abteilung des ungarischen National-Museums* 3:2 (1905): 87–98.
Gaidoz, H., et. al. "Cadavres percés de clous." *Revue des études anciennes: Annales de*

Chernetsov, V. N., and W. Moszynska. *Prehistory of Western Siberia*. Montreal and London: McGill-Queen's University Press, 1974.
Childe, Gordon. "Directional Changes in Funerary Practices during 50,000 Years." *Man* 45 (1945): 13–19.
Chotjewitz, Peter O. "Der Vampir: Theorie und Kritik einer Mythe." *Merkur* 8 (1968): 708–19.
Christiansen, Reidar Thorwald, ed. *Folktales of Norway*. Trans. Pat Shaw Iversen. Chicago: University of Chicago Press, 1964.
Cockburn, Aidan and Eve. *Mummies, Disease and Ancient Cultures*. Cambridge: Cambridge University Press, 1983.
Collinder, Björn. *Fenno-Ugric Vocabulary*. Hamburg, 1977.
Corliss, William R. *Handbook of Unusual Natural Phenomena*. Glen Arm, Md.: The Sourcebook Project, 1977.
Cozannet, Françoise. *Mythes et coutumes religieuses des tsiganes*. Paris, 1973.
Creighton, Charles. *A History of Epidemics in Britain*. Vol. 1. Cambridge, 1891.
Cremene, Adrien. *La mythologie du vampire en Roumanie*. Monaco: Editions du Rocher, 1981.
Crooke, W. "The Burning of the Property of a Gypsy at Death." *Folk-Lore* 20 (1909): 353.
Crooke, William. *Religion and Folklore of Northern India*. Oxford: Oxford University Press, 1926.
Crusius, Martinus. *Turcograeciae*. Basel, 17th c. (date illegible).
Csiszár, Árpád. "A hazajáró lélek." *A nyiregyházi Jósa András Múzeum Évkönyue* 8–9 (1965–66): 159–96; summary in German: 199–201.
Dähnhardt, Oskar. *Natursagen*. Vol. 1. Leipzig and Berlin: B. G. Teubner Verlag, 1907.
Dale-Green, Patricia. *Dog*. London: Rupert Hart-Davis, 1966.
Danforth, Loring. *The Death Rituals of Rural Greece*. Princeton, N.J.: Princeton University Press, 1982.
Delitzsch, Friedrich. *Das Land ohne Heimkehr*. Stuttgart: Deutsche Verlags-Anstalt, 1911.
Deubner, Ludwig. "Russische Volkskunde." *Archiv für Religionswissenschaft* 9 (1906): 445–63.
Dieck, Alfred. *Die europäischen Moorleichenfunde*. Neumünster: Karl Wacholtz Verlag, 1965.
Diederichs, Ulf, and Christa Hinze. *Hessische Sagen*. Düsseldorf and Cologne: Eugen Diederichs Verlag, 1978.
Dioszegi, V., ed. *Glaubenswelt und Folklore der sibirischen Völker*. Budapest, 1963.
Dobeneck, Friedrich Ludwig Ferdinand von. *Des deutschen Mittelalters Volksglauben und Heroensagen*. Berlin, 1815; reprint, Hildesheim and New York: Georg Olms Verlag, 1974.
Dölger, F. "Die mittelalterliche Kultur auf dem Balkan." *Revue internationale des études balkaniques* 1:2 (1935): 108–21.
Dömötör, Tekla. *Volksglaube und Aberglaube der Ungarn*. Budapest: Corvina Kiadó, 1981.
Dörpfeld, W. "Über Verbrennung und Bestattung der Toten im alten Griechenland." *Zeitschrift für Ethnologie* 36 (1905): 538–41.
Dolphin, David. "Werewolves and Vampires." Abstract of paper presented at annual meeting of American Association for the Advancement of Science, 1985.
Drechsler, Paul. *Sitte, Brauch und Aberglaube in Schlesien*. Leipzig, 1903.
Duffy, John. *Sword of Pestilence: The New Orleans Yellow Fever Epidemic of 1853*. Baton Rouge: Louisiana State University Press, 1966.

Bell, Sir Charles. *The People of Tibet*. Oxford, 1928.

Belovic, J. *Die Sitten der Südslaven*. Dresden, 1927.

Benet, Sula. *Song, Dance, and Customs of Peasant Poland*. London, 1951.

Berndt, Ronald and Catherine. *The World of the First Australians*. Chicago: University of Chicago Press, 1965.

Blum, Richard and Eva. *The Dangerous Hour: The Lore of Crisis and Mystery in Rural Greece*. New York: Charles Scribner's Sons, 1970.

Boase, T. S. R. *Death in the Middle Ages*. London: Thames and Hudson, 1972.

Bohnenberger, Karl, ed. *Volkstümliche Überlieferungen in Württemberg*. 1904; reprint, Stuttgart: Kommissionsverlag Müller & Gräff, 1980.

Bosi, Roberto. *The Lapps*. Trans. James Cadell. London: Thames and Hudson, 1960. Revised version of *I Lapponi*. Milan, 1959.

Bradley, G. P. "Burial Customs formerly Observed in the Naval Service." *Journal of American Folklore* 7 (1894): 67–69.

Braus, H. "Leichenbestattung in Unteritalien." *Archiv für Religionswissenschaft* 9 (1906): 385–96.

Briggs, G. W. *The Chamars*. Calcutta, 1920.

Brixius, Lothar. *Erscheinungsformen des Volksglaubens*. Halle, Saale: Max Niemeyer Verlag, 1939.

Brouardel, P. *Death and Sudden Death*. London, 1897.

Brown, Theo. *The Fate of the Dead: A Study in Folk-Eschatology in the West Country after the Reformation*. Ipswich: D. A. Brewer, and Totowa, N.J.: Rowman and Littlefield, 1979.

Browne, Sir Thomas. *The Prose of Sir Thomas Browne*. Ed. J. Endicott. New York: Anchor Books, 1967.

Brückner, A. "Beiträge zur älteren Geschichte der Slaven und Litauer." *Archiv für slavische Philologie* 23 (1901): 215.

Brunner, Karl. *Ostdeutsche Volkskunde*. Leipzig, 1925.

Brunvand, Jan Harold. *The Choking Doberman and other "New" Urban Legends*. New York and London: W. W. Norton & Company, 1984.

———. *The Vanishing Hitchhiker: American Urban Legends and Their Meanings*. New York and London: W. W. Norton & Company, 1981.

Buchholz, Gustav. *Neuvorpommersches Leben im 18. Jahrhundert: Nach dem Tagebuch des Stralsunder Predigers Joh. Chr. Müller, 1720–72*. Greifswald, 1910.

Burkhart, Dagmar. "Vampirglaube und Vampirsage auf dem Balkan." In *Beiträge zur Südosteuropa-Forschung*. Munich, 1966.

Cabej, E. "Sitten und Gebräuche der Albaner." *Revue internationale des études balkaniques* 1 (1934–35): 218–34.

Cajkanovic, Veselin. "The Killing of a Vampire." *Folklore Forum* 7:4 (1974): 260–71. Trans. Marilyn Sjoberg. [Article originally appeared in the *Serbian Literary Herald* (Belgrade, 1923).]

Caland, W. "Die vorchristlichen baltischen Totengebräuche." *Archiv für Religionswissenschaft* 17 (1914): 476–512.

Calmet, Augustine. *The Phantom World*. Ed. Henry Christmas. Vol. 2. London, 1850. [Translation of *Dissertations sur les apparitions des anges, des démons et des esprits* (1746).]

Camerling, I. *Über Ahnenkult in Hinterindien und auf den grossen Sunda Inseln*. Rotterdam, 1928.

Cammann, Alfred. *Märchenwelt des Preussenlandes*. Schloss Bleckede, Elbe: Otto Meissners Verlag, 1973.

Camps, Francis E., ed. *Gradwohl's Legal Medicine*. 3d ed. Bristol: John Wright and Sons, 1976.

Carey, George Gibson. *A Faraway Time and Place*. New York: Arno Press, 1977.

参考文献

Abbott, G. *Macedonian Folklore*. Cambridge, 1903.

Afanas'ev, Aleksandr. "Poetic Views of the Slavs Regarding Nature." In Perkowski, *Vampires of the Slavs*, 160–79.

Ahern, Emily. *The Cult of the Dead in a Chinese Village*. Stanford: Stanford University Press, 1973.

Aikens, C. Melvin, and Takayasu Higuchi. *Prehistory of Japan*. New York: Academic Press, 1982.

Airth, R. L., and G. E. Foerster. "Some Aspects of Fungal Bioluminescence." *Journal of Cellular and Comparative Physiology* 56 (1960): 173–82.

Alseikaite-Gimbutiene, Marija [Marija Gimbutas]. *Die Bestattung in Litauen in der vorgeschichtlichen Zeit*. Tübingen, 1946.

Amtliches Material zum Massenmord von Katyn. Berlin, 1943. [forensic analysis of mass burial in Poland.]

Andree, Richard. *Ethnographische Parallelen und Vergleiche*. Stuttgart, 1878.

Ankermann, Bernhard. "Totenkult und Seelenglaube bei afrikanischen Völkern." *Zeitschrift für Ethnologie* 50 (1918): 89–153.

Arens, W. *The Man-Eating Myth*. Oxford: 1979.

D'Argens, Boyer. *Lettres juives*. Haye, 1764.

Argenti, Philip P., and H. J. Rose. *The Folk-Lore of Chios*. Cambridge, 1949.

Ariès, Philippe. *The Hour of Our Death*. Trans. Helen Weaver. New York: Alfred A. Knopf, 1981. [Orig. pub. *L'Homme devant la mort*. Paris: Editions du Seuil, 1977.]

Armstrong, Edward A. *The Folklore of Birds*. London: Collins, 1958.

Ashbee, Paul. *The Earthen Long Barrow in Britain*. London: J. M. Dent & Sons, 1970.

Attenborough, David. *Journeys to the Past: Travels in New Guinea, Madagascar, and the Northern Territory of Australia*. Guildford, Surrey: Lutterworth Press, 1981.

Bächtold-Stäubli, Hanns. *Handwörterbuch des deutschen Aberglaubens*. Berlin, 1934–35. Vol. V: "Leiche," etc., by Paul Geiger. Vol. VI: "Nachzehrer," also by Geiger. Vol. IX, "Sense," "Sichel," by Haberlandt.

Bahr, Ernst, and Kurt König. *Niederschlesien unter polnischer Verwaltung*. Frankfurt and Berlin: Alfred Metzner Verlag, 1967.

Balassa, Ivan, and Gyula Ortutay. *Ungarische Volkskunde*. Budapest: Corvina Kiadó; and Munich: Verlag C. H. Beck, 1982.

Balys, Jonas. *Dvasios ir zmones: Ghosts and Men: Lithuanian Folk Legends about the Dead*. Bloomington: Indiana University Press, 1951.

Barber, Paul. "Forensic Pathology and the European Vampire." *Journal of Folklore Research* 24:1 (1987): 1–32.

Bargheer, Ernst. *Eingeweide: Lebens- und Seelenkräfte des Leibesinneren im deutschen Glauben und Brauch*. Leipzig, 1931.

Baroti, L. "Beiträge zur Geschichte des Vampyrismus in Südungarn." *Ethnologische Beiträge aus Ungarn* 3 (1893): 219–21.

Bartels, Max. "Was können die Toten?" *Zeitschrift des Vereins für Volkskunde* 10 (1900): 117–42.

Bartsch, Karl. *Sagen, Märchen und Gebräuche aus Meklenburg*. Vienna, 1879.

Beitl, Richard. *Deutsches Volkstum der Gegenwart*. Berlin, 1933.

———. *Deutsche Volkskunde*. Berlin, 1933.

［サ］

［カ］

索引

●

著者略歴

◉

ポール・バーバー［Paul Barber, 1941–］

一九六八年、イエール大学でドイツ語およびドイツ文学の博士号取得。プリンストン大学やオクシデナル・カレッジなどでドイツ語および文学・神話・民俗学の講師を経て、カリフォルニア大学のファウラー文化史博物館研究員。

訳者略歴

◉

野村美紀子［のむら・みきこ］

一九四〇年、東京生まれ。主な訳書――エリアーデ『ダヤン・百合の花蔭に』、ラッセル『魔術の歴史』（共に筑摩書房）、ユング『変容の象徴』（ちくま学芸文庫）、ライト『三人の「科学者」と「神」』（どうぶつ社）、クルッシ『五つの感覚　イタロ・カルヴィーノ追想』、フラハティ『シャーマニズムと想像力　ディドロ、モーツァルト、ゲーテへの衝撃』（共に工作舎）など。

ヴァンパイアと屍体——**死と埋葬のフォークロア［新装版］**

発行日——一九九一年七月二〇日初版　二〇二三年五月三〇日新装版
著者——ポール・バーバー
訳者——野村美紀子
編集——脇田耕二＋十川治江
エディトリアル・デザイン——斉藤美和子＋瀧内慎二
カバー・表紙デザイン——宮城安総
印刷・製本——シナノ印刷株式会社
発行者——岡田澄江
発行——工作舎　editorial corporation for human becoming
〒169-0072 東京都新宿区大久保2-4-12 新宿ラムダックスビル12F
phone：03-5155-8940　fax：03-5155-8941
URL：www.kousakusha.co.jp　e-mail：saturn@kousakusha.co.jp
ISBN978-4-87502-542-9

伝説の虚実を読み解く●工作舎の本

シャーマニズムと想像力

◆グローリア・フラハティ　野村美紀子＝訳

シベリアやアメリカで見聞されたシャーマンの報告書は18世紀ヨーロッパを震撼させた。ゲーテの「ファウスト」をはじめ芸術作品に織り込まれた「聖なるもの／異なるもの」の力を探る。

●A5判上製●384頁●定価　本体4000円＋税

犬人怪物の神話

◆デイヴィッド・ゴードン・ホワイト　金 利光＝訳

西欧の犬頭の聖人、インドの犬食い族、中国辺境の犬人族……三大文化圏のはざまに暮らす中央アジア民族＝「異なるもの」への怖れが産み出した犬人怪物（ドッグマン）を読み解く。

●A5判上製●420頁●定価　本体4800円＋税

狼憑きと魔女

◆ジャン・ド・ニノー　池上俊一＝監修　富樫瓔子＝訳

狼憑きや魔女と告白した男や女の体験談の虚実をめぐって繰り広げられた、激しい論争の実状を伝える悪魔学の幻の書がここに復活！　復刻に携わった研究者たちの詳細な解説付き。

●A5判上製●284頁●定価　本体3200円＋税

バロックの聖女

◆竹下節子

魔女裁判と新科学が同居したバロック時代、聖女と魔女は紙一重だった。聖女となった女たちの過剰な生を通して、逸脱さえもはらむ聖性の本質を描く。

●四六判上製●288頁●定価　本体2400円＋税

異界への旅

◆ヨアン・ペテル・クリアーノ　桂 芳樹＝訳

ギルガメシュの冒険、オシリス神の死と再生、ダンテの『神曲』…神話・伝説・宗教に見られる数多の〝この世の外〟の体験は、古代シャーマニズムから発する霊魂の旅だった。めくるめく異世界探求史。

●四六判上製●364頁●定価　本体3800円＋税

北極の神秘主義

◆ジョスリン・ゴドウィン　松田和也＝訳

北極を人類の原郷とする伝説が世界各地に残る。UFO、地球空洞説、ナチス現存説、地底都市アガルタ、極移動による人類滅亡などの背景にある北極星への信仰＝極の元型を掘り起こす。

●A5判上製●380頁●定価　本体3800円＋税